JN045876

令和５年版

犯 罪 被 害 者 白 書

国家公安委員会・警察庁編

令和５年版犯罪被害者白書の刊行に当たって

国務大臣
国家公安委員会委員長

平成 16 年の犯罪被害者等基本法の制定以降、政府においては、四次にわたり策定した犯罪被害者等基本計画に基づき、犯罪被害者やそのご家族の支援に向けた様々な施策を講じてきました。

現在は、令和３年３月に策定された第４次犯罪被害者等基本計画に即した取組を推進するとともに、犯罪被害者等施策をより一層推進するための取組を実施しています。

犯罪は、ある日、突然、大切なものを一瞬にして奪い去ってしまいます。

さらに、犯罪被害者やそのご家族は、犯罪による直接的な被害にとどまらず、様々な困難に直面することとなります。

犯罪被害者の方々が再び平穏な生活を営むことができるようになるためには、周囲による温かく途切れのない支援が不可欠です。そのためには、社会の一人ひとりが犯罪被害に遭われた方々の置かれた状況を理解し、自分に何ができるかを考えることが大切です。

この白書では、政府が令和４年度中に講じた犯罪被害者等施策等を紹介しており、犯罪被害者やそのご家族の手記等の充実に努めたほか、子供の性被害防止プラン 2022 の策定、犯罪被害者等支援を目的とした条例等の制定状況、犯罪被害者の方々の相談先一覧等、国民の皆様に是非知っていただきたい制度や取組も含まれています。

政府としましては、犯罪被害者等施策が、犯罪被害者の方々の思いに真に応えるものとなるよう、引き続き、関係機関や団体、地方公共団体等との緊密な連携の下、施策の推進に取り組んでまいります。

この白書が、国民の皆様の犯罪被害者等施策に対する理解と関心を深め、社会全体で犯罪被害者の方々を支える気運を醸成する上での一助となれば幸いです。

令和５年８月

目　次

第１章　損害回復・経済的支援等への取組

第２章　精神的・身体的被害の回復・防止への取組

第3章　刑事手続への関与拡充への取組

第４章　支援等のための体制整備への取組

第５章　国民の理解の増進と配慮・協力の確保への取組

犯罪被害者等施策に関する基礎資料

平成16年12月に犯罪被害者等基本法（以下「基本法」という。）が制定され、我が国は、犯罪被害者等（犯罪及びこれに準ずる心身に有害な影響を及ぼす行為により害を被った方並びにその御家族又は御遺族をいう。以下同じ。）の視点に立った施策を講じ、その権利利益の保護が図られる社会の実現に向けた新たな一歩を踏み出した。

基本法において、政府は、犯罪被害者等のための施策（以下「犯罪被害者等施策」という。）の総合的かつ計画的な推進を図るため、犯罪被害者等施策に関する基本的な計画を定めなければならないこととされている（基本法第8条第1項）。

これに基づき、平成17年12月に「犯罪被害者等基本計画」（平成17年12月27日閣議決定。以下「第1次基本計画」という。）が、平成23年3月に「第2次犯罪被害者等基本計画」（平成23年3月25日閣議決定）が、平成28年4月に「第3次犯罪被害者等基本計画」（平成28年4月1日閣議決定。以下「第3次基本計画」という。）が、それぞれ策定された。

第3次基本計画は、その計画期間が令和2年度末までとされていたことから、令和3年3月に、令和3年度から令和7年度までの5か年を計画期間とする「第4次犯罪被害者等基本計画」（令和3年3月30日閣議決定。以下「第4次基本計画」という。）が策定された。

第4次基本計画では、第1次基本計画から第3次基本計画までと同様、基本法第3条の基本理念等を踏まえた「4つの基本方針」（①尊厳にふさわしい処遇を権利として保障すること、②個々の事情に応じて適切に行われること、③途切れることなく行われること及び④国民の総意を形成しながら展開されること）と大局的な課題を指摘した「5つの重点課題」（①損害回復・経済的支援等への取組、②精神的・身体的被害の回復・防止への取組、③刑事手続への関与拡充への取組、④支援等のための体制整備への取組及び⑤国民の理解の増進と配慮・協力の確保への取組）が掲げられており、令和4年度は、第4次基本計画に基づき、犯罪被害者等施策の推進を図った。

さらに、令和5年6月6日開催の犯罪被害者等施策推進会議において、今後実施する取組として「犯罪被害者等施策の一層の推進について」（①犯罪被害給付制度の抜本的強化に関する検討、②犯罪被害者等支援弁護士制度の創設、③国における司令塔機能の強化、④地方における途切れない支援の提供体制の強化及び⑤犯罪被害者等のための制度の拡充等）が決定され、第4次基本計画に加えて同決定に基づき、犯罪被害者等施策の充実に努めている。

以下では、関係府省庁において主に令和4年度中に講じた施策について、第4次基本計画における5つの重点課題に沿って記述する。

第1章

損害回復・経済的支援等への取組

第1章

損害回復・経済的支援等への取組

1 損害賠償の請求についての援助等（基本法第12条関係）

(1) 日本司法支援センターによる支援

【施策番号1※】

ア　日本司法支援センター（以下「法テラス」という。）においては、民事法律扶助業務として、経済的に余裕のない者が民事裁判等手続を利用する際に、収入等の一定の条件を満たすことを確認した上で、無料で法律相談を行い、必要に応じて弁護士・司法書士の費用の立替えを行っている（法テラスウェブサイト「法テラスの目的と業務（民事法律扶助業務）」：https://www.houterasu.or.jp/houterasu_gaiyou/mokuteki_gyoumu/minjihouritsufujo/）。

犯罪被害者等が、弁護士等に委任して民事裁判等手続を通じて損害賠償を請求する必要があるにもかかわらず、弁護士費用等を負担する経済的な余裕がない場合には、民事法律扶助制度を利用することにより当該費用が立て替えられ、原則として毎月分割で償還することができ、経済的負担が軽減される。また、犯罪被害者等が刑事手続の成果を利用して簡易迅速に犯罪被害の賠償を請求することを可能とする損害賠償命令制度（平成20年12月施行）の利用に当たっても、民事法律扶助制度を利用して当該費用の立替えを受けることができる。さらに、平成26年4月からは、加害者等に対する損害賠償請求に係る弁護士との打合せに同席させるカウンセラー等の費用についても同制度の対象となり、当該費用の立替えを受けることが可能となった。

これらの支援に加え、法テラスにおいては、平成30年1月から、平成28年5月に成立した総合法律支援法の一部を改正する法律（以下「改正総合法律支援法」という。）の施行を受けて、ストーカー事案、配偶者等からの暴力事案及び児童虐待事案の被害者を対象とした資力にかかわらない法律相談援助（DV等被害者法律相談援助）や、認知機能が十分でないために弁護士等の法

法テラスによる犯罪被害者支援業務

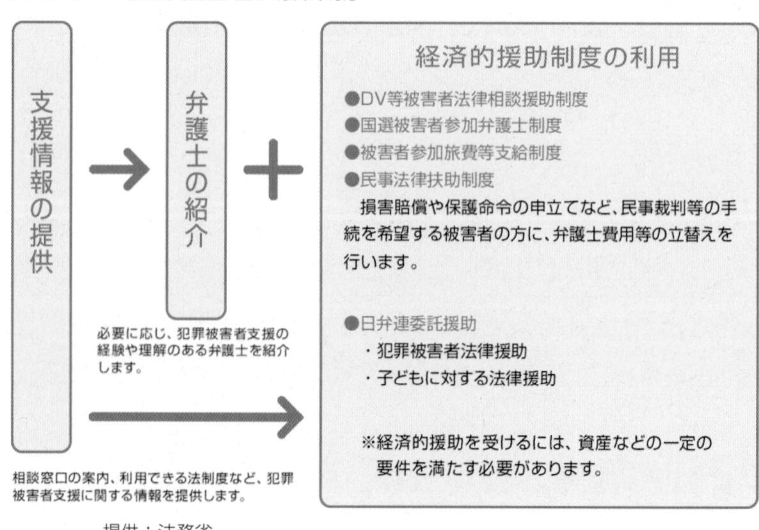

提供：法務省

※　第4次基本計画（P131基礎資料3参照）との対応関係を明らかにするために付したもの。以下同じ。

的サービスの提供を自発的に求めることが期待できない高齢者・障害者等を対象とした資力にかかわらない法律相談援助（特定援助対象者法律相談援助）を実施している。

【施策番号２】

イ　法テラスにおいては、犯罪被害者等の置かれている状況に応じて、犯罪被害者支援の経験や理解のある弁護士（精通弁護士）を紹介している。令和４年度中の紹介件数は1,529件であり、令和５年４月現在、3,963人の弁護士を紹介用名簿に登載している。

また、犯罪被害者支援に携わる弁護士による法的サービスの質の向上を目指し、弁護士会や犯罪被害者支援団体と連携・協力し、同名簿に登載されている弁護士等を対象とした犯罪被害者支援のための研修を共催している。

弁護士紹介案件の被害種別内訳（令和４年度）

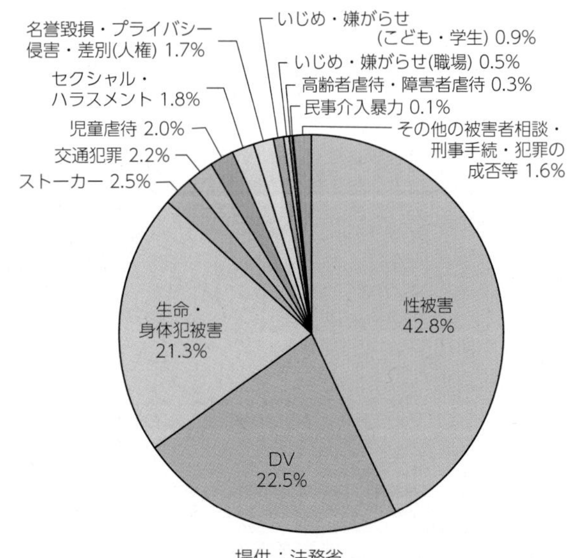

提供：法務省

法テラスによる支援

	平成30年度	令和元年度	令和２年度	令和３年度	令和４年度
精通弁護士紹介件数	1,795件	1,355件	1,252件	1,181件	1,529件
精通弁護士名簿登載者数	3,723人 平成31年４月現在	3,781人 令和２年４月現在	3,869人 令和３年４月現在	3,925人 令和４年４月現在	3,963人 令和５年４月現在

提供：法務省

⑵　損害賠償請求制度等に関する情報提供の充実

【施策番号３】

警察においては、刑事手続の概要、犯罪被害者等支援に係る関係機関・団体等の連絡先等を記載したパンフレット「被害者の手引」（P96【施策番号218】参照）等により、損害賠償請求制度の概要等について紹介している。

法務省においては、犯罪被害者等向けパンフレット「犯罪被害者の方々へ」や犯罪被害者等向けＤＶＤ「あなたの声を聴かせてください」により、損害賠償命令制度について紹介している（P59【施策番号139】参照）。

同制度については、平成20年12月の制度導入以降、令和４年末までに4,006件の申立てがあり、このうち3,909件が終局した。その内訳は、認容が1,764件、和解が910件、終了（民事訴訟手続への移行）が530件、取下げが464件、認諾が156件、却下が55件、棄却が９件等である。

また、検察庁においては、犯罪被害財産等による被害回復給付金の支給に関する法律に基づき、没収・追徴された犯罪被害財産を被害者等に被害回復給付金として支給するための手続（被害回復給付金支給手続）を行っている。令和３年中は、12件の同手続の開始決定が行われ、開始決定時における給付資金総額は約１億4,260万円であった。

損害賠償命令制度の概要

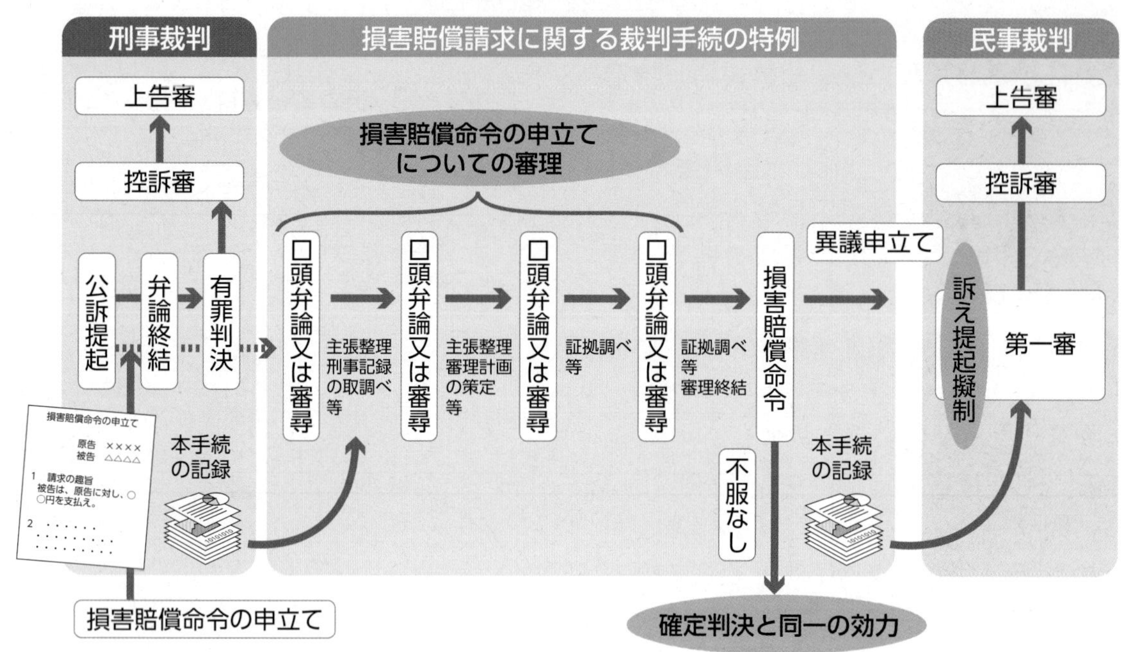

提供：法務省

被害回復給付金支給制度の概要

基本的な支給手続の概要

刑事裁判により犯人が財産犯等の犯罪行為により得た財産（犯罪被害財産）のはく奪（没収・追徴）
（外国の裁判等によりはく奪された犯罪被害財産については、外国からの譲受け）

↓

検察官による支給手続の開始
- 支給対象となる犯罪行為や申請期間を定め、官報に掲載
- 把握している支給対象者に通知

↓

申請期間内に検察官に申請書を提出
- 被害を受けたことやその被害額を示す資料、本人確認書類（運転免許証等）の写し等の所要の資料を添付

↓

検察官による申請内容のチェック、判断（裁定）

↓

検察官から申請人に対し、判断の結果を記載した裁定書の謄本の送付

↓

全ての裁定、費用等の確定

↓

被害回復給付金の支給

＊検察官による手続の一部を、弁護士である被害回復事務管理人に任せることがあります。

提供：法務省

被害回復給付金支給手続の運用状況

年次	支給手続開始決定件数	開始決定時給付資金総額
平成28年	8件	約 9,750 万円
平成29年	16件	約 3 億 8,987 万円
平成30年	15件	約 5 億 5,179 万円
令和元年	19件	約 2 億 7,781 万円
令和２年	13件	約 5 億 6,541 万円
令和３年	12件	約 1 億 4,260 万円

提供：法務省

⑶　刑事和解等の制度の周知徹底

【施策番号４】

法務省においては、刑事和解、公判記録の閲覧・謄写、不起訴記録の閲覧等の制度について説明した犯罪被害者等向けパンフレット「犯罪被害者の方々へ」を作成し、全国の検察庁等を通じて犯罪被害者等へ配布しているほか、同パンフレットをウェブサイト上に掲載するなどして、これらの制度を周知している（P59【施策番号 139】参照）。また、会議や研修等の様々な機会を通じ、刑事和解等に関する検察官等の理解の増進を図り、検察官等が犯罪被害者等に対して適切に情報提供を行うことができるよう努めている。

刑事和解制度による申立てが公判調書に記載された延べ数は、平成12年11月の制度導入以降令和4年末までの間で767件となっており、うち同年は21件であった。

刑事和解制度の手続

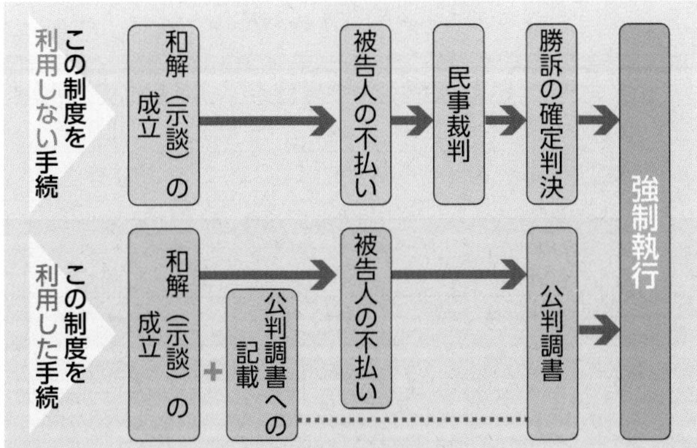

提供：法務省

刑事和解制度の運用状況

年次	事例数
平成30年	18
令和元年	18
令和２年	25
令和３年	19
令和４年	21

（注）
1　最高裁判所事務総局の資料（概数）による。
2　高等裁判所、地方裁判所及び簡易裁判所における被告人と被害者等の間で成立した民事上の争いについての合意内容を公判調書に記載した事例数である。
3　事例数は、事件の終局日を基準に計上している。

提供：法務省

⑷　保険金支払の適正化等

【施策番号５】

ア　国土交通省においては、自動車損害賠償責任保険・共済（以下「自賠責保険」という。）に関し、保険会社・共済組合による被害者等に対する情報提供の義務付け、保険会社・共済組合への立入検査（令和４年度実績：46か所）や死亡等重要事案の審査（同年度届出件数：７万7,117件）等を通じて保険金支払の適正化を図っている。

また、自動車損害賠償保障法に基づく指定紛争処理機関である一般財団法人自賠責保険・共済紛争処理機構（https://www.jibai-adr.or.jp/）においては、自賠責保険金の支払等に関する紛争処理のため、被害者等からの紛争処理申請に基づき、弁護士、医師及び学識経験者から成る紛争処理委員会による調停を行っており、令和４年度中の紛争処理審査件数は669件となっている。

自賠責保険支払の仕組み

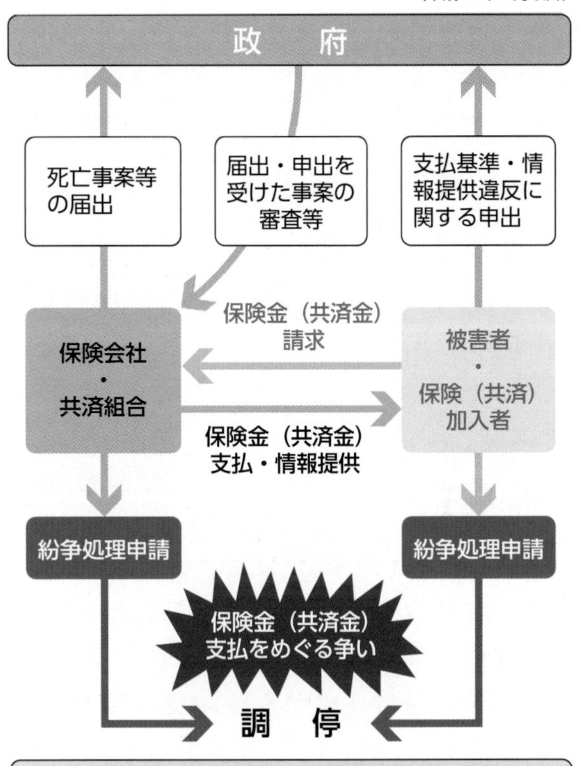

提供：国土交通省

紛争処理の実施状況

年度	紛争処理審査件数
平成29年度	950
平成30年度	808
令和元年度	592
令和２年度	636
令和３年度	725
令和４年度	669

提供：国土交通省

【施策番号6】

イ　金融庁においては、被害者に直接保険金等が支払われる場合も含め、契約に基づく保険金等の支払が適切に行われるよう、「保険会社向けの総合的な監督指針」（平成17年８月策定）等に基づき、各保険会社における保険金等支払管理態勢の整備に関する検証を行っているほか、苦情・相談として寄せられた情報を活用し、保険会社に対する検査・監督を行っている。

【施策番号7】

ウ　国土交通省においては、自動車事故に関する法律相談、示談あっせん等により被害者等が迅速かつ適切に損害賠償を受けられるよう、公益財団法人日弁連交通事故相談センター（https://n-tacc.or.jp/）に対する支援（補助金交付）を行っている。

同センターにおいては、令和４年度中、相談所を全国156か所（うち42か所で示談あっせんを実施）で延べ１万967日開設し、３万6,758件の相談を無料で受け付けた。

【施策番号8】

エ　自賠責保険による損害賠償を受けることができないひき逃げや無保険車等による事故の被害者に対し、自動車損害賠償保障法に基づく政府保障事業において、本来の賠償責任者である加害者等に代わり、政府が直接その損害を塡補している（国土交通省ウェブサイト「自賠責保険ポータルサイト」：https://www.mlit.go.jp/jidosha/anzen/04relief/accident/nopolicyholder.html）。同事業における令和４年度中の損害塡補件数は275件（前年度：499件）であった。

公益財団法人日弁連交通事故相談センターによる無料事故相談の状況

年度	延べ開設日数	相談件数
平成28年度	11,829	42,000
平成29年度	12,103	37,731
平成30年度	12,019	35,721
令和元年度	12,249	36,941
令和２年度	11,006	31,407
令和３年度	12,240	32,538
令和４年度	10,967	36,758

提供：国土交通省

公益財団法人日弁連交通事故相談センターにおける相談、示談あっせん、審査の流れ

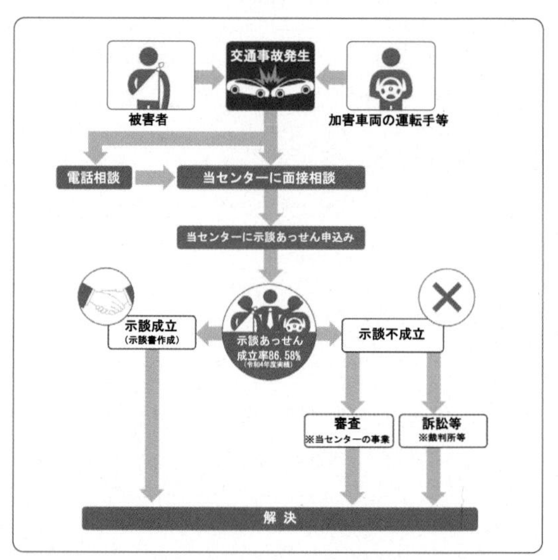

提供：国土交通省

政府保障事業

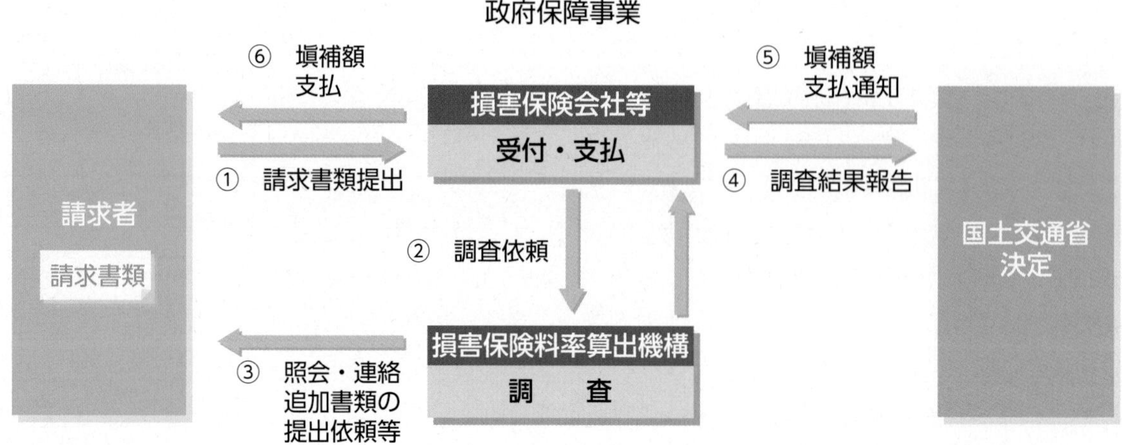

提供：国土交通省

⑸　受刑者の作業報奨金を損害賠償に充当することが可能である旨の周知

【施策番号９】

法務省においては、刑事収容施設及び被収容者等の処遇に関する法律に基づき、受刑者が釈放前に作業報奨金の支給を受けたい旨の申出をした場合において、その使用目的が犯罪被害者等に対する損害賠償への充当等相当なものと認められるときは、支給時における報奨金計算額に相当する金額の範囲内で、申出額の全部又は一部を支給し、犯罪被害者等に対する損害賠償に充当する制度を運用している。

また、同制度を十分に運用するため、刑執行開始時における指導等の際に告知しているほか、受刑者の居室内に備え付けている「所内生活心得」等の冊子に記載し、引き続き周知している。

⑹　暴力団犯罪による被害の回復の支援

【施策番号 10】

警察においては、暴力団員による不当な行為の防止等に関する法律等により、暴力団員による暴力的要求行為の相手方や暴力団員による犯罪の被害者等に対し、本人からの申出に基づき、被害の回復等のための助言や交渉場所の提供等の援助を積極的に行っている（警察庁ウェブサイト「組織犯罪対策部」：https://www.npa.go.jp/bureau/sosikihanzai/index.html）。

また、弁護士会や都道府県暴力追放運動推進センターと連携し、訴訟関係者に対する支援を行っている。

令和４年中に警察等が行った暴力団関係事案に係る援助の措置件数は 22 件、民事訴訟の支援件数は 54 件であった。

さらに、同センターにおいては、暴力団員による不当な行為に関する相談活動、被害者に対する見舞金の支給等を行っている（全国暴力追放運動推進センターウェブサイト：https://www.zenboutsui.jp/index.html）。

暴力団関係事案に係る支援の実施状況

年次	援助の措置件数	民事訴訟の支援件数
平成30年	20	40
令和元年	17	49
令和２年	15	52
令和３年	12	53
令和４年	22	54

⑺　加害者の損害賠償責任の実現に向けた調査等の実施

【施策番号 11】

ア　内閣府においては、平成 27 年８月、加害者による犯罪被害者等に対する損害賠償の実態を把握するため、日本弁護士連合会による調査に協力した（調査結果については、警察庁ウェブサイト「犯罪被害者等施策」（https://www.npa.go.jp/hanzaihigai/sakutei-suisin/kaigi24/index.html）を参照）。

上記調査において、債務名義等を得たにもかかわらず回収できなかった理由として、債務者の資力不足、財産開示手続の実効性等の回答が得られたところ、加害者の損害賠償責任の実現に特化したものではないが、これに資するものとして、第三者から債務者財産に関する情報を取得する制度の新設等を盛り込んだ民事執行法及び国際的な子の奪取の民事上の側面に関する条約の実施に関する法律の一部を改正する法律（以下「改正民事執行法」という。）が令和元年５月に成立し、令和２年４月に施行されている。

警察庁においては、関係府省庁と連携し、犯罪被害者等が損害賠償を受けることができない状況について、実態把握のための調査を令和５年度中に実施予定であり、当該調査に向けた検討を行っている。

【施策番号 12】

イ　法務省においては、改正民事執行法の附帯決議を踏まえ、公的機関による犯罪被害者の損害賠償請求権の履行確保に係る各国の民事法制等に関する調査研究を実施した（同報告書は、法務省ウェブサイト（https://www.moj.go.jp/MINJI/minji07_00261.html）に掲載）。

2 給付金の支給に係る制度の充実等（基本法第13条関係）

(1) 犯罪被害給付制度の運用改善

【施策番号 13】

犯罪被害給付制度（以下「犯給制度」という。）とは、通り魔殺人等の故意の犯罪行為により不慮の死を遂げた被害者の遺族又は重傷病を負い若しくは障害が残った犯罪被害者に対し、社会の連帯共助の精神に基づき、犯罪被害等を早期に軽減するとともに、犯罪被害者等が再び平穏な生活を営むことができるよう支援するため、犯罪被害者等給付金を支給するものである。

同制度について、平成 20 年 7 月には、生計維持関係のある遺族に対する遺族給付金及び重度後遺障害者（障害等級第 1 級から第 3 級まで）に対する障害給付金の引上げ等を、平成 21 年 10 月には、配偶者等からの暴力事案であって特に必要と認められる場合には全額支給ができるようにするための規定の見直しを、平成 26 年 11 月には、「犯罪被害給付制度の拡充及び新たな補償制度の創設に関する検討会」において取りまとめられた提言を踏まえ、親族間犯罪に係る減額・不支給事由の見直しを、それぞれ行った。

また、第 3 次基本計画を踏まえ、平成 29 年 4 月から「犯罪被害給付制度に関する有識者検討会」を開催して検討を行い、同年 7 月に取りまとめられた提言を踏まえて、重傷病給付金の給付期間の延長、仮給付の柔軟化、遺児への手厚い支援、親族間犯罪被害に係る支給基準の抜本的見直しを内容とする犯給制度の改正等を行い、平成 30 年 4 月に施行された。

警察庁においては、犯給制度の事務担当者

犯給制度の概要

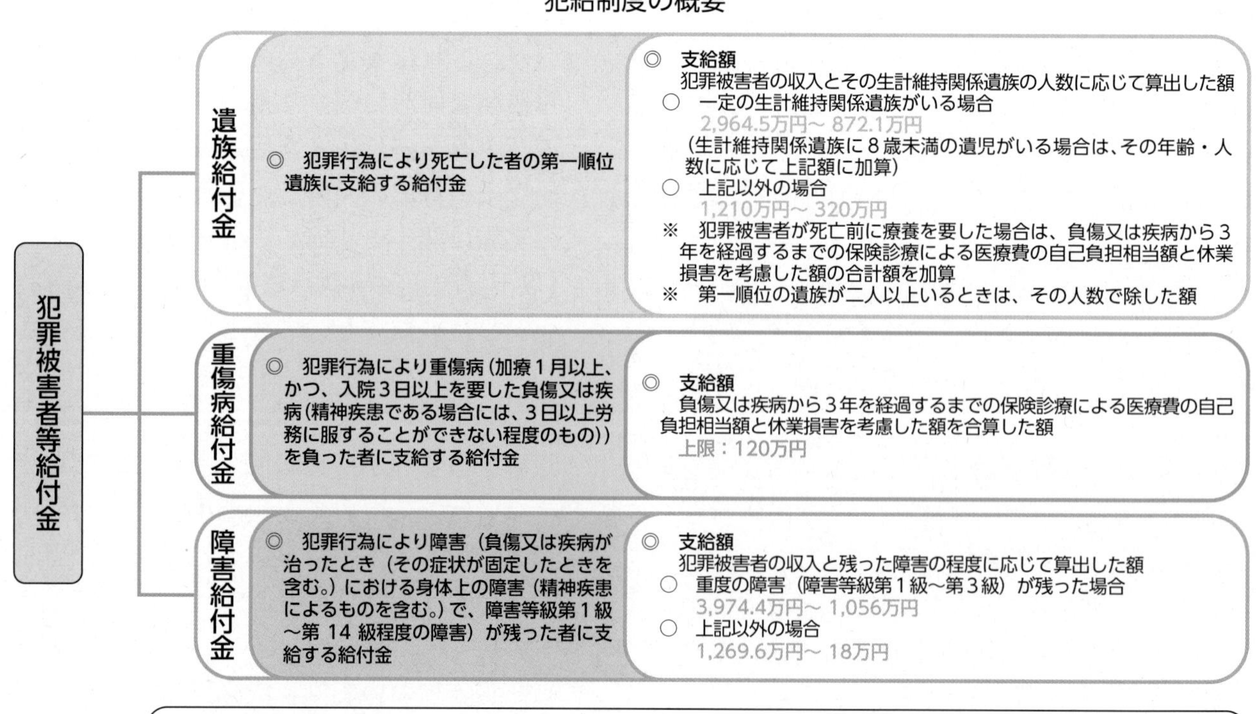

犯給制度の運用状況

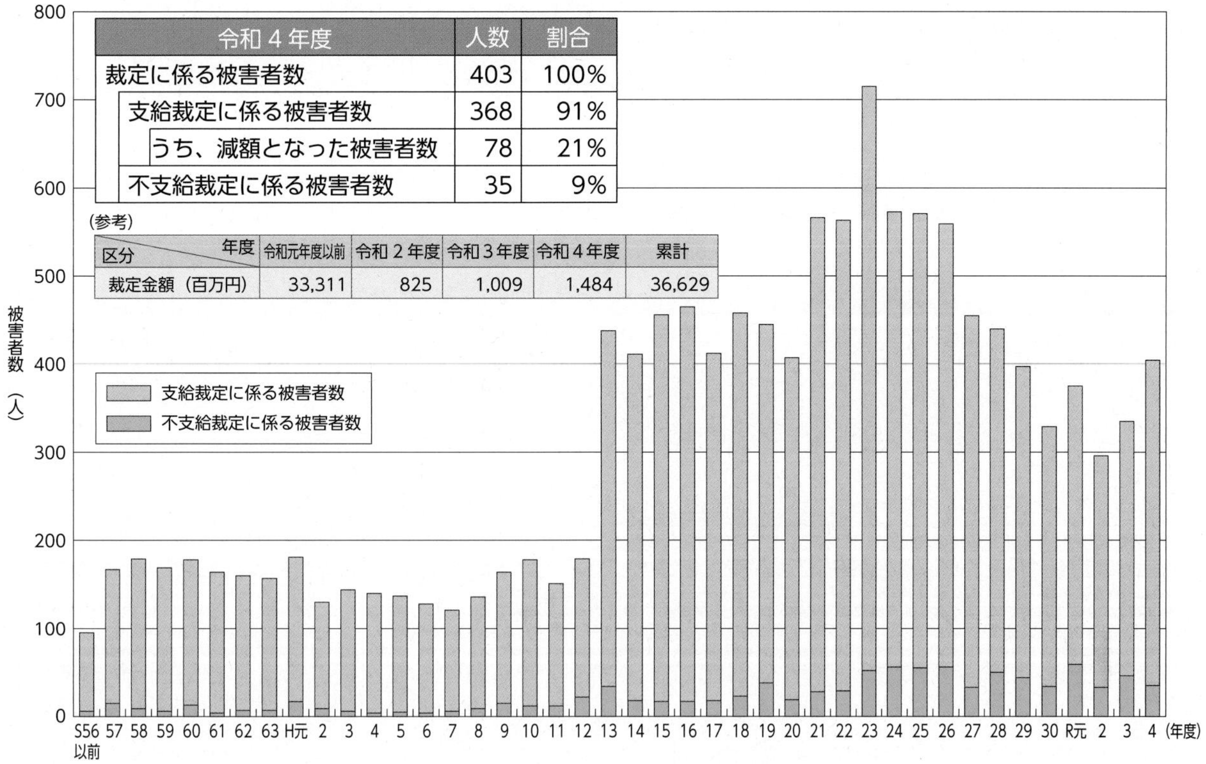

令和４年度	人数	割合
裁定に係る被害者数	403	100%
支給裁定に係る被害者数	368	91%
うち、減額となった被害者数	78	21%
不支給裁定に係る被害者数	35	9%

（参考）

区分＼年度	令和元年度以前	令和２年度	令和３年度	令和４年度	累計
裁定金額（百万円）	33,311	825	1,009	1,484	36,629

支給裁定に係る被害者数
不支給裁定に係る被害者数

を対象とした会議を開催するなどして、仮給付金支給決定の積極的な検討や迅速な裁定等の運用改善について都道府県警察を指導している。また、パンフレット、ポスター、ウェブサイト等を活用して仮給付制度を含む犯給制度の周知徹底を図るとともに、同制度の対象となり得る犯罪被害者等に対し、同制度に関して有する権利や手続について十分に教示するよう指導している。令和４年度中における仮給付決定に係る被害者数は28人（前年度比10人増加）であった。

令和３年度における犯罪被害者等給付金の裁定金額は約10億900万円であり、令和４年度は約14億8,400万円であった。また、令和３年度における裁定期間（申請から裁定までに要した期間）の平均は約9.3か月、中央値は約6.4か月であり、令和４年度における裁定期間の平均は約9.8か月（前年度比0.5か月増加）、中央値は約5.8か月（前年度比0.6か月減少）であった。

警察庁においては、「犯罪被害者等施策の一層の推進について」（令和５年６月６日犯罪被害者等施策推進会議決定）に基づき、関係府省庁の協力を得つつ、犯給制度の抜本的強化に関する検討を実施している。

⑵　性犯罪被害者の医療費の負担軽減

【施策番号14】

警察庁においては、平成18年度から、性犯罪被害者の緊急避妊等に要する経費（初診料、診断書料、性感染症等の検査費用、人工妊娠中絶費用等を含む。）を都道府県警察に補助しており、都道府県警察においては、同経費に係る公費負担制度を運用し、性犯罪被害者の精神的・経済的負担の軽減を図っている。

また、性犯罪被害以外の身体犯被害についても、刑事手続における犯罪被害者等の負担を軽減するため、犯罪被害に係る初診料、診断書料及び死体検案書料を公費により負担している。

警察庁において引き続き予算措置を講じ、できる限り全国的に同水準で公費負担の支援がなされるようにするとともに、支援内容の充実を図るよう、都道府県警察を指導している。また、性犯罪被害に伴う精神疾患についても犯給制度の対象となることの周知も含め、各種支援施策の効果的な広報に努めるよう、都道府県警察を指導していく。

○[※1]海上保安庁においては、犯罪被害に係る事件の捜査において、診断書又は死体検案書が必要な場合に、その取得に要する経費を公費により負担している。また、捜査上の要請から行う事情聴取のため犯罪被害者等が官署に来訪する場合の旅費についても、公費により負担している。

(3)　カウンセリング等心理療法の費用の負担軽減等

【施策番号 15】

警察庁においては、公認心理師、臨床心理士等の資格を有する部内カウンセラーの確実かつ十分な配置に努めるよう都道府県警察を指導している。また、平成28年度から、犯罪被害者等が自ら選んだ精神科医、臨床心理士等を受診した際の診療料及びカウンセリング料の公費負担制度に要する経費について予算措置を講じ、平成30年7月までに、同制度が全国で整備された。さらに、同制度の趣旨を踏まえた実施要領を定めるなどして適切な運用を図るとともに、同制度の周知に努めるよう、都道府県警察を指導している。

令和4年度中における、同制度の利用件数は2,338回(前年度：2,033回)であった。

警察庁においては、同制度ができる限り全国的に同水準で運用されるよう、都道府県警察への指導を徹底している（P11トピックス「各種公費負担制度の充実のための取組」参照）。

(4)　司法解剖後の遺体搬送費等に対する措置

【施策番号 16】

都道府県警察及び海上保安庁においては、司法解剖後の遺体を遺族の自宅等まで搬送するための費用や解剖による切開痕等を目立たないよう修復するための費用を公費により負担し、遺族の精神的・経済的負担の軽減を図っている。

(5)　地方公共団体による見舞金制度等の導入促進等

【施策番号 17】

警察庁においては、地方公共団体に対し、犯罪被害者等施策主管課室長会議[※2]や地方公共団体の職員を対象とする研修の機会を捉えて、犯罪被害者等に対する見舞金の支給制度や生活資金の貸付制度の導入を要請している。また、「犯罪被害者等施策情報メールマガジン」（犯罪被害者等施策に関する先進的・意欲的な取組事例をはじめとする有益な情報を関係府省庁、地方公共団体その他の関係機関等へ配信する電子メール）を通じ、これらの制度の導入状況等について情報提供を行っている。制度の導入状況については、犯

海上保安庁の犯罪被害者等支援に関するリーフレット

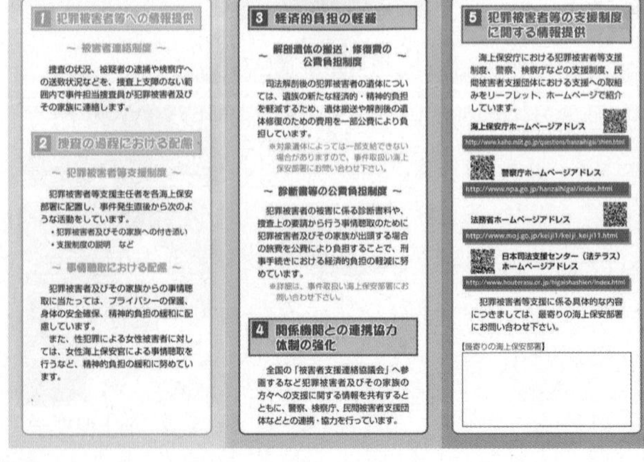

提供：国土交通省

※1　「○」は、第4次基本計画に盛り込まれている具体的施策の担当府省庁以外の府省庁が実施している施策であることを示す。以下同じ。
※2　犯罪被害者等のための施策の総合的な推進に資するため、都道府県や政令指定都市との情報交換等を行う会議

トピックス　各種公費負担制度の充実のための取組

警察庁においては、犯罪被害者等のカウンセリング費用、犯罪被害者等の一時避難場所借上げに要する経費及びハウスクリーニングに要する経費等を都道府県警察に補助しており、都道府県警察において、これら経費に係る公費負担制度を運用している。警察庁においては、これらの経費に係る公費負担制度に関して、できる限り全国的に同水準を確保するとともに、その底上げを図るよう、都道府県警察への指導を徹底している。

犯罪被害者等の一時避難場所借上げに要する経費の公費負担	犯罪被害者等のハウスクリーニングに要する経費の公費負担	犯罪被害者等のカウンセリング費用の公費負担
<概要> 自宅が犯罪行為の現場となり破壊されるなど、居住が困難で、かつ、犯罪被害者等が自ら居住する場所を確保できない場合等に一時的に避難するための宿泊場所に要する経費	<概要> 自宅が犯罪行為の現場となった場合におけるハウスクリーニングに要する経費	<概要> 犯罪被害者等が自ら選んだ精神科医、公認心理師、臨床心理士等を受診した際の診療料及びカウンセリング料

※　警察庁において、これらの経費を都道府県警察に補助しており、都道府県警察において、これら経費に係る公費負担制度を運用している。

できる限り全国的に同水準を確保するとともに、その底上げを図るよう、都道府県警察への指導を徹底

宿泊日数の上限の撤廃、又は上限を設定する場合には必要に応じて日数の延長を可能とした	支給額の上限の撤廃、又は上限を設定する場合には必要に応じて上限を超えて支出を可能とした	投薬料、入院費の支給を可能とした
<令和５年度予算額> 25百万円（前年度比８百万円増）	<令和５年度予算額> 17百万円（前年度比12百万円増）	<令和５年度予算額> 73百万円（前年度比44百万円増）

罪被害者白書に掲載（P179 基礎資料６－２、６－３参照）しているほか、警察庁ウェブサイト「犯罪被害者等施策」（https://www.npa.go.jp/hanzaihigai/local/toukei.html）にも掲載している。

令和５年４月現在、犯罪被害者等に対する見舞金の支給制度を導入しているのは16都県、14政令指定都市、631市区町村（前年：13都県、12政令指定都市、464市区町村）であり、そのほか、４県において市町村による見舞金支給に対して補助を実施している。また、生活資金の貸付制度を導入しているのは３県、１政令指定都市、10市区町（前年：３県、10市区町）である。

警察庁においては、できる限り全国的に同水準で見舞金の支給制度等が導入されるよう、同制度等の導入を要請している。

⑹ 預保納付金の活用

【施策番号 18】

金融庁及び財務省においては、平成28年6月、犯罪利用預金口座等に係る資金による被害回復分配金の支払等に関する法律第二十条第一項に規定する割合及び支出について定める命令の一部を改正し、預保納付金事業について、犯罪被害者等のこどもへの奨学金を貸与制から給付制に変更するとともに、犯罪被害者支援団体への助成対象として、相談員の育成に要する経費を追加した。また、給付制奨学金の導入等により、同事業の内容が変わることから、同年10月、同事業の担い手を再選定し、平成29年4月から奨学金等の給付を開始した。同年度から令和3年度末までの奨学金の給付実績は延べ868人、総額約4億2,997万円であり、犯罪被害者支援団体への助成実績は延べ446件、総額約14億8,075万円であった。

⑺ 海外での犯罪被害者等に対する経済的支援

【施策番号 19】

警察庁においては、平成28年11月に施行された国外犯罪被害弔慰金等の支給に関する法律に基づき、日本国外において行われた人の生命又は身体を害する故意の犯罪行為により死亡した日本国籍を有する国外犯罪被害者（日本国外の永住者を除く。以下同じ。）の第一順位遺族（日本国籍を有せず、かつ、日本国内に住所を有しない者を除く。）に国外犯罪被害弔慰金として国外犯罪被害者１人当たり200万円を、当該犯罪行為により障害等級第１級相当の障害が残った国外犯罪被害者に国外犯罪被害障害見舞金として１人当たり100万円を、それぞれ支給する国外犯罪被害弔慰金等支給制度を運用している。令和４年度における国外犯罪被害弔慰金等の支給裁定に係る国外犯罪被害者数は５人（支給裁定件数７件）であり、支給裁定金額は総額800万円であった。

また、都道府県警察においては、リーフレットやポスターの配布等を通じて同制度を周知するとともに、同制度の対象となる犯罪被害者等を認知した場合には、必要に応じ、裁定申請等の手続を教示している。

外務省においても、外務省・在外公館ウェブサイト（https://www.mofa.go.jp/mofaj/ca/jnos/page23_001767.html）において同制度を周知している。

3 居住の安定（基本法第16条関係）

⑴ 公営住宅への優先入居等

【施策番号 20】

ア　国土交通省においては、地方公共団体に対し、平成16年から平成17年にかけて、配偶者からの暴力事案の被害者をはじめとする犯罪被害者等を対象とした公営住宅への優先入居や目的外使用等について配慮を依頼する通知を、平成23年度には公営住宅への目的外使用の手続の簡素化に関する通知を、それぞれ発出した。また、平成29年度及び令和３年度には、ストーカー行為等の規制等に関する法律の一部を改正する法律の施行を踏まえ、改めて通知を発出した。令和４年度には犯罪被害者等を公営住宅の優先入居対象とすることの積極的な検討や保証人確保を求めないなどの配慮を依頼する通知を発出した。今後、さらに、地方公共団体担当者を対象とする研修会等において要請を行うとともに、既に犯罪被害者等を優先入居対象としている団体の情報を他の団体にも共有していく。

同年12月現在、都道府県及び政令指定都市の公営住宅において、優先入居により723戸、目的外使用により83戸に犯罪被害者等が入居している。

【施策番号 21】

イ　国土交通省においては、公営住宅への入居に関し、都道府県営住宅における広域的な対応や、市区町村営住宅を管理する市区町村を含む地方公共団体相互間における緊密な連携を、各地方公共団体に要請していることについて、会議等の場で改めて各地方公共団体に周知した。

【施策番号 22】

ウ　独立行政法人都市再生機構においては、自ら居住する場所を確保できない犯罪被害者等を支援するため、公営住宅の管理主体から同機構の賃貸住宅の借上げ等について要請があった場合には、柔軟に対応することとしている。

【施策番号 23】

エ　国土交通省においては、犯罪被害者等の民間賃貸住宅への円滑な入居を促進するため、地方公共団体、関係事業者、居住支援団体等が組織する居住支援協議会及び平成29年４月に成立し、同年10月に施行された、住宅確保要配慮者に対する賃貸住宅の供給の促進に関する法律の一部を改正する法律に基づく居住支援法人による相談対応、情報提供等に対する支援を行っている。

【施策番号 24】

オ　国土交通省においては、法務省作成の犯罪被害者等向けパンフレット「犯罪被害者の方々へ」により、犯罪被害者等に対し、公営住宅への優先入居等に関する施策を周知している。

(2)　被害直後及び中期的な居住場所の確保

【施策番号 25】

ア　厚生労働省（こども関係施策につき令和５年度からはこども家庭庁）においては、児童相談所・婦人相談所の一時保護所や、婦人相談所が一時保護委託先として契約している母子生活支援施設、民間シェルター等において一時保護を行っており、犯罪被害女性等の個々の状況に応じて保護期間を延長するなど、柔軟に対応している。また、犯罪被害女性等を加害者等から保護するため、都道府県域を超えた広域的な一時保護・施設入所手続を行うなど、制度の適切な運用に努めている。

令和３年度の配偶者等からの暴力事案や人身取引（性的サービスや労働の強要等）事犯の被害女性等を含めた一時保護人数は5,537人（要保護女性本人3,093人、同伴家族2,444人）であった。

また、児童福祉法に基づき、児童相談所長等が必要と認める場合には、虐待を受けたこども等の一時保護を行うことができるところ、児童虐待事案への対応においては、こどもの安全確保等が必要な場合であれば、保護者やこどもの同意がなくとも一時保護をちゅうちょなく行うべき旨を「一時保護ガイドラインについて」（平成30年７月６日厚生労働省子ども家庭局長通知）等に明記し、こどもの安全が迅速に確保され、その適切な保護が図られるよう周知している。

婦人相談所等における一時保護の実施状況

年度	要保護女性本人の一時保護人数	同伴家族の一時保護人数	合計
平成28年度	4,624	4,018	8,642
平成29年度	4,172	3,793	7,965
平成30年度	4,052	3,536	7,588
令和元年度	3,994	3,561	7,555
令和２年度	3,514	2,851	6,365
令和３年度	3,093	2,444	5,537

提供：厚生労働省

【施策番号 26】

イ　厚生労働省（令和５年度からはこども家庭庁）においては、「児童虐待防止対策の抜本的強化について」（平成31年３月19日児童虐待防止対策に関する関係閣僚会議決定）に基づき、虐待を受けたこどもと非行児童との混合処遇等を改善するため、次世代育成支援対策施設整備交付金等を活用し、児童相談所の一時保護所における個別対応のための環境改善を推進している（令和４年４月現在、約90％の一時保護所において個別対応のための環境改善を実施)。

また、福祉行政報告例等により、児童相談所の一時保護所における一時保護日数や一時保護件数等を把握しており、令和３年度中の一時保護所における一時保護日数は延べ86万2,864日、所内一時保護件数は２万6,358件、一時保護委託件数は２万3,526件となっている。

児童相談所における一時保護の実施状況

年度	一時保護所における一時保護延べ日数	所内一時保護件数	一時保護委託件数
平成29年度	731,157	24,680	17,048
平成30年度	758,745	25,764	20,733
令和元年度	871,715	27,814	25,102
令和２年度	861,513	26,519	22,228
令和３年度	862,864	26,358	23,526

提供：こども家庭庁

【施策番号27】

ウ　厚生労働省においては、婦人相談所の一時保護所において被害女性を保護するに当たり、被害女性及び同伴家族の安全の確保、心理的ケアの実施並びに被害女性の障害等個々のケースに応じた支援の充実・強化を図るため、夜間警備体制の強化並びに心理療法担当職員及び個別対応職員の配置を行っている。令和４年４月現在、心理療法担当職員は42人（前年：44人）となっている。

【施策番号28】

エ　厚生労働省においては、平成24年度から、婦人保護施設退所後の自立支援の一環として、同施設の近隣アパート等を利用して生活訓練や見守り支援を実施する場合に、建物の賃貸料の一部を公費により負担している。

【施策番号29】

オ　警察庁においては、自宅が犯罪行為の現場となり破壊されるなど、居住が困難で、かつ、犯罪被害者等が自ら居住する場所を確保できない場合等に、一時的に避難するための宿泊場所に要する経費及び自宅が犯罪行為の現場となった場合におけるハウスクリーニングに要する経費を、都道府県警察に補助しており、都道府県警察においては、これらの経費に係る公費負担制度を運用し、犯罪被害者等の精神的・経済的負担の軽減を図っている。

警察庁においては、同制度ができる限り全国的に同水準で運用されるよう、都道府県警察への指導を徹底している（P11トピックス「各種公費負担制度の充実のための取組」参照)。

【施策番号30】

カ　警察庁においては、地方公共団体に対し、犯罪被害者等施策主管課室長会議や地方公共団体の職員を対象とする研修の機会を捉えて、犯罪被害者等の居住場所の確保や被害直後からの生活支援に関する取組が適切に行われるよう要請するとともに、地方公共団体の取組事例について、「犯罪被害者等施策情報メールマガジン」等を通じて情報提供を行っている。

令和５年４月現在、全ての都道府県・政令指定都市、592市区町村（前年：全ての都道府県・政令指定都市、489市区町村）において、犯罪被害者等が公営住宅等へ優先的に入居できるようにするなどの配慮が行われている。

警察庁においては、犯罪被害者等の居住場所の確保等が、地方公共団体間で格差が生じず適切に行われるよう、情報提供等の取組を推進している。

(3) 性犯罪被害者等に対する自立支援及び定着支援

【施策番号31】

厚生労働省においては、地方公共団体やＤＶシェルターを運営する特定非営利活動法人等が、性犯罪被害者を含む相談者に対する生活相談や、行政機関への同行支援等の自立支援及び家庭訪問や、職場訪問等の定着支援を一体的に行う、「ＤＶ被害者等自立生活援助事業」を実施しており、令和４年度は11自治体で実施した。

4　雇用の安定（基本法第17条関係）

(1)　事業主等の理解の増進

【施策番号32】

ア　厚生労働省においては、犯罪被害等により求職活動に困難を伴う父子家庭の父、母子家庭の母等を試行雇用した事業主に対し、当該者の早期就職の実現を目的としたトライアル雇用助成金を支給している。

【施策番号33】

イ　公共職業安定所においては、事業主に対し、犯罪被害者等の雇用も含め、雇用管理全般に関するきめ細かな相談援助を行っている。

【施策番号34】

ウ　公共職業安定所においては、様々な事情によりやむを得ず離職し、新たに仕事を探す必要が生じた犯罪被害者等に対し、当該者の置かれている状況に応じたきめ細かな就職支援を行っている。

(2)　個別労働紛争解決制度の周知徹底等

【施策番号35】

ア　厚生労働省においては、個別労働関係紛争の解決の促進に関する法律に基づく個別労働紛争解決制度（https://www.mhlw.go.jp/general/seido/chihou/kaiketu/index.html）について、ウェブサイトやパンフレット等を活用して周知するとともに、その適正な運用に努めている。

【施策番号36】

イ　全国379か所に設置されている総合労働相談コーナー（https://www.mhlw.go.jp/general/seido/chihou/kaiketu/soudan.html）においては、事業主との間で生じた労働問題に関する犯罪被害者等からのあらゆる相談に対して情報提供等を行う、ワンストップサービスを実施している。

個別労働紛争解決制度のパンフレット

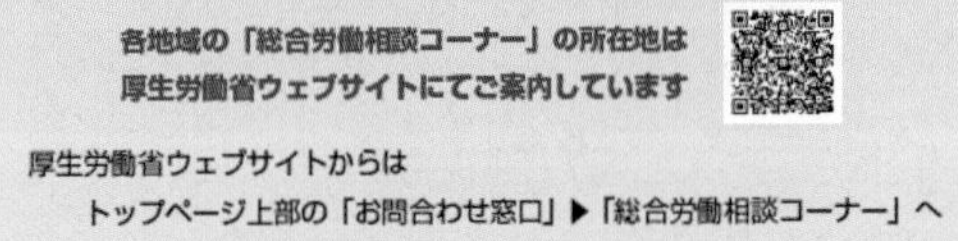

提供：厚生労働省

(3)　犯罪被害者等の精神的・身体的被害からの回復等のための休暇制度の周知・啓発

【施策番号37】

犯罪被害者等は、治療や裁判への出廷のため仕事を休まなければならないこともあるが、犯罪被害者等の被害回復のための休暇制度は、企業の導入率が0.8%、認知度も8.7%と導入及び認知が十分に進んでいない状況にある（令和４年度「仕事と生活の調和」の実現及び特別な休暇制度の普及促進に関する意識調査）。そこで、厚生労働省においては、同制度の趣旨や導入方法を厚生労働省ウェブサイト（https://work-holiday.mhlw.go.jp/kyuukaseido/）において紹介するとともに、制度の意義等について解説した動画及びリーフレットを同ウェブサイトに掲載し、経済団体、労働団体をはじめ企業や労働者に対し、同制度の周知・啓発を行っている。

犯罪被害者等の被害回復のための休暇制度の
リーフレット

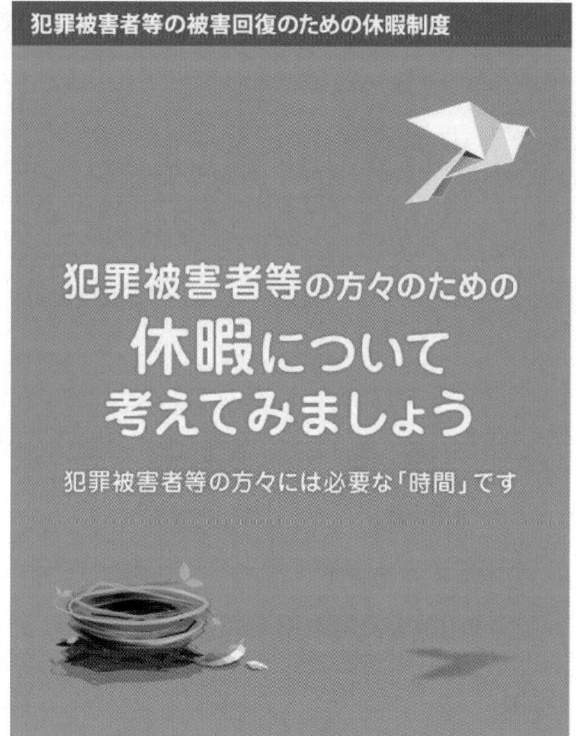

提供：厚生労働省

手記　大切な家族を失って

認定ＮＰＯ法人長野犯罪被害者支援センター
川上　哲義

この事件を覚えておられる方はどれくらいいらっしゃいますでしょうか？
事件が起きたのは、2014年５月になります。
私の息子が危険ドラッグを吸った状態で運転していた少年らの車に衝突され、25歳でこの世を去りました。

●待望の男の子

私の息子は平成元年４月21日私たち夫婦の間に待望の男の子として生を受けました。
末っ子でして、子供のころから元気にどこでも走り回るような子でした。
そして保育園の時に、遠足で消防署の方に行き、その頃から消防士になりたいとずっと夢を見ておりました。
子供のころから野球をやっており、野球は小中高と続け、高校野球も頑張って取り組んでいました。
高校を卒業してからは、夢であった消防士になるために、専門学校に３年間通い、その後、ご縁があって岳南広域消防本部に採用され、念願の消防士として勤務し始めました。
そして息子は当時お付き合いしていた女性と事故の半月前に入籍したばかりでした。
４月26日に入籍し、その前に結婚のお祝いを兼ねて２人でディズニーランドに行き、５月の連休にうちに報告にきました。本当にうれしそうで、９月に結婚式を予定していて、パンフレット等を持ってきて、幸せいっぱいで。
その年の連休中は雨が続いていましたが、家族や兄弟でどうしても焼き肉をしたいと言い、寒いから次の機会にすればいいのではと言いましたが、どうしてもというので、みんなで庭で焼き肉して、次の日、息子は帰っていきました。これが息子の元気な姿を見た最後になってしまいました。
事故が起きたのは、それから間もなくのことでした。

●危険ドラッグの常習者

当日、息子は消防の夜勤明けでした。当時、気管挿管の資格をとるため、病院で実習をさせてもらっておりました。前日にも実習をさせてもらったので、勤務を終えた息子は患者さんのところにお礼の挨拶をするために病院に向かったそうです。
そして消防署に寄って、その帰りに事故に遭いました。

加害者の少年とその先輩が乗った車、２人は危険薬物の常習だったようで、郵便局まで送られた薬物を取りに行ったそうです。三才駅経由で中野方面に向かいながら、危険薬物を吸うところを探していたようで、先輩の車だったので、最初にその先輩が薬物を吸いながら運転を始めたようです。
その時に吸引したものは強烈だったみたいで、先輩と称する人間が意識を失い、運転ができなくなったようです。

隣に乗っていた事故を起こした加害者が運転を代わり、中野に行く途中の橋のたもとに車を止めて、今度は二人で吸い始めたようです。どのくらい吸っていたか分からないようですが、途中意識が戻ったところで、中野駅に行くということで話がまとまったようで。信州中野に向かって運転を始めて、また運転中に再度吸ったようです。そして信号機で吸ってから本人は意識が無くなりました。

薬の影響でけいれんしはじめ、アクセルをべた踏みしたようです。ドラレコの画像を見ると、車は反対車線を逆走し、息子の前を走っていた車にぶつかり、その衝撃で横を向き、そのまま息子の車に突っ込んできました。

１台目の車の方も大変な怪我をされたそうで、命を落とす一歩手前までいったようで、何カ月も動けなかったようです。

息子のところに当たったわけですが、相手の車が大きな乗用車で、時速130キロ程のスピードで、すごい圧力で当たってきたみたいです。

衝撃がまともに息子の軽にぶつかり、車ごと５メートルほど空中を飛ばされたそうです。その先に派出所のブロック塀があり、そこにまともに体をぶつけたようです。

●知らせを聞いた時

お昼の時報がなり、私がちょうどお昼を食べているときに消防署の上司の方から電話があり「川上君が事故に巻き込まれました。怪我の具合がひどいので、すぐに来ていただけないか。」という内容でした。私は、息子が丈夫だったので、まさか命を落とすような状態だとは思いませんでした。塩尻から息子が運ばれた病院に着くまで、本当に色々考えながら、気を落ち着けるように運転してまいりました。

私たちが着いた時には、もう亡くなっていました。

霊安室で息子の顔を見るまでは、本当にまさかという気持ちが強かったです。

本当に自分自身、その時の記憶が曖昧なのです。何を考えていたのか、自分ではしっかりしているつもりだったのですが、そこからは暫く、朝から晩まで本当に雲の中にいるような感覚でした。

家族中がパニックと言いますか、何も考えられない中で、息子の同期の皆さんが弔問客を案内してくれて助けて頂いたことを覚えております。

●事故直後の心境

事故の後、一週間ほど中野警察署の方で事情聴取を受けました。

警察官の方から被害者支援制度についての資料ももらったのですが、私がしっかりしていなければという気持ちが私の中で本当に強く、ざっくり「被害者の心のケアの相談をする場所かな。」と思っておりました。しかし知り合いのご遺族が積極的に支援センターの支援を受けて裁判に臨まれたという話を聞いたりして、今から思えば、裁判が始まり刑事手続きが始まってからは特に支援を受けていれば良かったなと思っているところです。

事件後、検察庁で事情聴取を受けるわけですが、そこで被害者参加制度のお話を検事さんから聞きました。「希望されるなら弁護士をつけた方がいいのではないか。」とアドバイスをもらい、また法テラスの案内もしてもらいました。

裁判員裁判の経験のある弁護士さんを探しましたが、法テラスの方でもいろいろとアドバイスを頂きまして、地元の近い弁護士さんにお願いすることにしました。

●裁判員裁判、被害者参加制度

私も裁判所というところには、生涯縁がないと思っていたところでした。

自分が経験してみて思うことは、裁判所というところは、被害者側の意見を汲み取ってくれるのかなと思っていましたが、また違うルールがあるということです。

私の場合、究極のところ、裁判所とは有罪であるか無罪であるか、量刑を判断する場であって、被害者や被害者遺族の気持ちを静めるところではないと痛切に教えられました。

私たちの裁判は、裁判員裁判で、私は被害者参加制度を利用して裁判に参加しました。

裁判の中では、被害者関係者としては本当につらい体験をしました。

被告の言い訳、弁解、被害者遺族に向けたものではない反省の言葉、これを真顔で聞かないといけないのです。反論もできませんし、裁判が始まるまで何もしなかった被告がその場で一生懸命反省の言葉を述べるのです。それから弁護士が書いたものを読む。裁判が始まるまで１年半もあったのに、それまで何もなかったのに、さかんにそこで反省の色を出していて、本当に苦痛でしかありませんでした。

●被害者遺族としてのつらさ

また被害者意見陳述についても、被告人質問をしてすぐ５分後に意見陳述をしてくださいと言われました。本当は被告人質問で何を言うかよく聞いた上で意見陳述をしたかったのですが、裁判官に何度もお願いをしたのですが、やっぱり日程を優先され、かなうことはありませんでした。時間の中に組み込まれている、私はただの駒なのだなと思いました。

私たちの時の裁判員裁判は月曜日に始まり金曜日に終わりました。

裁判員の方に負担をかけないよう短時間で終わらせたいという風に見えて仕方ありませんでした。

ドラマの中では言いたいことも言える、意見を素直に言える姿が映し出されますが、「ドラマとは違うのだな。」とひしひしと感じました。他県で裁判を見たときに、裁判の流れや、形ばかりのものになるか、それとも意見を取り入れてくれるかは裁判長の裁量によっても変わってくるなと感じました。

被害者が置いてきぼりにならない裁判になってほしいと思います。

●同じ境遇の遺族との絆

そんな中で気持ちが落ち込んだままになってしまいますし、次に向かっていくことが正直できませんでしたが、秋山さんというご遺族（平成26年1月、香川県内で発生した危険ドラッグ使用による危険運転致死事件被害者のご遺族。被害者は、当時小学５年生の御長女実久さん。）とお話しすることができました。お互いに同じ被害者であること、気持ちを開いてお話をすることによって、気持ちが和らいでいくことを感じました。秋山さんもおっしゃっていましたが、知人に励まされ、「気持ちがわかる。」「頑張っていこうね。」と言われるたびに、「本当にあなたに気持ちが分かるのか。」という負の気持ちがわいてしまうことが自分にもあったので、とても共感できました。

秋山さんのご経験からですが、秋山さんはサラリーマンなので、事故当時は職場もだいぶ気を遣ってくれたそうです。ただ裁判が始まる１年後くらいには、検事や弁護士との打合せ等も増えてきて、休暇をとらないといけない。当初は気を遣ってくれていた職場も事故から時間が経つにつれて「また休みとるの。」と言われることも増えていったそうです。

そういう苦労があるということを再認識しましたし、特に会社勤めの場合に職場の理解も本当に重要だと思いました。

●国への働きかけ

秋山さんと知り合って、厚生労働省に危険ドラッグの規制強化の陳述に行くことになりました。当日、厚生労働委員会で議員の皆様に何とか早く法改正をしてもらえないかとお話をさせてもらいました。やはり、当時毎日のように危険ドラッグ関係のニュースが流れていたこともあり、与野党関係なく、各党の議員さんが同じ気持ちになって頂いたと思います。国会でも法改正の必要性を訴えて頂き、おかげさまでその年の2014年12月には危険ドラッグによる保健衛生上の危害の発生の防止等を図るための法改正がなされました。

●最後に

私たちは、当時危険ドラッグって、度々ニュースで流れていても、どういうものかも知りませんでしたし、何か危ないものなのだろうという認識しかありませんでした。

まさか息子がその被害者になるとは夢にも思っていませんでした。

被害者は理不尽なことで被害者となってしまいます。

本当に悔しいですし、被害者になりたいと思う人は一人もいないと思います。

息子は25歳という道半ばの若さで亡くなりました。

自分では遣り残したことが沢山有った事だろうと思います。

代わってやりたくても出来ません、それを思うと悔しくてなりませんが、残された私たちはこの経験したことを無駄にせずに法及び制度の不備も含めて広く大勢の皆さんに被害者及び被害者遺族となってしまった経験をお伝え出来ればと思っています。

願わくは、不条理な事件で傷つく人が出ませんように、祈っております。

第2章

精神的・身体的被害の回復・防止への取組

第２章

精神的・身体的被害の回復・防止への取組

1　保健医療サービス及び福祉サービスの提供（基本法第14条関係）

⑴　「ＰＴＳＤ対策専門研修」の内容の充実等

【施策番号38】

厚生労働省においては、医師、看護師、保健師、精神保健福祉士等を対象に、ＰＴＳＤ（心的外傷後ストレス障害）に関する専門的知識・技能を習得させる「ＰＴＳＤ対策専門研修」を実施し、医療機関、精神保健福祉センター、保健所等における地域住民等に対する相談支援の充実を図っている。

同研修においては、犯罪被害者等の心のケアに関する「犯罪・性犯罪被害者コース」を設けており、令和４年度は347人（前年度：333人）が受講した。

⑵　ＰＴＳＤ等の治療に対応できる医療機関に関する情報提供

【施策番号39】

厚生労働省においては、平成19年４月から、医療機関に対し、医療機能に関する一定の情報について都道府県への報告を義務付け、都道府県が、医療機関の診療科目、医師や看護師の数等の基本的な情報、提供する医療の内容に関する情報及び医療連携や医療安全に関する情報を比較できるよう整理し、ウェブサイト等において住民が利用しやすい形で公表する医療機能情報提供制度を運用している。同制度の報告事項にはＰＴＳＤ治療の可否も含まれており、厚生労働省においては、政府広報やウェブサイト（https://www.mhlw.go.jp/stf/seisakunitsuite/bunya/kenkou_iryou/iryou/teikyouseido/index.html）を活用し、同制度の周知に努めている。

⑶　医療現場における自立支援医療制度の周知

【施策番号40】

厚生労働省においては、「犯罪被害者等のＰＴＳＤ治療に係る自立支援医療（精神通院医療）の利用について（周知依頼）」（平成28年４月28日付け厚生労働省社会・援護局障害保健福祉部精神・障害保健課長通知）により、各都道府県・指定都市障害保健福祉主管部（局）長に対し、保険診療によるＰＴＳＤ治療が自立支援医療（精神通院医療）の対象となることについて周知を依頼した。

⑷　犯罪被害者等への適切な対応に資する医学教育の推進

【施策番号41】

文部科学省においては、医学生が卒業までに身に付けておくべき実践的診療能力を学修目標として提示した「医学教育モデル・コア・カリキュラム」（https://www.mext.go.jp/a_menu/koutou/iryou/mext_00005.html）を策定し、ＰＴＳＤについては、医学生が複眼的に学修できるよう、不安障害や心的外傷後ストレス障害として整理するとともに、全国医学部長病院長会議の総会をはじめとする医学部関係者が参加する各種会議において、同カリキュラム及び第４次基本計画の内容を紹介し、各大学におけるＰＴＳＤ等の精神的被害に関する教育の充実に向けた取組を要請している。

また、厚生労働省においては、医学部卒業後の医師臨床研修の到達目標、方略及び評価において、精神科を必修分野として位置付け、精神疾患に関する研修医の理解の促進を図っている。

⑸　犯罪被害者等支援業務に関する精神保健福祉センターの職員の理解促進

【施策番号42】

精神保健福祉センターにおいては、心のケアが必要な犯罪被害者等に対し、精神保健に関する相談支援を行っている。厚生労働省においては、平成20年度に「犯罪被害者の精神健康の状況とその回復に関する研究」において取りまとめられた、「犯罪被害者等支援のための地域精神保健福祉活動の手引」（http://victims-mental.umin.jp/pdf/shiryo_tebikizenbun.pdf）を同センターに配布し、相談支援の充実を図っている。

(6)　地域格差のない迅速かつ適切な救急医療の提供

【施策番号43】

厚生労働省においては、ドクターカー・ドクターヘリの普及や、初期救急、二次救急（入院を要する救急）及び三次救急（救命救急）の救急医療体制の体系的な整備を図っている。また、消防庁及び厚生労働省においては、救急業務におけるメディカルコントロール体制※の構築及び充実・強化に努めており、令和4年8月現在、全国で47の都道府県メディカルコントロール協議会及び250の地域メディカルコントロール協議会等から成るメディカルコントロール体制が構築されている。

(7)　救急医療における精神的ケアのための体制の確保

【施策番号44】

厚生労働省においては、救命救急センターに犯罪被害者等が搬送された場合に、救急医療の実施と併せて、精神科医による診療等が速やかに行われるよう、必要に応じて精神科医を適時確保することを各都道府県に要請している。

なお、令和5年4月現在、302か所（前年：299か所）の施設が救命救急センターとして指定されている（厚生労働省ウェブサイト：https://www.mhlw.go.jp/stf/newpage_32614.html）。

(8)　自動車事故による重度後遺障害者に対する医療の充実等

【施策番号45】

国土交通省においては、平成13年度以降、自動車事故による重度後遺障害のために在宅介護を受けている者の入院を積極的に受け入れる病院を短期入院協力病院として指定しており、令和4年度には2病院を新たに指定し、全国で合計202病院となった。また、平成25年度以降、障害者支援施設等を短期入所協力施設として指定しており、令和4年度には1施設を新たに指定し、全国で合計139施設となった。

独立行政法人自動車事故対策機構（ナスバ：https://www.nasva.go.jp/）においては、全国12か所（療護センター4か所、療護施設機能一部委託病床8か所（うち一貫症例研究型委託病床1か所））の療護施設において、自動車事故による遷延性意識障害者に対する

ナスバの被害者支援に関するポスター

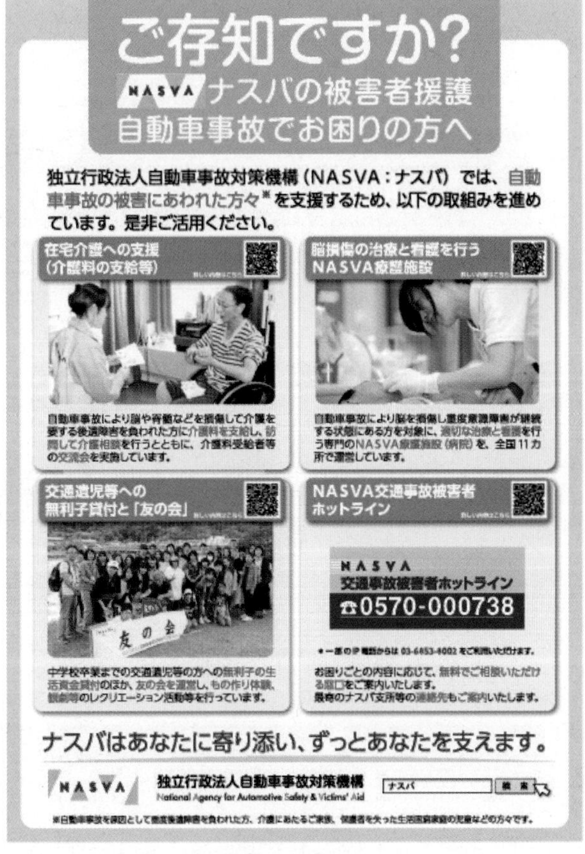

提供：国土交通省

※　医師による救急救命士に対する指示及び救急救命士を含む救急隊員に対する指導・助言、救急活動の事後検証、救急救命士への再教育等を通じて、地域における病院前救護の質を保障する体制

高度な治療及び手厚い看護を実施するとともに、訪問支援の実施、被害者やその家族との交流会の開催、各種被害者団体との意見交換会への参加等を通じて、被害者やその家族の実情、要望等の把握に努めている。

また、同年6月に成立した自動車損害賠償保障法及び特別会計に関する法律の一部を改正する法律を踏まえ、自動車事故被害者支援等のさらなる充実への取組として、自動車事故被害者への支援に関する情報提供の充実、自動車事故対策事業の財源を負担することとなる自動車ユーザーの理解促進にも取り組み、安全・安心な車社会の実現を推進することとしている（P25トピックス「自動車事故被害者へのアウトリーチ強化と自動車ユーザーへの自動車事故被害者支援等に関する理解促進の取組」参照）。

⑼ 高次脳機能障害者への支援の充実

【施策番号46】

厚生労働省においては、各都道府県において実施する「高次脳機能障害及びその関連障害に対する支援普及事業」を支援しており、同事業では、高次脳機能障害者に対する支援を行うための支援拠点機関の設置、支援コーディネーターによる専門的な相談支援、関係機関との地域ネットワークの構築、高次脳機能障害の支援手法等に関する研修等を行っている。

また、平成23年10月、国立障害者リハビリテーションセンター内に高次脳機能障害情報・支援センターを設置し、毎年2回「高次脳機能障害支援普及全国連絡協議会」及び「高次脳機能障害支援コーディネーター全国会議」を開催するとともに、高次脳機能障害に関する最新の支援情報をはじめとする様々な情報を集約し、高次脳機能障害者やその家族、支援関係者等に役立つ情報をウェブサイトで発信する体制を整備するなど、情報提供機能の強化を図っている。特に、専用ウェブサイト（http://www.rehab.go.jp/brain_fukyu/）において、高次脳機能障害者が、障害者の日常生活及び社会生活を総合的に支援するための法律に基づくサービスの対象である旨や、疾患や年齢に応じた制度の概要等を周知している。

高次脳機能障害及びその関連障害に対する支援普及事業

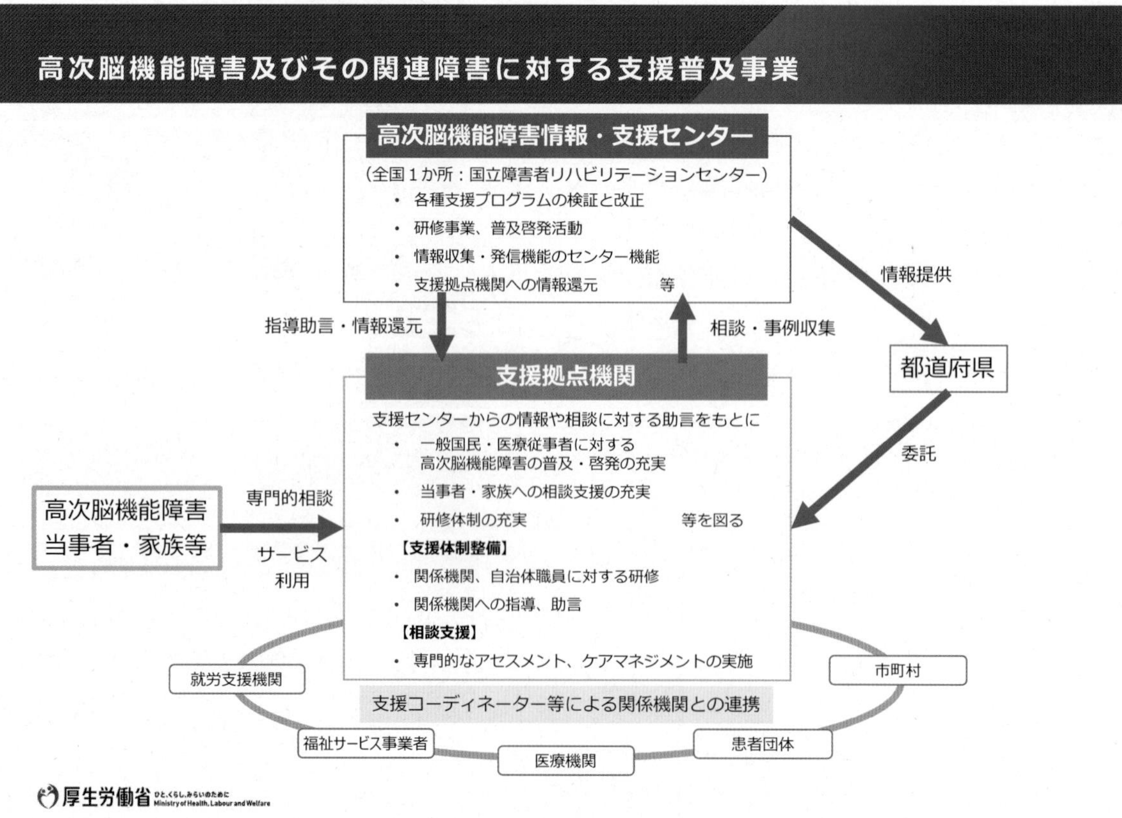

提供：厚生労働省

トピックス　自動車事故被害者へのアウトリーチ強化と自動車ユーザーへの自動車事故被害者支援等に関する理解促進の取組

令和４年６月、自動車事故被害者支援等を安定的・継続的に行うため、自動車損害賠償保障法が改正された。国土交通省に設置された、事故被害者団体や自動車ユーザー団体等で構成される「今後の自動車事故対策勘定のあり方に関する検討会」では、被害者支援等のために自賠責保険料の一部として自動車ユーザーが負担する賦課金の額等について、令和３年８月以降継続して検討を行い、令和５年２月に最終とりまとめを行った。「最終とりまとめ」では、被害者への支援制度の情報が確実に被害者の手元に届くように、被害者等へのアウトリーチに関する取組をより一層強化するほか、自動車ユーザーへ新たな負担を求めることから、これまで以上の積極的な情報発信や丁寧な説明の実施等、自動車ユーザーの理解を得るための不断の取組を徹底すべきとされた。

【被害者等へのアウトリーチの強化】

国土交通省では、自動車事故被害者本人やその家族の方々が、事故に遭った直後の混乱している状態でも事故の概要等の記録を残すことができるよう、また、警察、独立行政法人自動車事故対策機構（ナスバ）や自治体、民間被害者支援団体等で行われている支援制度を活用することができるよう、あらゆる犯罪被害者向けの「被害者ノート」を、交通事故被害の観点から更に内容を充実させた「交通事故被害者ノート」を作成した。

令和４年12月より、国土交通省及びナスバのウェブサイトにて、「交通事故被害者ノート」のPDFデータの配布を開始したほか、全国の都道府県にある犯罪被害者の方向けの総合的対応窓口等にて冊子の配布を行っており、「交通事故被害者ノート」が、事故被害者の方々のお手元に届いて不安の解消やサポートにつながるよう、周知に取り組んでいく。

※ PDFデータは、以下よりダウンロードいただけます。
・自賠責保険ポータルサイト
　(URL：https://www.mlit.go.jp/jidosha/jidoshajiko.html)
・ナスバ（(独) 自動車事故対策機構)
　(URL：https://www.nasva.go.jp)

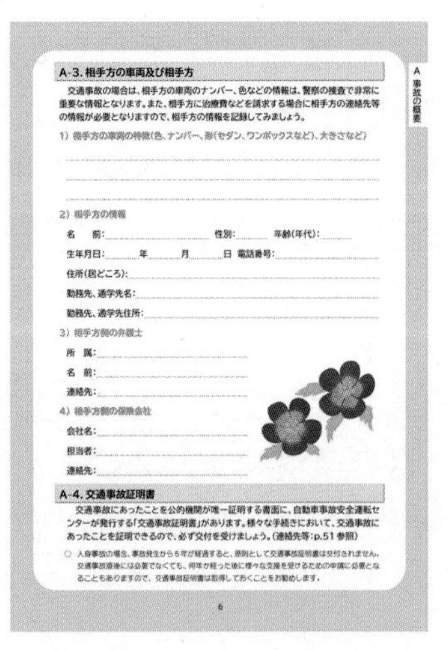

A-3. 相手方の車両及び相手方

交通事故の場合は、相手方の車両のナンバー、色などの情報は、警察の捜査で非常に重要な情報となります。また、相手方に治療費などを請求する場合に相手方の連絡先等の情報が必要となりますので、相手方の情報を記録してみましょう。

1）相手方の車両の特徴（色、ナンバー、形（セダン、ワンボックスなど）、大きさなど）

2）相手方の情報

名　前：　性別：　年齢（年代）：
生年月日：　年　月　日 電話番号：
住所（居どころ）：
勤務先、通学先名：
勤務先、通学先住所：

3）相手方側の弁護士

所　属：
名　前：
連絡先：

4）相手方側の保険会社

会社名：
担当者：
連絡先：

A-4. 交通事故証明書

交通事故にあったことを公的機関が唯一証明する書面に、自動車事故安全運転センターが発行する「交通事故証明書」があります。様々な手続きにおいて、交通事故にあったことを証明できるので、必ず交付を受けましょう。（連絡先等：p.51 参照）

○ 人身事故の場合、事故発生から5年が経過すると、原則として交通事故証明書は交付されません。交通事故直後には必要でなくても、何年か経った後に様々な支援を受けるための申請に必要となることもありますので、交通事故証明書は取得しておくことをお勧めします。

A 事故の概要

6

【自動車事故被害者支援等に関する理解促進の取組】

国土交通省では、自動車事故に関する現状の課題や令和５年４月から自賠責保険料の一部として設けられる賦課金の使途等について解説し、自動車事故による被害者支援や事故防止対策及びそれに資する賦課金の必要性等を簡潔に分かりやすく伝えるためのポータルサイトを、令和５年２月に開設した。

今後、随時内容を更新していく予定であり、自動車事故被害者支援に対する自動車ユーザー等の理解を得るための不断の努力を行っていく。

※「自賠制度特設サイト」のURL・２次元コード
https://www.mlit.go.jp/jidosha/jibaiseki/

令和４年度は、全国で464人（前年度：437人）の支援コーディネーターを配置、研修会・講習会を295回（前年度：255回）開催(参加者数２万3,496人(前年度：２万3,358人))、ケース会議を2,742回（前年度:2,931回）開催（参加者数１万4,833人（前年度：１万8,645人））した。

⑽ 子供の被害者等に対応できる思春期精神保健の専門家の養成

【施策番号47】

厚生労働省においては、不登校、ひきこもり、家庭内暴力等の児童思春期における精神保健に関する様々な問題に対応できる人材を確保するため、医療従事者やひきこもり支援従事者等を対象に「思春期精神保健研修」を実施し、精神保健福祉センター、保健所、ひきこもり地域支援センター等における地域住民等に対する相談支援の充実を図っている。

令和４年度は、医療従事者専門研修を391人（前年度：363人）、ひきこもり対策研修を464人（前年度：471人）が、それぞれ受講した。

⑾ 被害少年等のための治療等の専門家の養成、体制整備及び施設の増強に資する施策の実施

【施策番号48】

厚生労働省（令和５年度からはこども家庭庁）においては、虐待を受けたこどもの児童養護施設等への入所が増加していることを受け、平成23年度に心理療法担当職員及び個別対応職員の児童養護施設等への配置を義務化するなど、適切な支援体制を確保している。令和５年度予算では、児童養護施設等における児童相談所ＯＢ等の雇上げや、児童養護施設等職員の相談支援を実施するための経費を盛り込んだ。

また、児童相談所においては、円滑な業務遂行のため、児童福祉司（指導及び教育を行

う児童福祉司（以下「指導教育担当児童福祉司」という。）を含む。）、相談員、精神科若しくは小児科を専門とする医師及び保健師、児童心理司、心理療法担当職員、弁護士等を配置するとともに、こどもへの相談援助活動を行うに当たって専門的・医学的な判断や治療を必要とする場合には、医療機関の受診に関する支援を行うこととしている。

令和４年４月１日現在、全国の計228の児童相談所には、5,783人の児童福祉司、787人の医師、229人の保健師及び2,347人の児童心理司が配置されている。

児童相談所の設置状況・職員配置状況
（各年４月１日現在）

年次	児童相談所数	児童福祉司数	児童心理司数
平成30年	210	3,426	1,447
平成31年	215	3,817	1,570
令和２年	219	4,553	1,800
令和３年	225	5,168	2,071
令和４年	228	5,783	2,347

※　児童福祉司数には任用予定者を含む。

提供：こども家庭庁

⑿　里親制度の充実

【施策番号49】

厚生労働省（令和５年度からはこども家庭庁）においては、虐待を受けたなどの事情により代替養育を必要とするこどもについて、平成28年５月に成立し、平成29年４月に全面施行された児童福祉法等の一部を改正する法律で定められた家庭養育優先原則に基づき、里親やファミリーホームへの委託の推進を図っており、里親のリクルート及びアセスメントから研修、マッチング及び養育支援に至るまで、里親養育を一貫して支援する体制を整備する地方公共団体に対して支援を行う里親養育包括支援（フォスタリング）事業を実施している。令和５年度予算では、「里親委託・施設地域分散化等加速化プラン」に基づく補助率のかさ上げや、里親委託に意欲的に取り組む地方公共団体が行う先駆的な取組の支援等を引き続き実施するとともに、新規の里親家庭に経験豊富な里親を派遣して養育支援するための経費を盛り込んでいる。令和３年度末時点での里親登録数は、１万5,607人（前年度：１万4,354人）である。

⒀　児童虐待への夜間・休日対応の充実等

【施策番号50】

ア　厚生労働省（令和５年度からはこども家庭庁）においては、児童相談所が夜間・休日を問わずいつでも相談に応じられる体制を整備するための予算補助を行っており、令和５年４月現在、全ての児童相談所（78地方公共団体・232か所）において、24時間・365日対応可能な体制が確保されている。

【施策番号51】

イ　厚生労働省（令和５年度からはこども家庭庁）においては、児童相談所では対応困難な医学的判断・治療が必要となるケースに迅速・適切に対応するため、都道府県が地域の医療機関を協力医療機関として指定し、個々のケースに応じた心身の治療の必要性等について児童相談所が医学的見地から専門的・技術的な助言を受ける取組に対し、予算補助を行っている。

⒁　被害少年等の保護に関する学校及び児童相談所等の連携の充実

【施策番号52】

地方公共団体が設置する要保護児童対策地域協議会においては、虐待を受けているこども等の早期発見や適切な保護を図るため、児童相談所、学校・教育委員会、警察等の関係機関が、要保護児童やその保護者等（以下「支援対象児童等」という。）に関する情報共有や支援内容の協議を行うこととしており、その結果を踏まえ、関係機関が適切な連携を図り対応している。同協議会は、令和２年４月現在、99.8％の市区町村で設置されている。

また、令和元年６月に成立した児童虐待防止対策の強化を図るための児童福祉法等の一部を改正する法律により、同協議会から情報

第２章

提供等の求めを受けた関係機関等は、これに応ずるよう努めなければならないこととされたほか、虐待を受けたこどもが住所等を移転する場合には、移転前の住所等を管轄する児童相談所長は、移転先の住所等を管轄する児童相談所長に速やかに情報提供を行うとともに、情報提供を受けた児童相談所長は、同協議会が速やかに情報共有を行うことができるようにするための措置を講ずることとされた。

要保護児童対策地域協議会

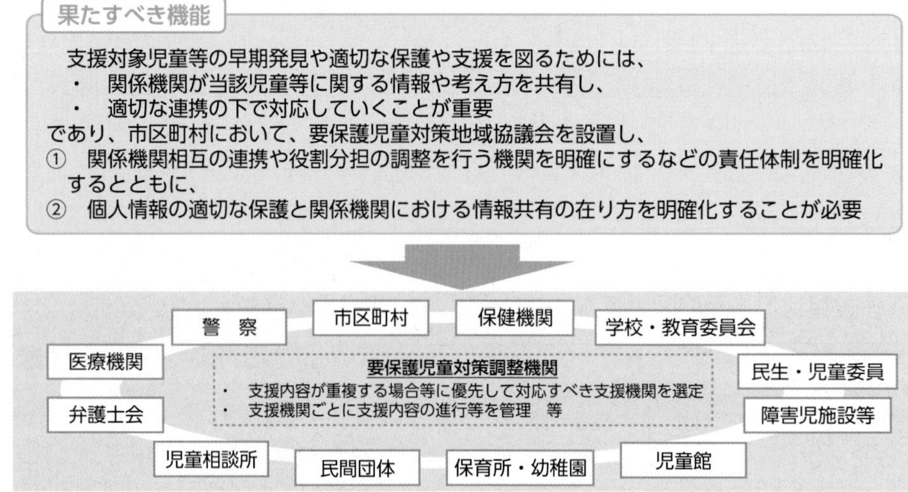
果たすべき機能
支援対象児童等の早期発見や適切な保護や支援を図るためには、
・ 関係機関が当該児童等に関する情報や考え方を共有し、
・ 適切な連携の下で対応していくことが重要
であり、市区町村において、要保護児童対策地域協議会を設置し、
① 関係機関相互の連携や役割分担の調整を行う機関を明確にするなどの責任体制を明確化するとともに、
② 個人情報の適切な保護と関係機関における情報共有の在り方を明確化することが必要
警 察
市区町村
保健機関
学校・教育委員会
医療機関
要保護児童対策調整機関
・ 支援内容が重複する場合等に優先して対応すべき支援機関を選定
・ 支援機関ごとに支援内容の進行等を管理 等
民生・児童委員
弁護士会
障害児施設等
児童相談所
民間団体
保育所・幼稚園
児童館

		平成30年度	令和元年度	令和2年度
設置している市区町村数（※）		1,736（99.7%）	1,738（99.8%）	1,738（99.8%）
登録ケース数（うち児童虐待）		238,642（108,041）	263,430（122,569）	277,234（134,229）
調整機関職員数	① 児童福祉司と同様の専門資格を有する職員	1,986	2,113	2,849
	② その他専門資格を有する職員	3,949	3,909	4,153
	③ ①②以外の職員（事務職等）	2,215	1,945	1,551
	④ 合計	8,150	7,967	8,553

※各年度4月1日時点（設置している市区町村数、登録ケース数）
【出典】厚生労働省子ども家庭局家庭福祉課調べ

提供：こども家庭庁

⒂ 被害少年等に対する学校における教育相談体制の充実等

【施策番号53】

ア 文部科学省においては、犯罪被害者等を含む児童生徒の相談等に適切に対応できるよう、学校における教育相談体制の充実に取り組んでいる。具体的には、児童生徒の心理に関して専門的な知識・経験を有するスクールカウンセラーの学校等への配置及び緊急支援のための派遣に対し、予算補助を行っている。令和元年度までに、全ての公立小・中学校（約2万7,500校）にスクールカウンセラーを配置することを目標とし、同年度予算では、当該配置に要する経費を措置した。また、福祉の専門的な知識・技能を用いて児童生徒を支援するスクールソーシャルワーカーの教育機関等への配置に対しても、予算補助を行っている。同年度までに、全ての中学校区（約1万中学校区）にスクールソーシャルワーカーを配置することを目標とし、同年度予算では、当該配置に要する経費を措置した。これらの経費については、令和4年度も引き続き措置しており、配置時間の充実も図っている。

加えて、犯罪被害に遭った児童生徒等の相談等に適切に対応できるよう、教職員の資質能力の向上に向けた研修等の実施や、教育委員会等を対象とした会議等における警察等関係機関と連携した犯罪被害に遭った児童生徒等への対応等に係る周知等を通じて、学校における相談体制の充実を図っている。

【施策番号 54】

イ　教員が犯罪被害者等を含む児童生徒の相談等に適切に対応できるよう、大学の教職課程においては、カウンセリングに関する基礎的な知識を含む教育相談の理論及び方法が必修とされている。また、地方公共団体の教育相談指導者を対象として、犯罪被害者等に関する内容を含む教育相談の研修を実施している。

スクールカウンセラー・スクールソーシャルワーカーの活動概要

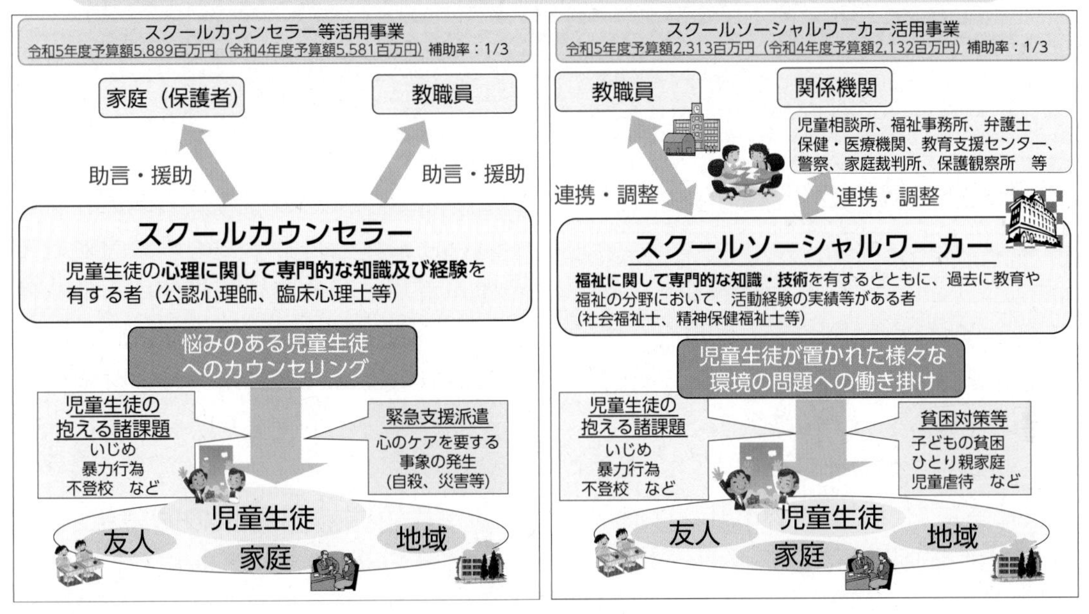

提供：文部科学省

⒃　被害少年の精神的被害を回復するための継続的支援の推進

【施策番号 55】

人格形成の途上にある少年が犯罪被害を受けた場合には、その後の健全育成に与える影響が大きいことから、警察においては、被害少年の再被害を防止するとともに、その精神的打撃の軽減を図るため、少年補導職員（令和４年４月現在、全国で 859 人（前年：880人）配置）等による指導・助言やカウンセリング等の継続的な支援を行っている。

被害少年の支援については、公認心理師等の資格を有する部内カウンセラーによる支援体制の充実を図るとともに、臨床心理学、精神医学等の高度な知識・技能を有する部外の専門家を被害少年カウンセリングアドバイザーとして委嘱（令和４年４月現在、全国で 136 人（前年：137 人）委嘱）し、その指導・助言を受けながら適切に支援を行っている。

令和４年中、児童ポルノ事犯の検挙を通じて新たに特定された被害児童の数は 1,487 人であり、このうち 19.0％は抵抗する手段を持たない小学生以下の低年齢児童であるほか、ＳＮＳの利用に起因して児童買春等の被害に遭った児童の数が1,732人に上るなど、こどもの性被害をめぐる情勢は依然として厳しい状況にある。警察においては、このような情勢を踏まえ、「子供の性被害防止プラン（児童の性的搾取等に係る対策の基本計画）2022」（令和4年5月20日犯罪対策閣僚会議決定）に基づき、関係府省庁と連携し、被害児童の迅速な保護及び適切な支援に向けた取組を推進している（P 31トピックス「「子供の性被害防止プラン（児童の性的搾取等に係る対策の基本計画）2022」の策定」参照）。

被害少年への支援活動

保護者
被害少年等
連携
カウンセリング
環境の調整等
相談
被害の申告
少年警察担当部門
少年サポートセンター
報告
警察署等
警察本部
少年警察担当課
少年補導職員等
指導・助言
連携
連絡
被害少年カウンセリングアドバイザー（臨床心理士、精神科医等）
関係機関・団体
被害少年サポーター（地域ボランティア）
刑事部門等

⒄ 警察における性犯罪被害者に対するカウンセリングの充実

【施策番号56】

警察においては、令和5年4月現在、47都道府県警察で計182人（うち公認心理師又は臨床心理士の資格を有する職員145人）の部内カウンセラーを配置するとともに、全ての都道府県警察においてカウンセリング費用の公費負担制度を運用している（P10【施策番号15】参照）。

警察におけるカウンセリングの様子（模擬）

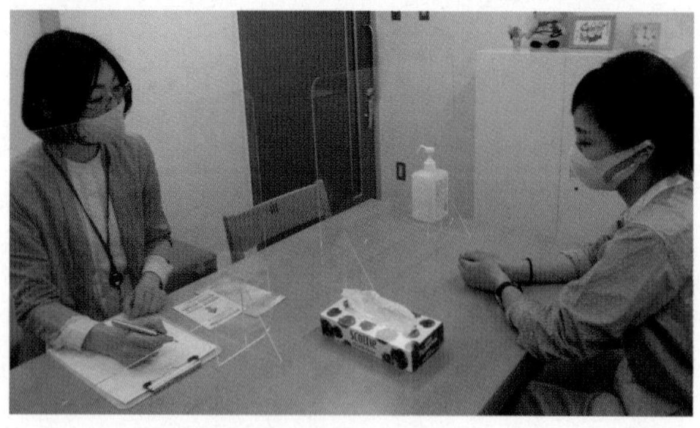

⒅ 性犯罪被害者等に対する緊急避妊に関する情報提供

【施策番号57】

厚生労働省（性と健康の相談センターにつき令和5年度からはこども家庭庁）においては、性犯罪被害者その他の緊急避妊を必要とする者が、緊急避妊薬の使用目的や使用方法等を含め、緊急避妊の方法等に関する情報を得られるよう、保健所や性と健康の相談センター等を通じて情報提供を行っている。

⒆ 性犯罪被害者への対応における看護師等の活用

【施策番号58】

厚生労働省においては、医師、看護師等が連携し、各々の専門性を発揮して性犯罪・性暴力等の被害者への支援に取り組んでいる、実践的な事例を盛り込んだ「チーム医療推進のための基本的な考え方と実践的事例集」を作成し、ウェブサイト（https://www.mhlw.go.jp/stf/shingi/2r9852000001ehf7.html）等で周知している。

⒇ ワンストップ支援センターの体制強化

【施策番号59】

ア　内閣府においては、ワンストップ支援センター（P187基礎資料8参照）について、性犯罪・性暴力被害者支援のための交付金

トピックス

「子供の性被害防止プラン（児童の性的搾取等に係る対策の基本計画）2022」の策定

児童の性的搾取等の撲滅に向けた取組については、平成29年4月に「児童の性的搾取等に係る対策の基本計画」（子供の性被害防止プラン）が策定され、2020年東京オリンピック・パラリンピック競技大会までを視野に、関係府省庁が緊密な連携・協力を図りながら、政府全体で同計画を推進することとされた。

同計画策定からこれまでの間、児童の性的搾取等事犯に対する取締りの強化と厳正な対応をはじめ、様々な施策が推進されたが、我が国の現状を見ると、スマートフォン等のインターネット接続機器等が児童に普及する中で、ＳＮＳに起因する児童買春・児童ポルノ禁止法違反等に係る被害児童数は高水準で推移している。

こうした情勢や課題に対応するため、令和４年５月、犯罪対策閣僚会議において、同計画に新たな施策を追加するなどした「子供の性被害防止プラン（児童の性的搾取等に係る対策の基本計画）2022」が策定された。

同プランには、警察の主な施策として、児童が性的搾取等の被害に遭わないための環境対策、児童やその保護者等が相談しやすい環境の整備、児童の性的搾取等事犯に対する取締りの強化と厳正な対応等の対策が盛り込まれており、警察では、同プランに基づき、関係機関・団体等と連携して取組を推進している。

子供の性被害防止プラン（児童の性的搾取等に係る対策の基本計画）2022概要

現行プラン

平成29年４月、犯罪対策閣僚会議において、2020東京オリンピック・パラリンピック競技大会までを視野に入れたプランを決定

情勢・課題

・加害者との接触を媒介するツール等の普及、多様化等
・SNSに起因する児童買春事犯・児童ポルノ事犯が高水準で推移
・国際社会との連携・情報発信強化の必要性　など

新プランの策定

・現行プランの６つの柱を維持しつつ、各柱の施策について、今後継続すべき施策に現在の情勢・課題を踏まえた施策を新たに追加
・今後５年間を目途に現行法を前提として取り組むべき施策を取りまとめ
・進捗状況についてフォローアップを実施

新規追加施策

1．児童の性的搾取等の撲滅に向けた国民意識の向上及び国民運動の展開並びに国際社会との連携の強化

○　地域の関係機関への情報発信等を通じ、地域の関係機関・団体等の連携・協力による児童の性的搾取等の撲滅に向けた取組の促進

○　児童買春等の法令違反のサービス提供が行われないよう、旅行業者等による自己点検や国・地方公共団体による立入検査を通じた指導の実施

○　「若年層の性暴力被害予防月間」を実施し、関係府省、地方公共団体、関係団体等と連携・協力し、ＡＶ出演被害、「ＪＫビジネス」等の若年層の様々な性暴力被害の予防啓発や被害に遭った場合の相談先の周知を推進

○　虐待、性的搾取等・性暴力等の分野における取組を取りまとめた「子どもに対する暴力撲滅行動計画」に基づく、関係府省庁の連携した取組の実施

2．児童が性的搾取等の被害に遭うことなく健やかに成長するための児童及び家庭の支援

○　性犯罪・性暴力の加害者にならない、被害者にならない、傍観者にならないための「生命（いのち）の安全教育」をはじめとする生命の尊さを学び生命を大切にする教育などの推進

3．児童の性的搾取等に使用されるツールや場所等に着目した被害の予防・拡大防止対策の推進
○ ＳＮＳ事業者団体の青少年保護活動に参画し、被害実態に関する情報提供を行うとともに、個々の事業者における自主的な対策強化を促進
○ ＳＮＳ上の不適切な書き込みをサイバーパトロールにより発見し、注意喚起のためのメッセージを投稿する取組を推進するとともに、ＡＩ技術の活用など効果的な手法の導入を検討
○ 官民が連携し、ＡＶ出演被害問題・「ＪＫビジネス」・援助交際等の性的搾取等の根絶を目指し、被害防止に係る取組を推進
○ 被害場所の実態把握、被害場所に関する分析を実施し、関係府省庁の協力を得て関係団体等へ情報を提供

4．被害児童の迅速な保護及び適切な支援の推進
○ 児童相談所、教育機関、法務局等において面接等に加え、ＳＮＳの活用による相談しやすい環境整備を実施

5．被害情勢に即した取締りの強化と加害者の更生
○ 矯正施設に収容中の性犯罪者等について、矯正施設収容中から医療機関等の医師や社会福祉士等の専門家による面接を実施し、個々人の特性やニーズに応じた医療機関等による多様な方法、内容による退所後の治療等につなげ、再犯防止を推進
○ 刑事手続の終了後も、地域社会において性犯罪者に対するカウンセリング等再犯防止に向けた支援が提供されるようにするなど、国と地方公共団体とが連携した性犯罪者の再犯防止対策の推進
○ 仮釈放中の性犯罪者等へのＧＰＳ機器の装着義務付けなど、諸外国の法制度・運用や技術的な知見等を踏まえた所要の検討を実施

6．児童が性的搾取等の被害に遭わない社会の実現のための基盤の整備・強化
○ 過去40年間の懲戒免職処分歴等の情報検索が可能な「官報情報検索ツール」の更なる活用の促進や児童生徒に対して性暴力に及んだ教育職員の原則懲戒免職の徹底
○ 保育士資格について、特定免許状失効者等に対する教育職員免許法の特例と同様の仕組みを検討するとともに、性暴力等を行ったベビーシッターに対する業務停止命令等に関する情報を共有・公表する仕組みの構築を検討
○ 教育・保育施設等やこどもが活動する場等において働く際に性犯罪歴等についての証明を求める仕組み（日本版ＤＢＳ）の導入に向けた検討
○ 児童が対象となる場合を含め、競技者に対する性的意図を持った写真や動画の撮影・流布等によるハラスメントについて、関係団体・関係省庁とも連携しつつ、問題に関する啓発等、防止に向けた取組を推進
○ 子供に対する性被害に対処するための刑事法の整備について、性犯罪に対処するための法整備に関する法制審議会の審議結果を踏まえた所要の検討を実施

により、24時間365日対応化、拠点となる病院における環境整備等の促進、コーディネーターの配置・常勤化等の地域連携体制の確立、専門性を高めるなどの人材の育成や運営体制の確保、支援員の適切な処遇等、運営の安定化及び質の向上を図っている。また、ホームページや毎年11月に実施している「女性に対する暴力をなくす運動」により、全国共通番号「＃8891（はやくワンストップ)」を周知するとともに、令和４年11月から、ワンストップ支援センターの通話料の無料化を実施している。さらに、性暴力被害者のための夜間休日コールセンターを運営するとともに、若年層等の性暴力被害者が相談しやすいよう、ＳＮＳ相談「Cure time（キュアタイム)」を実施し、相談支援体制の充実を図っている。

令和４年度上半期における、ワンストップ支援センターに寄せられた相談件数は３万2,367件であった（令和２年度同期は２万3,286件、令和３年度同期は２万9,319件)。

また、令和４年６月に施行されたＡＶ出演被害防止・救済法※の相談窓口となるワンストップ支援センターについて、被害者の心身の状態及び生活の状況等に配慮した適切な対応ができる相談体制の整備を図った。

ワンストップ支援センター全国共通番号

提供：内閣府

※ 性をめぐる個人の尊厳が重んぜられる社会の形成に資するために性行為映像制作物への出演に係る被害の防止を図り及び出演者の救済に資するための出演契約等に関する特則等に関する法律

性暴力に関するＳＮＳ相談「キュアタイム」

提供：内閣府

【施策番号 60】

イ　警察庁においては、地域における性犯罪・性暴力被害者支援の充実を促進するため、犯罪被害者等施策主管課室長会議や「犯罪被害者等施策情報メールマガジン」等を通じ、ワンストップ支援センターの体制強化や性犯罪・性暴力被害者支援に関する情報を提供している。

【施策番号 61】

ウ　厚生労働省においては、都道府県等の協力を得て、犯罪被害者支援団体、医師等の医療関係者等からワンストップ支援センターの開設に向けた相談があった場合には、協力可能な医療機関の情報を収集し、当該団体等に提供することとしている。

【施策番号 62】

エ　厚生労働省においては、医療機能情報提供制度（P22【施策番号 39】参照）の内容に、医療機関におけるワンストップ支援センターの設置の有無に関する項目を設け、地域住民や患者に対して情報提供を行っている。

【施策番号 63】

オ　前記施策のほか、関係府省庁において、「性犯罪・性暴力対策の強化の方針」（令和２年６月 11 日性犯罪・性暴力対策強化のための関係府省会議決定）に基づき、障害者等を対象とした支援事例を把握し、性犯罪・性暴力被害者の支援体制の充実のための施策の検討を進めてきた。今後は、「性犯罪・性暴力対策の更なる強化の方針」（令和５年３月 30 日性犯罪・性暴力対策強化のための関係府省会議決定）に基づき、障害者や男性等を含む様々な性犯罪・性暴力被害者への適切な対応や支援を行うことができるよう、性犯罪・性暴力被害者の支援体制の充実のための施策を検討していく（警察庁における取組については、P96【施策番号 223】参照）。

⒇ 犯罪被害者等に関する専門的な知識・技能を有する専門職の養成等

【施策番号 64】

ア　警察庁においては、公益財団法人日本臨床心理士資格認定協会及び一般社団法人日本臨床心理士会に働き掛け、犯罪被害者等に関する専門的知識・技能を有する臨床心理士の養成及び研修の実施を促進するとともに、都道府県臨床心理士会の被害者支援担当者を集めた研修に職員を派遣し、犯罪被害者等施策に関する講義を実施している。

また、犯罪被害者週間（毎年 11 月 25 日から 12 月１日まで）の実施に当たり、一般社団法人日本臨床心理士会、都道府県臨床心理士会及び臨床心理士受験資格に関する指定大学院に啓発イベントの開催を案内し、臨床心理士等の参加を呼び掛けるなどしている（犯罪被害者週間については、P116 トピックス「犯罪被害者週間」参照）。

【施策番号 65】

イ　警察庁においては、社会福祉士がインターネットを通じていつでも基本法や第４次基本計画の内容等について学ぶことができる e- ラーニングのコンテンツ作成に関して、公益社団法人日本社会福祉士会と協力し、犯罪被害者等に関する専門的知識・技能を有する社会福祉士の養成及び研修の実施に努めている。

また、厚生労働省と連携し、犯罪被害者週間の実施に当たり、同会、都道府県社会福祉士会、社会福祉学科等を設けている大学、公益社団法人日本看護協会等に啓発イベントの開催を案内し、社会福祉士等の参

講演録

過去とともに生きるということ

～性暴力サバイバーの闘いと回復～

工藤 千恵（性暴力サバイバー、大分県男女共同参画審議会委員）

初めまして、性暴力サバイバーの工藤千恵と申します。きょうは私が経験した被害のことや、その後の回復の道のりなどをお話ししたいと思います。

もうすぐ11月12日ですが、私は毎年この日に特注のケーキを買います。実は、私が被害に遭った日です。どうしたって、その日は必ずやって来ます。だとしたら自分から待ち構えてしまいたい。そう思って回復してきた自分を祝う、二つ目の誕生日にしようと決めました。ケーキの上に「Happy Re Birthday」と書いてもらうのが、お決まりです。「Re Birthday」には再生・復活・再誕の日という意味合いがあります。

あの日から42年がたちました。８歳の時、塾の帰りでした。一人で歩いていると見知らぬ男に手首をつかまれ「声を出したら殺すぞ」と言われました。「助けて」と声を出そうにも出ず、ビニールハウスのすき間に押し倒されました。ただただ怖かったです。

通りかかった人が通報してくれ保護されました。私は泣くこともなく茫然としていました。警察で私だけ殺風景な部屋に通され男性警察官にたくさん質問されました。今受けたばかりのことを話すのはつらくて、まるで責められているように感じたのを覚えています。

両親と家に帰って、やっと母に言えたのは「私、汚れてしまった」でした。母がお風呂で「きれいになるからね」と優しく洗ってくれました。うれしかった記憶ですが、そうしてもらったことで、やっぱり私は汚れたんだと思いました。

翌朝の新聞に小さな記事で載りました。「A子ちゃん８歳」というふうに出ました。母に言われて学校に登校しましたが、教室に入ると質問攻めに遭いました。「知らない、私じゃない」と言うしかできずに、その日から心を閉ざしました。学校では今まで通りにしましたが、また聞かれるかもしれないとビクビクして、どうしたら目立たないか、そんなことばかり考える毎日でした。

家では温厚な父が大声で怒鳴るようになり、ショックでした。なので、いつまでも落ち込んじゃいけない、何事もないように振る舞おう。心も体も感覚をなくしていきました。

中学生になって、みんなもあのことは忘れているだろうと、前向きに学校生活を送っていました。そんな中、２年生の時に友達とおしゃべりをしていて「小学３年生の時に事件あったよね」と突然聞かれました。目の前が真っ白になって、音を立てて何かが崩れるような気がしました。私は一生、被害者のレッテルを貼ったまま生きるしかないのかと思いました。やり切れずに非行に走りました。お酒を飲んだり、高校生のバイクに乗せてもらって事故で死ねたらと思ったりしました。３年生になると体が女性らしく変化してくる。きっとまた被害に遭う、自分のいやらしい体のせいだというふうに感じました。スカートをはかず、赤やピンク、花柄、レースは嫌い。胸をつぶしたくてサラシを巻いたりもしました。

高校でも部活で青春らしい時間を過ごすとか、勉強に集中するとかもできませんでした。

高校卒業後、人生をリセットさせたくて東京に進学しました。うまくいくと思ったんですが、体が悲鳴を上げ始めました。体重が10キロ減り、あばら骨が出て痛くて寝返りができないほどに痩せ、生理も止まりました。18歳の時に初めて病院に行きました。体調不良が被害とつながっているとは思わず、ホルモン注射とかの治療を受けましたが、副作用で肌がボロボロになりました。子宮の病気になって、子どもは産めないかもしれないと宣告をされ、自分の人生が終わったようにも感じました。そんな中でも進学した学校で映画に出会ったのが、私にはとても大きなことでした。週に５本は映画を見る生活で、映画の登場人物をとおして感情の疑似体験ができるのが新鮮でした。自分の中に感情があることを思い出し、生きている感覚になった。映画は回復へ向けての一つのツールだったのかなと思います。

もう一つ回復のきっかけは交通事故。20歳の時に横断歩道で車にはねられ、奇跡的に助かりました。こんなことが起こっても私は死なない。ずっと死にたいと思っていたけれど、死ぬことを前向きに諦めた自分がいました。

何か吹っ切れた気がして、仮面をかぶって自分を押し殺してきたのが、バカみたいと思ったんですね。好きなことをしたいと、旅に出たり、おいしいものを食べたり、自分のために生きることができるようになりました。

21歳の頃、高校の同級生だった今の夫と再会してお付き合いが始まりました。それまでは男性とのお付き合いや結婚なんて無理だと諦めていました。性暴力の被害を初めて話した相手も彼でした。一緒にいる時にフラッシュバックが起き過呼吸になり涙が止まらなくなった時でした。彼は少し驚いた様子でしたが、「大丈夫」と言って体を優しくさすってくれました。汚れ物のように扱われなかったことがうれしかった。否定されず受け入れてもらった初めての経験で、自分を自分が認めて受け入れるきっかけにもなったように思います。

回復の道を歩み始めたんですが、スムーズにいかないのも現実です。買い物依存症、アルコール依存症、性依存症で自分を見失いました。今では回復過程でさまざまな依存症になることもあると知っていますが、当時は情報がなかったのです。

もう一つ、私を苦しめたのは幸せへの恐怖です。少しでもいいことが続くと、幸せになれるはずがない、この幸せもきっとなくなってしまうと感じ、自分から壊していました。

25歳で結婚しました。生活は大きく変わりましたが、依存症は完治したわけではなく、衝動を抑え込もうとして反動が出て、家事もこなせない新婚生活でした。そんな中、奇跡的に子どもを授かり、子どもの世話をすることで人間らしい生活を送れるようになりました。

子どもの手が少し離れたかなと思い始めた頃、娘が８歳になりました。すると、８歳、８歳という年齢が私の中をグルグル回り始め、事件を思い出し落ち着かなくなりました。娘も被害に遭うかもしれないと不安が膨らみ、学校から帰宅が遅くなるとパニックになる。過呼吸で病院に運ばれることもあり、気持ちも体も疲れ果ててしまいました。でも、本当に不安だったのは夫や娘のはずです。そう気づいた時に８歳の娘に自分の被害のことを話したら「理由がわかってほっとした」と言ってくれました。私の症状も落ち着いてきました。

40歳を迎えて大きな転機がありました。客観的に過去にも向き合えるようになり、自分と同じような当事者に会ってみたいと、ネットの検索で団体を見つけ大切な仲間に出会いました。過去を振り返りながらも明るく共感し合える時間は私の心を溶かしていきました。地元で犯罪被害者支援ボランティアの研修を受けたところ、支援センターの方に声をかけていただき、2014年春に人前で初めて被害経験を語りました。間もなく地元の新聞社から取材依頼があり、記事が大きく載りました。以来、全国を講演に歩いています。性暴力は別世界の出来事ではないと感じてもらうために実名で活動をしています。

ただ、赤いワンピースを着て講演に行くと会場に戸惑いが広がるのを感じます。「被害者は被害者らしく」という偏見があるのだと思います。「かわいそうな人」のレッテルを貼られ、社会が思う被害者像を求められ過ぎると、笑ってはいけない、幸せになってはいけないと思い込んでしまいます。偏見が被害者の生きづらさを生んでいることを知ってほしい。

今は表面的には何事もなかったように過ごせています。ただ、後遺症が何もないのかというと、実はそうではありません。突然、涙が止まらなくなり、男性の大きな声でパニックになりそうな時もあります。完全に元に戻れないのも残念ながら現実です。乗り越えたものはたくさんありますが、苦しみがゼロになることもない。だからといって、人生は終わりじゃないと思っています。何の問題もない私になることは難しいですが、症状と付き合って幸せに生きることはできる。そのことを私の生き方で証明できたらと思っています。

サバイバーさんには「生きる力・回復する力・幸せになる力」があって、トラウマや苦しみを持ったままでも心から笑える日を迎えることができる。回復の先には光があるんだと伝えていきたいなと思っています。過去は変えられないけれど、未来はきっと一つではないし、変えていける。性暴力の被害者も加害者も傍観者も生まない社会になるように、一緒に考えてもらえたらと思っています。

※本講演録は、「全国犯罪被害者支援フォーラム 2022」における犯罪被害者による講演「被害者の声」の概要をまとめたもの。

加を呼び掛けるなどしている。

【施策番号 66】

ウ　警察庁においては、公益社団法人日本公認心理師協会及び一般社団法人公認心理師の会に働き掛け、犯罪被害者等に関する専門的知識・技能を有する公認心理師の養成及び研修の実施を促進するとともに、同会が開催する研修会を後援し、また、犯罪被害者等施策に関する資料を提供するなどして、専門職の養成に協力している。

さらに、文部科学省及び厚生労働省と連携し、犯罪被害者週間の実施に当たり、同協会、同会等に啓発イベントの開催を案内し、公認心理師の参加を呼び掛けるなどしている。

【施策番号 67】

エ　警察庁においては、犯罪被害者週間の実施に当たり、犯罪被害者等施策に関係する団体に対して、啓発イベントの開催を案内し、犯罪被害者等施策に関係する専門職の参加を呼び掛けるなどしている。

㉒ 法科大学院における教育による犯罪被害者等への理解の向上の促進

【施策番号 68】

文部科学省においては、各法科大学院が、自らの教育理念に基づき多様で特色のある教育を展開していく中で、犯罪被害者等に対する理解の向上を含め、真に国民の期待と信頼に応え得る法曹の養成に努めるよう、会議等を通じて促している。

各法科大学院においては、犯罪被害者等の実態を把握・分析し、その法的地位、損害回復の方法、支援における課題等について考察する「被害者学」、「被害者と法」等の授業科目を開設するなどの取組を行っている。

㉓ 犯罪被害者等に対する医療機関の医療機能に関する情報の提供

【施策番号 69】

厚生労働省においては、医療機能情報提供制度（P22【施策番号 39】参照）を運用し、犯罪被害者等を含む地域住民や患者が医療に関する情報を得て、適切に医療機関を選択できるよう支援している。

㉔ 犯罪被害者等の受診情報等の適正な取扱い

【施策番号 70】

ア　個人情報保護委員会及び厚生労働省においては、医療機関等における個人情報の適切な取扱いを確保するため、「医療・介護関係事業者における個人情報の適切な取扱いのためのガイダンス」（平成 29 年 4 月 14 日付け個人情報保護委員会事務局長、厚生労働省医政局長、医薬・生活衛生局長、老健局長通知）を定め、医療機関等に適切な対応を求めている。

また、厚生労働省においては、「診療情報の提供等に関する指針」（平成 15 年 9 月 12 日付け厚生労働省医政局長通知）を定め、医療機関等に適切な対応を求めている。

さらに、医療法に基づき設置されている都道府県等の医療安全支援センターにおいては、患者やその家族から個人情報の取扱いを含めた医療に関する苦情・相談を受けた場合には、当該患者等又は苦情・相談のあった医療機関の管理者に対し、必要に応じて助言を行うこととされている。

加えて、個人情報保護委員会及び厚生労働省においては、医療保険者について、「健康保険組合等における個人情報の適切な取扱いのためのガイダンス」（平成 29 年 4 月 14 日付け個人情報保護委員会事務局長、厚生労働省保険局長通知）等の関連ガイダンスを定め、健康保険組合等に適切な対応を求めている。

【施策番号 71】

イ　金融庁においては、犯罪被害者等の保険利用に関する情報をはじめとする個人情報の取扱いに関し、保険会社に問題があると認められる場合には、保険業法等に基づき、保険会社に対する検査・監督において適切な対応を行っている。

2　安全の確保（基本法第 15 条関係）

(1)　判決確定、保護処分決定後の加害者に関する情報の犯罪被害者等への提供の適正な運用及び拡充の検討

【施策番号 72】

検察庁においては、事件の処理結果、公判期日、裁判結果等のほか、希望があるときは不起訴裁定の主文、不起訴裁定の理由の骨子等を犯罪被害者等に通知する、全国統一の被害者等通知制度を運用している。

平成 19 年 12 月には同制度を拡充し、犯罪被害者等の希望に応じ、判決確定後における加害者の処遇状況等について、検察庁、刑事施設、地方更生保護委員会及び保護観察所が連携して通知している。具体的には、加害者の受刑中の処遇状況に関する事項、仮釈放審理に関する事項、保護観察中の処遇状況に関する事項等を通知している。平成 26 年 4 月以降は、加害者の受刑中の刑事施設における褒賞及び懲罰の状況についても通知することとした。

また、平成 19 年 12 月以降、犯罪被害者等の希望に応じ、保護処分決定後における加害者の処遇状況等について、少年鑑別所、少年院、地方更生保護委員会及び保護観察所が連携して通知している。具体的には、少年院送致処分又は保護観察処分を受けた加害少年について、少年院における処遇状況に関する事項、仮退院審理に関する事項、保護観察中の処遇状況に関する事項等を通知している。平成 26 年 4 月以降は、加害者の少年院在院中における賞、懲戒及び問題行動指導の状況についても通知することとした。

保護観察所においては、保護観察中の処遇状況に関する事項の一つとして、従前は保護観察の終了予定年月のみを犯罪被害者等に通知していたが、同月以降は、これを年月日まで通知するほか、特別遵守事項に基づき実施する特定の犯罪的傾向を改善するための専門的処遇プログラムの実施状況についても通知

することとした。

令和４年４月以降、収容中の特定保護観察処分少年について、新たに設けられた退院審理に関する事項及び再開後の保護観察中の処遇状況に関する事項についても通知することとした。また、保護観察の開始に関する事項を通知する際、心情等伝達制度を含む更生保護における犯罪被害者等施策に関するリーフレット等を添付するなどして、被害者等通知制度を利用する犯罪被害者等に心情等伝達制度を周知し、問合せに応じて同制度の説明を行っている。

同年中の被害者等通知制度による通知希望者数は７万 8,377 人であり、実際の通知者数（延べ数）は 12 万 8,987 人であった。

被害者等通知制度の運用状況

年次	通知希望者数	通知者数（延べ数）
平成 29 年	73,503	128,630
平成 30 年	76,144	131,209
令和元年	76,590	132,443
令和２年	79,286	131,351
令和３年	80,894	133,987
令和４年	78,377	128,987

提供：法務省

⑵ 医療観察制度における加害者の処遇段階等に関する情報提供の適正な運用

【施策番号 73】

保護観察所においては、平成 30 年７月から、犯罪被害者等の希望に応じ、医療観察制度における加害者の処遇段階等に関する情報を提供している。具体的には、加害者の氏名、加害者の処遇段階（入院処遇、地域社会における処遇又は処遇終了）及びその開始又は終了年月日、地域社会における処遇中の保護観察所による加害者との接触状況等を情報提供している。令和４年中に情報提供を行った件数は、22 件であった。

⑶ 更生保護における犯罪被害者等施策の周知

【施策番号 74】

法務省においては、更生保護における犯罪被害者等施策について、パンフレットやリーフレットを作成・活用するほか、同施策を利用した犯罪被害者等の体験談等を法務省ウェブサイト（https://www.moj.go.jp/hogo1/soumu/hogo08_00011.html）に掲載するなどして、同施策の広報や関係機関・団体等に対する周知に努めている。

⑷ 被害者等通知制度の周知

【施策番号 75】

検察庁において、検察官等が犯罪被害者等の事情聴取等を行ったときは、被害者等通知制度に基づく通知の希望の有無を確認するとともに、犯罪被害者等向けパンフレット「犯罪被害者の方々へ」を配布するなどして、同制度を周知している。

⑸ 加害者に関する情報提供の適正な運用

【施策番号 76】

警察においては、「再被害防止要綱」（平成 31 年３月 27 日付け警察庁刑事局長等通達別添）に基づき、同一の加害者により再び危害を加えられるおそれのある犯罪被害者等を再被害防止対象者として指定し、再被害防止のための関連情報の収集、関連情報の教示・連絡体制の確立と再被害防止対象者の要望の把握、自主警戒指導、警察による警戒措置、加害者への警告等の再被害防止措置を実施している。

これらの再被害防止措置の実施に当たっては、関係機関が緊密に連携しており、法務省においては、犯罪被害者等が加害者との接触回避等の措置を講じることにより再被害を避けることができるよう、平成 13 年 10 月から出所情報通知制度を運用している。具体的には、警察から再被害防止措置に必要となる受刑者の釈放等に関する情報（自由刑の執行終了による釈放予定と予定年月日・帰住予定地、仮釈放による釈放予定と予定年月日・指定帰住地等）の通報要請があった場合において、通報を行うのが相当であると認められるときは、当該情報を通報している。

また、犯罪被害者等が希望する場合において、検察官が相当と認めるときは、犯罪被害者等に対し、受刑者の釈放前に釈放予定を通知している。

同制度については、会議等において周知するとともに、実務担当者から犯罪被害者等に案内している。

令和４年中の同制度による通知希望者数は570人であり、実際に通知を受けた者の数は410人であった。

出所情報通知制度の運用状況

年次	通知希望者数	通知者数
平成29年	438	394
平成30年	523	416
令和元年	459	417
令和２年	460	413
令和３年	588	418
令和４年	570	410

提供：法務省

⑹　警察における再被害防止措置の推進

【施策番号77】

ア　警察においては、13歳未満のこどもを被害者とした強制わいせつ等の暴力的性犯罪で服役して出所した者について、法務省から情報提供を受け、各都道府県警察において、その所在確認を実施しているほか、必要に応じて当該出所者の同意を得て面談を行うなど、再犯防止に向けた措置を講じている。

平成17年６月から令和４年12月末までに法務省から情報提供を受けた対象者数は2,498人である。

【施策番号78】

イ　P38【施策番号76】参照

⑺　警察における保護対策の推進

【施策番号79】

警察においては、暴力団による犯罪の被害者や暴力団との関係を遮断しようとする事業者等に対する危害行為を防止し、その安全確保の徹底を図るため、総合力を発揮した保護対策を推進している。

具体的には、「保護対策実施要綱」（平成31年３月28日付け警察庁次長通達別添）に基づき指定した身辺警戒員に対する教育訓練を実施し、防犯カメラ等の必要な装備資機材を整備するとともに、保護対象者が警備業者の機械警備を利用する場合には、その費用の一部を補助することとしている。

⑻　保釈に関する犯罪被害者等に対する安全への配慮の充実

【施策番号80】

検察庁においては、加害者の保釈に関し、検察官が、犯罪被害者等からの事情聴取の結果等を踏まえ、その安全の確保を考慮して裁判所に意見を提出するとともに、保釈申請の結果を犯罪被害者等に連絡するなど、適切な対応に努めている。また、会議や研修等の様々な機会を通じ、犯罪被害者等に対する安全配慮についての検察官等への周知に努めている。

⑼　再被害の防止に向けた関係機関の連携の強化

【施策番号81】

ア　警察においては、配偶者等からの暴力事案等に関し、配偶者暴力相談支援センター等の関係機関・団体と連携した支援を行うなど、犯罪被害者等の視点に立った適切な対応を図っている。

また、令和４年度には、人身取引（性的サービスや労働の強要等）事犯の被害者等に対して警察等への被害申告を呼び掛ける10か国語によるリーフレットを合計約22万8,000部作成し、関係国の在京大使館、非政府組織等の犯罪被害者等の目に触れやすい場所等に広く配布したほか、国内の主要空港の協力を得て、デジタルサイネージによる広報を実施するなどしている。

さらに、同リーフレットのほか、複数の

被害事例を警察庁ウェブサイト（https://www.npa.go.jp/bureau/safetylife/hoan/jinshintorihiki/index.html）上に掲載するなどして、警察等への通報を呼び掛けている。これらのリーフレットや被害事例の作成に当たっては、非政府組織等と意見交換を重ね、犯罪被害者等の視点に立った分かりやすい内容とするよう努めている。加えて、人身取引事犯の被害者等の早期保護を図るため、平成19年10月から、警察庁の委託を受けた民間団体が市民から匿名で事件情報の通報を受け付け、これを警察に提供して捜査等に役立てる匿名通報事業を実施している。

なお、人身取引事犯の検挙状況等については、「令和４年における風俗営業等の現状と風俗関係事犯等の取締り状況について」を警察庁ウェブサイト（https://www.npa.go.jp/publications/statistics/safetylife/fuuzoku.html）上に掲載している。

児童虐待事案については、街頭補導、少年相談等のあらゆる警察活動を通じ、被害の早期発見及び児童相談所への確実な通告に努めている。また、平成22年２月から匿名通報事業の対象に児童虐待事案を追加しているほか、児童相談所長又は都道府県知事による児童の安全確認、児童の一時保護及び立入調査を円滑に実施するための援助や要保護児童対策地域協議会等への参画等、児童相談所、学校等の関係機関との連携強化に努めている。

厚生労働省（こども関係施策につき令和５年度からはこども家庭庁）においては、配偶者等からの暴力事案の被害者、人身取引事犯の被害者等の保護・支援に関し、婦人相談所と児童相談所、警察等の関係機関との緊密な連携が不可欠であることを踏まえ、当該連携の充実を図っている。特に、配偶者等からの暴力事案の被害者の保護・支援については、関係機関相互の認識の共有・調整が不可欠であることから、婦人相談所においては、警察、福祉事務所等の関係機関との連携を図るため、連絡会議や事例検討会議を開催するとともに、広報・啓発活動も行っている。

令和３年度から、婦人相談員を配置している市区における婦人相談所等の都道府県の関係機関や、市区の関係機関、民間団体の参画による横断的な連携・協働のためのネットワーク（協議会）の構築・運営を支援する「困難な問題を抱える女性支援連携強化モデル事業」を実施している。

また、児童相談所においては、触法少年・ぐ犯少年の通告、棄児・迷子・虐待を受けたこども等の要保護児童の通告等について、警察との連携を図っている。児童虐待事案については、「児童虐待防止対策の強化に向けた緊急総合対策」（平成30年７月20日児童虐待防止対策に関する関係閣僚会議決定。以下「緊急総合対策」という。）に基づき、児童相談所と警察との間で共有する情報を明確化し、情報共有の充実・強化を図るなど、児童虐待事案への対応における連携を強化している。

匿名通報ダイヤル

【施策番号 82】

イ　警察庁及び文部科学省においては、警察と学校等関係機関の通報連絡体制や要保護児童対策地域協議会の活用、加害少年やその保護者に対する指導等の一層の充実を図り、いじめ等の問題行動による再被害の防止に努めている。

また、警察においては、いじめ等の学校における問題行動等への対応等を行うため、退職した警察官等をスクールサポーターとして警察署等に配置しており、令和４年４月現在、44都道府県で約860人を配置しているほか、非行や犯罪被害等の個々の少年が抱える問題に応じた的確な対応を行うため、学校、警察、児童相談所等の担当者から成る少年サポートチームを編成し、それぞれの専門分野に応じた役割分担の下、少年に対する指導・助言を行っている。同年度も、同チームの効果的な運用等を図るため、警察及び関係機関・団体の実務担当者を集めた協議会を開催した。

文部科学省においては、学校と警察が連携して児童生徒の問題行動に対応できるよう、教育委員会に対し、生徒指導担当者を対象とした会議や通知等を通じて連携体制の整備を促している。

また、「要保護児童対策地域協議会設置・運営指針」（平成17年２月25日付け厚生労働省雇用均等・児童家庭局長通知）を踏まえ、虐待を受けているこどもをはじめとする支援対象児童等の適切な保護を図るための関係機関との連携について、教育委員会等に周知している。

少年サポートチーム

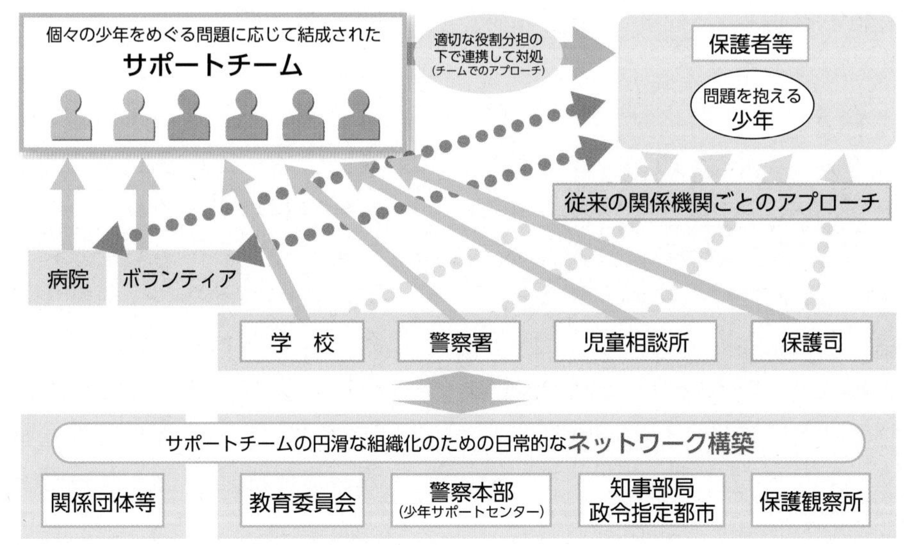

⑽　犯罪被害者等に関する情報の保護

【施策番号83】

ア　検察庁においては、裁判所の決定があった場合、被害者の氏名及び住所その他の被害者が特定されることとなる事項を公開の法廷で明らかにしない制度や、検察官が、証拠開示の際に、弁護人に対し、被害者の氏名又は住居を被告人に知らせてはならない旨の条件を付するなどの措置をとることができる制度等について円滑な運用を図っている。また、法務省・検察庁においては、会議や研修等の様々な機会を通じ、検察官等への周知に努めている。

更生保護官署においても、犯罪被害者等に関する情報を適切に管理するよう、会議や研修等の機会を通じて周知徹底を図っている。

【施策番号84】

イ　検察庁においては、ストーカー事案に関し、事案に応じた適切な対応を行うとともに、捜査・公判の各段階において、犯罪被害者等に関する情報の保護に配慮した適切な対応に努めている。また、法務省・検察庁においては、会議や研修等の様々な機会を通じ、検察官等への周知に努めている。

【施策番号 85】

ウ　法テラスにおいては、常勤弁護士を含む職員に対し、個人情報保護に関する研修を実施するなどして、犯罪被害者等の個人情報の取扱いに十分配慮するよう指導している。

【施策番号 86】

エ　総務省においては、平成16年に関係省令等を改正し、ストーカー事案及び配偶者等からの暴力事案の被害者（以下「ＤＶ被害者等」という。）の住民票の写しの交付等を制限する支援措置を講じた。また、平成18年6月に成立した住民基本台帳法の一部を改正する法律により、犯罪被害者等の保護の観点も含めた住民基本台帳の閲覧制度等の抜本的な見直しを行い、何人でも住民基本台帳の閲覧を請求できる従前の制度を廃止し、個人情報保護に配慮した制度として再構築した。平成20年には、同様の観点から住民基本台帳法を再度改正し、住民票の写し等の交付制度の見直しを行った。平成24年には、関係通知を改正し、支援措置の対象として、ストーカー行為及び配偶者等からの暴力等に加え、児童虐待その他これらに準ずる行為を追加した。

さらに、平成30年には、加害者の代理人から住民票の写しの交付の申出等があった場合には加害者と同視して対応すること、裁判所に提出する必要があるとの理由により犯罪被害者に係る住民票の写しの交付の申出等があった場合には裁判所からの調査嘱託に対応する方法によること等について、それぞれ通知を発出した。

選挙人名簿の抄本の閲覧制度については、平成29年に、それ以前の関係通知の内容を踏まえ、ストーカー事案及び配偶者等からの暴力事案の加害者から支援対象者が記載されている選挙人名簿の抄本の閲覧の申出があった場合には拒否すること並びに加害者以外の第三者から選挙人名簿の抄本の閲覧の申出があった場合であっても、当該申出に係る選挙人が支援対象者であるときは、閲覧を拒むに足りる相当な理由があると認め、閲覧を拒否できること等、一層の厳格な取扱いについて通知した。

令和3年10月に行われた衆議院議員総選挙及び令和4年7月に行われた参議院議員通常選挙に際しても、支援対象者が記載されている選挙人名簿の抄本の閲覧については、平成29年の通知を踏まえて運用を行うよう各都道府県選挙管理委員会へ通知しており、選挙人名簿の抄本の閲覧制度の厳格な取扱いについて周知徹底を図っている。

【施策番号 87】

オ　法務省においては、平成24年から、戸籍事務について、戸籍法第48条第2項の規定に基づき、ＤＶ被害者等の住所、電話番号等の記載がある届書等の閲覧請求又は当該書類に記載された事項に関する証明書の交付請求がなされた場合であって、ＤＶ被害者等から市区町村長に対してその住所等が覚知されないよう配慮を求める旨の申入れがなされ、かつ、住民基本台帳事務における支援措置が講じられているときは、同事務における支援期間が満了するまでの間、ＤＶ被害者等の住所等が覚知されないよう適宜の方法でマスキングを施した上で、閲覧請求又は交付請求に応じることとしている。平成26年からは、ＤＶ被害者等の保護の観点から、申入れを行ったＤＶ被害者等から再度申入れを行う意思がないことを確認できるまでの間は、同事務における支援期間が満了していないものとみなして、マスキングを施した上で、閲覧請求又は交付請求に応じることとしている。

また、不動産登記事務について、平成25年から、不動産の所有権等の登記名義人が登記義務者として当該権利の移転等の登記を申請するに当たり登記記録上の住所から転居している場合であって、当該登記義務者が、ＤＶ被害者等として住民票の写しの交付等を制限する支援措置を受けている支援対象者であるときは、当該支援対象者からの申出により、当該登記の前提である登記名義人の住所の変更の登記を要しない取扱いとしている。平成27年からは、支援対象者が新たに登記名義人となる場合についても、当該支援対象者からの申出により、現住所の登記を要しない取扱いとしている。

さらに、登記所に保管されている登記申請書及びその附属書類については、利害関係人による閲覧が認められているところ、同年から、これらの書類のうち支援対象者の現住所が記載されている部分については、当該支援対象者からの申出により、閲覧を制限する取扱いとしている。

なお、令和３年４月に成立した民法等の一部を改正する法律により不動産登記法の一部が改正され、ＤＶ被害者等の住所が公開されて生命・身体等に不利益が生ずることがないようにする観点から、これらの運用上の取扱いをより合理的なものと改め、法制上の措置とすることとされた。具体的には、登記記録に記録されている自然人の住所が明らかにされることにより人の生命・身体に危害を及ぼすおそれがある場合又はこれに準ずる程度に心身に有害な影響を及ぼすおそれがある場合において、その者からの申出があったときは、登記事項証明書等にその住所に代わる事項が記録されることとなった（同法第119条第６項。令和６年４月施行）。

加えて、供託事務について、平成25年から、ＤＶ被害者等から被害の相談に関する公的証明書をもって供託官に対して申出があった場合には、ＤＶ被害者等が供託物払渡請求書に記載する住所について、都道府県までの概括的な記載にとどめることを認める取扱いとするとともに、供託物払渡請求がなされた後に当該申出がなされた場合であって、利害関係人から供託物払渡請求書の閲覧請求がなされたときは、ＤＶ被害者等の住所等が覚知されないようマスキングを施した上で閲覧請求に応じることとしている。

【施策番号 88】

カ　国土交通省においては、登録事項等証明書の交付事務を行っている運輸支局等に対し、「登録事項等証明書の交付請求に係る配偶者からの暴力、ストーカー行為等、児童虐待及びこれらに準ずる行為の被害者の保護のための取扱いについて」（平成26年７月11日付け国土交通省自動車局自動車情報課長通達）により、軽自動車検査協会に対し、「検査記録事項等証明書交付請求に係る配偶者からの暴力、ストーカー行為等、児童虐待及びこれらに準ずる行為の被害者の保護のための取扱いについて」（平成27年１月26日付け国土交通省自動車局整備課長通達）により、それぞれ犯罪被害者等に関する情報の保護に係る手続の厳格な運用を示達するとともに、犯罪被害者等に関する情報管理の徹底を図っている。犯罪被害者等からの当該通知に基づく取扱いの実施に係る申請件数は、令和５年２月末時点、運輸支局等が590件、軽自動車検査協会が351件であった。

また、平成26年９月から、登録事項等証明書に関し、自動車登録検査業務電子情報処理システム（ＭＯＴＡＳ）において出力制限を実施することができるようにしており、犯罪被害者等に関する情報管理の一層の徹底を図っている。

さらに、登録官研修等において、犯罪被害者等の保護のための取扱い及び個人情報保護の重要性に関する研修を実施している。その際、被害相談窓口において、当該取扱いを犯罪被害者等に周知してもらうため、当該窓口を所管する相談機関等と平素から緊密に連携するよう指導している。

【施策番号 89】

キ　警察庁においては、犯罪被害者等の実名発表・匿名発表について引き続き適切な発表がなされるよう、都道府県警察の広報担当者が参加する会議等の機会を通じて都道府県警察を指導している。

⑾ 一時保護場所の環境改善等

【施策番号 90】

P13【施策番号 25】参照

⑿ 被害直後及び中期的な居住場所の確保

【施策番号 91】

P13【施策番号 26】参照

⒀ 児童虐待の防止及び早期発見・早期対応のための体制整備等

【施策番号 92】

ア　令和元年６月に成立した児童虐待防止対策の強化を図るための児童福祉法等の一部を改正する法律により児童虐待の防止等に関する法律が改正され、国及び地方公共団体は、関係地方公共団体相互間並びに市区町村、児童相談所、福祉事務所、配偶者暴力相談支援センター、学校及び医療機関の間の連携強化のための体制の整備に努めなければならないと規定され、児童相談所においては、配偶者暴力相談支援センターと連携をさらに強化し、児童心理司等によるこどもに対する精神的ケア等の支援を行っている。

一方、児童虐待の相談対応件数の増加等、子育てに困難を抱える世帯がこれまで以上に顕在化している状況等を踏まえ、必要な体制強化やサービスの充実を図るため、令和４年６月に成立した児童福祉法等の一部を改正する法律により改正された児童福祉法及び母子保健法において、こどもや家庭に対し包括的な相談支援等を行う「こども家庭センター」の設置や、訪問による家事支援等、こどもや家庭を支える事業の創設を行うこととしている。

内閣府においては、配偶者等からの暴力事案がそのこどもにも悪影響を及ぼすことに鑑み、こどもに対する精神的ケア等の支援の充実を図るとともに、配偶者暴力相談支援センター等の配偶者等からの暴力事案への対応機関と児童相談所等の児童虐待への対応機関との連携・協力を推進している。令和２年度から、「ＤＶ被害者等セーフティネット強化支援パイロット事業」を実施して、民間シェルターがＤＶや児童虐待の被害者を母子一体で受け入れる体制整備や心理専門職によるメンタル面のケア等を支援している。また、女性に対する暴力被害者のための官官・官民連携促進事業において、配偶者暴力の被害者に対する相談・支援に従事する官民の関係者を対象としてオンライン研修教材を作成・提供し、研修項目に児童虐待に関連した項目を追加するとともに、研修対象者に児童相談所職員等児童虐待対応の関連部署を追加している。

【施策番号 93】

イ　警察においては、児童虐待の早期発見等に資する教育訓練を徹底し、児童虐待担当者の専門的知識・技能の向上に努めるとともに、都道府県警察本部に「児童虐待対策官」を設置し、児童相談所等の関係機関との連携や児童虐待の疑いがある事案等を認知した際の初動対応、被害児童の心理を踏まえた事情聴取等の児童虐待に係る専門的対応に関する指導教養等に従事させるなど、児童虐待への対応力の一層の強化を図っている。

【施策番号 94】

ウ　法テラスにおいては、全国の地方事務所において、児童虐待の被害児童又は被害を受けるおそれのある児童に対し、必要に応じて、弁護士による法律相談を実施している（ＤＶ等被害者法律相談援助）。

この取組を周知するため、各地の弁護士会、各地方公共団体の所管課、児童相談所等の関係機関に対し、業務説明を行うとともに、広報用のポスターやポケットカードを作成し、小中学校や関係機関等へ配布している（令和４年度は小中学校等

児童虐待をテーマにした
ＤＶ等被害者法律相談援助広報用ポスター

提供：法務省

同ポスター添付のポケットカード

提供：法務省

児童虐待をテーマにした
制度周知用アニメーション動画

提供：法務省

宛てにポスター7,029枚配布）。さらに、児童虐待をテーマにした制度周知用アニメーション動画を法テラス公式YouTube（https://www.youtube.com/channel/UC0PpTUQPriW83GX8CFONJEg）へ掲載するとともに、動画広告としても放映するなどしている。

【施策番号 95】

エ　文部科学省においては、緊急総合対策を踏まえ、①学校における児童虐待事案の早期発見に向けた取組及び通告、②関係機関との連携強化のための情報共有、③児童虐待防止に係る研修の実施等の積極的な対応等について、都道府県教育委員会等に通知した。

また、平成31年２月には、千葉県野田市における小学４年生死亡事案の発生を受け、文部科学副大臣を主査とする省内タスクフォースを設置して再発防止策を検討するとともに、「「児童虐待防止対策の強化に向けた緊急総合対策」の更なる徹底・強化について」（平成31年２月８日児童虐待防止対策に関する関係閣僚会議決定）を踏まえ、児童虐待事案に係る情報の管理及び関係機関の連携に関する新たなルールについて、都道府県教育委員会等に通知した。

さらに、令和元年５月には、学校・教育委員会等が児童虐待事案への対応に当たって留意すべき事項をまとめた「学校・教育委員会等向け虐待対応の手引き」を作成・公表した。

このほか、児童生徒の相談をいつでも受

けることができるよう、スクールカウンセラーやスクールソーシャルワーカーの活用等、教育相談体制の整備を支援している。

【施策番号 96】

オ　文部科学省においては、地域における児童虐待事案の未然防止等に資する取組として、子育てに関する悩みや不安を抱えながら、自ら学びの場や相談の場等にアクセスすることが困難な家庭等に配慮しつつ、地域の多様な人材を活用した家庭教育支援チーム等による保護者に対する学習機会や情報の提供、相談対応等、地域の実情に応じた家庭教育支援の取組を推進している。令和４年度におけるチーム数は 1,031 である。

また、地域において児童虐待事案に早期に対応できるよう、地域における家庭教育支援関係者や放課後子供教室等の地域学校協働活動関係者等が児童虐待事案への対応に当たって留意すべき事項をまとめた「児童虐待への対応のポイント～見守り・気づき・つなぐために～」（令和元年８月作成、令和４年 11 月一部改訂）を活用するよう周知している。

さらに、令和４年 11 月の児童虐待防止推進月間に先立ち、児童虐待の根絶に向けた文部科学大臣のメッセージを、こどもの育ちに関わる全国の学校・地域の関係者や保護者に加え、全国のこどもたちに対しても発信した。

家庭教育支援チームによる家庭訪問の様子

提供：文部科学省

【施策番号 97】

カ　厚生労働省（令和５年度からはこども家庭庁）においては、緊急総合対策に基づき、こどもの安全確認ができない場合における立入調査の実施等、全てのこどもを守るためのルールの徹底等に取り組んでいる。また、緊急総合対策を受けて決定された「児童虐待防止対策体制総合強化プラン」（平成 30 年 12 月 18 日児童虐待防止対策に関する関係府省庁連絡会議決定）に基づき、令和４年度末までに、児童相談所の児童福祉司を平成29年度（約 3,240 人）から 2,020 人程度増員するとともに、こども家庭総合支援拠点を全ての市区町村に設置することとし、児童福祉司等の増員については、同プランの計画を１年前倒しで概ね達成しており、児童虐待に関する相談対応件数が引き続き増加している状況等を踏まえ、令和４年１月 20 日、増員の目標を当初の計画から更に 505 人増員した 5,765 人とすることとし、この目標を達成する見込みである。令和５年度以降の児童相談所の体制については、「児童虐待防止対策の更なる推進について」（令和４年９月２日児童虐待防止対策に関する関係閣僚会議決定）に基づき、児童相談所や市区町村の体制強化を計画的に進めていくため、「新たな児童虐待防止対策体制総合強化プラン」（令和４年 12 月 15 日児童虐待防止対策に関する関係府省庁連絡会議決定）を策定し、令和６年度末までに児童福祉司を 6,850 人体制とすること等を目標とした。

さらに、虐待を受けたと思われるこどもを発見した際等にためらわず児童相談所に通告・相談できるよう、児童相談所虐待対応ダイヤル「189（いちはやく）」を運用している。これまで、児童相談所に電話がつながるまでの時間を短縮するため、平成 28 年４月に音声ガイダンスの短縮を行うとともに、平成 30 年２月には携帯電話等からの着信についてコールセンター方式を導入するなどの運用改善を進めてきたところ、令和元年12月から、従来の「児童相談所全国共通ダイヤル」の名称を「児童相談所虐待対応ダイヤル」に変更するとともに、新たに「児童相談所相談専用ダイヤル」を開設した。その上で、「児童相談所虐待対応ダイヤル」及び「児童相談所相談専用ダイヤル」の通話料の無料化を順次行い、利便性の向上を図った。

児童相談所虐待対応ダイヤル「１８９（いちはやく）」

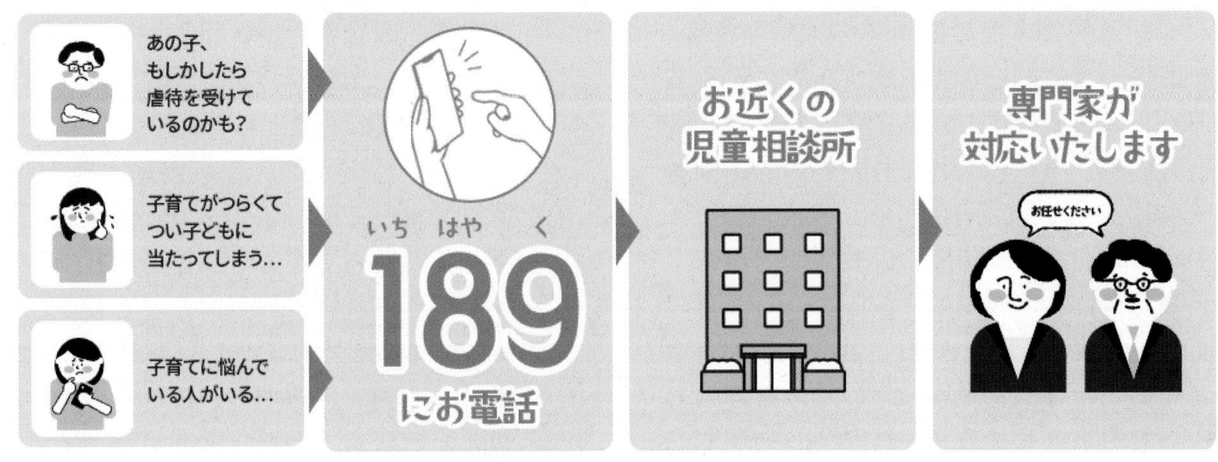

提供：こども家庭庁

【施策番号 98】

キ　厚生労働省においては、令和２年度から、婦人相談所における、ＤＶ被害者等が同伴するこどもへの支援の充実を図るため、児童相談所等の関係機関と連携するための「児童虐待防止コーディネーター」を婦人相談所に配置するための補助を実施している。令和４年度は11都道府県で実施した。

⒁　児童虐待防止のための児童の死亡事例等の検証の実施

【施策番号 99】

社会保障審議会児童部会の下に設置されている児童虐待等要保護事例の検証に関する専門委員会においては、平成16年から、こども虐待による死亡事例等について分析・検証し、当該事例等から明らかになった問題や課題への具体的な対応策を、提言として毎年取りまとめており、令和４年９月には、「子ども虐待による死亡事例等の検証結果等について（第18次報告）」を取りまとめた。

第18次報告においては、心中以外の虐待死（47例・49人）中０歳児が最も多く（31例・32人）、うち月齢０か月児が高い割合を占めること、妊娠期・周産期における問題として「妊婦健康診査未受診」及び「予期しない妊娠／計画していない妊娠」が高い割合を占めること等が特徴として挙げられた。

⒂　再被害の防止に資する教育の実施等

【施策番号 100】

ア　内閣府においては、配偶者等からの暴力による被害者支援の一環として、加害者に働き掛けることで加害者に自らの暴力を自覚させる加害者プログラムについて、地方公共団体の協力を得て行った試行実施の成果や課題等を踏まえ、令和４年５月、「試行のための留意事項」を策定・公表した。さらに、「試行のための留意事項」を活用しつつ、更なる試行実施を行ったところであり、その成果等の検証に基づいて「本格実施のための留意事項」（仮称）を取りまとめることとしている。

【施策番号 101】

イ　法務省においては、矯正施設に収容されている加害者のうち必要な者に対し、「被害者の視点を取り入れた教育」の受講を義務付けている。同教育は、被収容者に対し、自らの犯した罪と向き合い、その大きさや犯罪被害者等の心情等を認識させ、犯罪被害者等に誠意を持って対応するとともに、再び罪を犯さない決意を固めさせることを目標としており、犯罪被害者等のゲストスピーカーによる直接講話を実施するなど、犯罪被害者等の心情等の理解を深め、謝罪等の具体的な行動を促す指導に努めている。刑事施設における令和4年度の「被害者の視点を取り入れた教育」の受講開始人員は530人（前年度：468人）であり、少年院における同年度の同教育の受講修了人員は41人であった。さらに、同教育の更なる充実のため、令和2年度に外部有識者を招いた「刑事施設における「被害者の視点を取り入れた教育」検討会」を開催して、標準プログラムの改訂方針等について検討を行い、令和5年度からの運用開始に向け、令和3年度から同プログラムの改訂を進めている。

このほか、矯正施設においては、家庭裁判所や検察庁等から送付される処遇上の参考事項調査票等に記載されている犯罪被害者等の心情等の情報について、被収容者に対する指導に活用している。

⒃ 再被害の防止に資する適切な加害者処遇

【施策番号102】

ア　法務省においては、性犯罪者、ストーカー事案等の加害者である保護観察対象者について、事案に応じ、違反した場合に仮釈放の取消し等の不良措置がとられることを前提に、個々の保護観察対象者ごとに定められる特別遵守事項として、被害者等への接触の禁止等の事項を設定し、これを遵守するよう指導監督している。

また、性犯罪者等の特定の犯罪的傾向を有する保護観察対象者に対し、専門的処遇プログラムの受講を特別遵守事項として設定し、これを遵守するよう指導監督している。

さらに、事案に応じ、再被害の防止に資する生活行動指針を設定し、これに即して行動するよう指導監督している。

仮釈放者、少年院仮退院者等については、仮釈放等審理において、犯罪被害者等から聴取した意見等を踏まえ、一層適切に特別遵守事項を設定している。また、令和4年4月以降、収容中の特定保護観察処分少年について新たに設けられた退院審理についても、本制度の対象としている。

【施策番号103】

イ　警察においては、ストーカー事案や配偶者等からの暴力事案等の加害者として刑事施設に収容され仮釈放となった者及び保護観察付執行猶予者について、保護観察所と緊密かつ継続的に連携し、これらの者の特異動向等を双方で迅速に把握した上で、必要な措置を講じている。

（法務省における取組については、P48【施策番号102】参照）

【施策番号104】

ウ　法務省においては、保護観察対象者に対し、再び罪を犯さない決意を固めさせるとともに、犯罪被害者等の意向等に配慮しながら誠実に対応するよう促すため、一定の重大な罪を犯した保護観察対象者に対し、平成19年から、しょく罪指導のためのプログラムを策定し、全国の保護観察所において指導を行ってきた。令和4年10月からは、同プログラムの内容を充実させるとともに、実施対象を拡大した改訂後のプログラムにより、次のとおり個別指導を行っている。

（ア）　自己の犯罪行為を振り返らせ、犯した罪の重さを認識させるとともに、加害者が負うべき責任について考えさせる。

（イ）　犯罪被害者等の心情や置かれている状況等を理解させる。

（ウ）　犯罪被害者等に対する謝罪及び被害弁償に関する対応の状況や考えについて整理させる。

（エ）　具体的なしょく罪計画を策定させる。

令和4年にしょく罪指導プログラムの実施が終了した人員は373人（前年:371人）

であった。

⒄　再被害防止のための安全確保方策の検討

【施策番号 105】

警察庁においては、ＤＶ被害者等が同一の加害者から再被害を受けている実態の把握等を目的として、平成29年度に「犯罪被害類型別調査」を実施した。また、関係府省庁と連携した犯罪被害者等の安全確保方策の検討に資するよう、犯罪被害者等が同一の加害者から再被害を受けている実態やそのおそれ等の把握のための調査を令和５年度中に実施予定であり、当該調査に向けた検討を行っている。

内閣府においては、配偶者等からの暴力の実態の把握等を目的として、令和２年度に「男女間における暴力に関する調査」において、配偶者からの暴力の被害経験の有無（回数を含む。）等について調査した。

法テラスにおいては、各地の弁護士会、児童相談所等の関係機関と連携し、児童虐待の被害児童や被害を受けるおそれのある児童を速やかに法律相談につなぐことができるよう体制の整備に努めている。

3　保護、捜査、公判等の過程における配慮等（基本法第19条関係）

⑴　職員等に対する研修の充実等

【施策番号 106】

ア　内閣府においては、令和２年度から、性犯罪・性暴力被害者の相談支援に携わる職員等（ワンストップ支援センターの相談員、行政職員及び医療関係者）に対し、オンライン研修教材を作成し提供している。さらに、令和３年度から、センター長やコーディネーターを対象者に加えるとともに、オンライン研修を実施している。

【施策番号 107】

イ　警察においては、警察官の採用時や昇任時に、各階級の役割又は職に応じ、犯罪被害者等支援に関する必要な知識・技能について教育を実施しているほか、専門的知識を必要とする職務に従事する実務担当者に対し、犯罪被害者等支援や被害者カウンセリング技術等に関する教育及び研修を実施している。

また、犯罪被害者等の心情を理解するための教育として、犯罪被害者等による講演、支援の現場で犯罪被害者等に向き合い犯罪被害者等の心情への共感や理解が深い警察官や有識者による講演、犯罪被害者等支援担当者の体験記の配布等を実施している。

さらに、犯罪被害者等への対応の改善及び二次的被害の防止を図るための教育として、都道府県警察本部の犯罪被害者等支援担当課による警察署に対する巡回教育、民間被害者支援団体との連携要領に関する教育、性犯罪被害者への支援要領に関する教育等を実施している。

【施策番号 108】

ウ　警察庁においては、ストーカー事案及び配偶者等からの暴力事案への対策に従事する警察官に対し、実務に必要な専門的知識・技能を修得させるための教育を実施している。

また、都道府県警察においては、ストーカー事案をはじめとする人身安全関連事案に対処する警察官に対し、必要な教育を実施し、対処能力の向上を図っている。

【施策番号 109】

エ　警察庁においては、被害児童の負担軽減に配意しつつ信用性の高い供述を確保するための聴取方法に関する警察官の技能の一層の向上を図るため、事情聴取場面を設定した実践的なロールプレイング方式の訓練を行うなど、効果的な研修を実施している。

また、当該聴取方法の都道府県警察への更なる普及・浸透を図るため、その指導者向けの研修を実施するなど、指導者の養成にも努めている。

【施策番号 110】

オ　警察においては、性犯罪被害者の心情に配慮した捜査及び支援を推進するため、性犯罪の捜査及び性犯罪被害者に対する支援に従事する警察官等を対象に、専門的な知見を有する講師を招いて講義を行うなど、男性や性的マイノリティが被害を受けた場合の対応を含め、警察学校等における研修を実施している。

【施策番号 111】

カ　警察においては、障害者の特性を踏まえた捜査及び支援を推進するため、捜査及び支援に従事する警察官等を対象に、専門的な知見を有する講師を招いて講義を行うなど、警察学校等における研修を実施している。

【施策番号 112】

キ　法務省においては、検察官等に対する犯罪被害者等支援に関する講義や更生保護官署の職員に対する犯罪被害者等支援の実務家による講義等を実施しているほか、全国の地方検察庁に配置されている被害者支援員等を対象として、検察における犯罪被害者等の保護・支援に関する研修を実施するなど、職員の対応の向上に努めている（更生保護官署や矯正施設の職員に対する研修等については、P70【施策番号 164、165】参照）。

【施策番号 113】

ク　法務省においては、検察官等を被害者支援団体等に派遣するとともに、検察幹部が参加する会議等において、犯罪被害者等の心情に配慮して適切な対応に努めるよう指示するなど、職員の対応の向上に努めている。

【施策番号 114】

ケ　法務省においては、検察官等に対する研修において、児童や女性の犯罪被害者等と接する上での留意点等を熟知した専門家等による講義を行っている。

【施策番号 115】

コ　法務省においては、副検事に対する研修において、交通事件の捜査・公判に関する留意点等を熟知した専門家等による講義や犯罪被害者等の立場等への理解を深めるための講義を行っている。

【施策番号 116】

サ　法務省においては、検察官等に対する研修において、犯罪被害者等からの事情聴取時に配慮すべき事項等、犯罪被害者等の保護・支援に関する講義を行うなどして、検察官等の意識向上に努めている。

【施策番号 117】

シ　法テラスにおいては、犯罪被害者支援の窓口となる全国の職員に対し、二次的被害の防止に関する研修等を実施している。

【施策番号 118】

ス　厚生労働省においては、犯罪被害者等を含む地域住民への適切な対応を図るため、民生委員が相談援助活動を行う上で必要不可欠な知識・技能を修得するための研修を実施する都道府県、政令指定都市、中核市に対し、当該研修に要する経費の一部を補助している。令和４年度に民生委員・児童委員研修事業を実施した地方公共団体の数は 97 であった。

民生委員の全国組織である全国民生委員児童委員連合会においては、標準的な研修カリキュラムを定め、各地域において研修の充実が図られるよう、同カリキュラムの普及を図っている。

【施策番号 119】

セ　厚生労働省においては、全国婦人相談所長及び婦人保護主管係長研究協議会や全国婦人相談員・心理判定員研究協議会において、婦人相談所長や婦人相談員等に対する研修を実施するとともに、平成 23 年度から、国立保健医療科学院において、婦人保護の中核を担う行政機関の指導的職員に対し、専門的な知識・技能の修得を促す婦人相談所等指導者研修を実施している。また、全国婦人保護施設等連絡協議会が開催する全国婦人保護施設長等研究協議会や全国婦人保護施設等指導員研究協議会において講演や行政説明を実施し、婦人保護施設の職員の専門性の向上を図っている。

都道府県においては、婦人相談所、婦人保護施設、母子生活支援施設、福祉事務所、民間団体等で配偶者等からの暴力事案の被害者等の支援を行う職員を対象とした専門研修を実施しており、厚生労働省においては、当該研修に要する経費を補助している。

○　海上保安庁においては、犯罪被害者等の基本的人権を尊重した適正な職務執行を行うため、海上保安学校等において、犯罪被害者等の基本的人権の尊重に関する教育等を行っている。

⑵　女性警察官の配置等

【施策番号 120】

警察においては、性犯罪被害者が捜査の過程で受ける精神的負担を少しでも軽減するためには、性犯罪被害者の望む性別の警察官が対応する必要があること等を踏まえ、警察本部や警察署における性犯罪捜査を担当する女性警察官の配置を推進するとともに、性犯罪捜査に関する研修を実施するなどして、性犯罪捜査を担当する職員の実務能力の向上を図っている。令和４年４月現在、性犯罪捜査において性犯罪被害者から事情聴取等を行う性犯罪指定捜査員として指定されている警察官等は、全国で１万2,124人であり、うち女性警察官等の人数は8,094人である。

また、都道府県警察本部における性犯罪捜査指導官の設置や性犯罪捜査指導を担当する女性警察官の配置等により、性犯罪捜査に関する指導体制を整備している。

さらに、性犯罪事件の認知後、証拠資料の採取時における性犯罪被害者の精神的負担を軽減するため、証拠資料の採取に必要な用具や性犯罪被害者の衣類を預かる際の着替え等をまとめた性犯罪証拠採取セットを整備している。

加えて、事情聴取において相談室や被害者支援用車両を積極的に活用しているほか、事件発生時に迅速かつ適切な診断・治療、証拠資料の採取、女性医師による診断等を行うため、産婦人科医会とのネットワークを構築し、具体的支援を提供するための連携の強化等を図りつつ、適正かつ円滑な性犯罪捜査を推進している。

○　海上保安庁においては、性犯罪等の被害者が捜査の過程で受ける精神的負担を少しでも軽減するため、女性海上保安官による事情聴取や付添い等を行っている。

性犯罪指定捜査員として指定されている警察官等の人数の推移（各年４月現在）

年次	総数	うち女性警察官等
平成30年	9,241	8,859
平成31年	9,591	9,174
令和２年	11,142	8,944
令和３年	12,203	8,678
令和４年	12,124	8,094

女性医師による診断の様子（模擬）

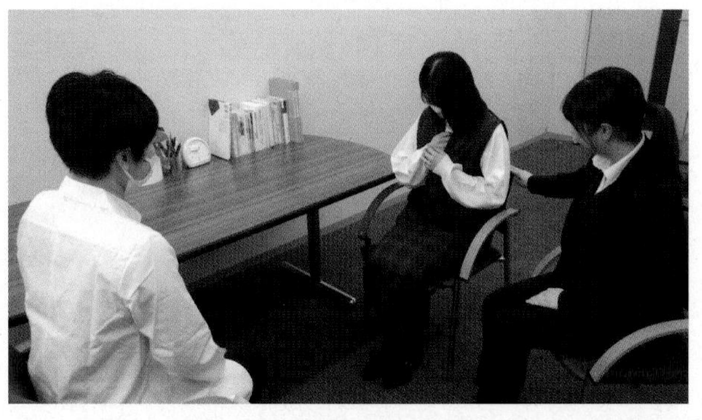

⑶　被害児童からの事情聴取における配慮

【施策番号 121】

検察庁、警察、児童相談所等においては、被害児童の負担軽減及び被害児童の供述の信用性の確保の観点から連携を強化している。具体的には、被害児童からの事情聴取に先立って協議を行い、関係機関の代表者が聴取を行うとともに、被害児童からの事情聴取に際しては、聴取の場所、回数、方法等に配慮するなどの取組を推進している。

このほか、検察庁、警察においては、令和２年６月に決定された政府の「性犯罪・性暴力対策の強化の方針」や令和５年３月に決定された政府の「性犯罪・性暴力対策の更なる強化の方針」を踏まえ、精神に障害を有する被害者に係る性犯罪事件についても、関係機関の代表者が聴取を行う取組を試行実施している。

⑷ ビデオリンク等の措置の適正な運用 【施策番号122】

法務省においては、刑事訴訟に関し、犯罪被害者等の意見を一層適切に裁判に反映させるための犯罪被害者等による意見陳述の制度や、証人の証言時の負担や不安を軽減するためのビデオリンク等の制度の運用が適切に行われるよう、会議や研修等の様々な機会を通じて、検察官等への周知徹底を図るとともに、これらの制度の運用状況の把握に努めている。また、犯罪被害者等向けパンフレット「犯罪被害者の方々へ」においても、これらの制度の情報を掲載している（P59【施策番号139】参照）。

令和４年中に証人尋問の際に付添いの措置がとられた証人の延べ数は139人、証人尋問の際に遮へいの措置がとられた証人の延べ数は1,370人、ビデオリンク方式による証人尋問が行われた証人の延べ数は417人（うち構外ビデオリンク方式によるものが85人）であった。

平成19年６月に成立した犯罪被害者等の権利利益の保護を図るための刑事訴訟法等の一部を改正する法律の施行により、平成20年４月から、民事訴訟において犯罪被害者等を証人等として尋問する場合に、付添い、遮へい又はビデオリンクの措置をとることが認められている。

令和４年中の民事訴訟（行政訴訟を含む。）における付添いの実施回数は19回、遮へいの実施回数は306回、ビデオリンクの実施回数は80回であった（いずれも証人尋問及び当事者尋問の回数であり、複数の措置を併用した場合については、それぞれ１回として計上している。）。

証人の保護等の状況

年次	証人の保護等		
	付添い	遮へい	ビデオリンク
平成30年	144	1,461	317（15）
令和元年	118	1,505	341（23）
令和２年	107	1,237	302（38）
令和３年	133	1,335	412（92）
令和４年	139	1,370	417（85）

（注）
1　最高裁判所事務総局の資料（概数）による。
2　いずれの数値も、高等裁判所、地方裁判所及び簡易裁判所における証人の数（延べ人員）である。
3　各項目の数値については、事件の終局日を基準に計上している。
4　ビデオリンクの数値中、（　）内は構外ビデオリンク方式によるもの（内数である）。

提供：法務省

証人への付添い

提供：法務省

証人への遮へい

提供：法務省

ビデオリンク方式

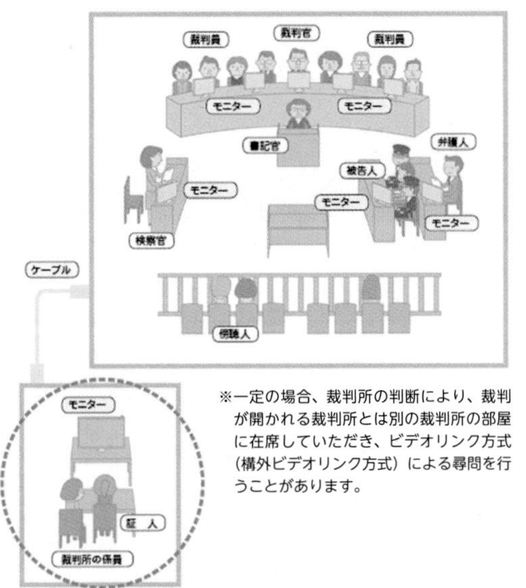

提供：法務省

⑸　警察における犯罪被害者等のための施設等の改善

【施策番号 123】

警察においては、犯罪被害者等が安心して事情聴取に応じられるよう、その心情に配慮し、応接セットを備えたり、照明や内装を改善した部屋を利用できるようにしたりするとともに、全ての警察署に被害者用事情聴取室を整備している。

また、犯罪被害者等は、警察署や交番等に立ち入ること自体に抵抗を感じる場合もあることから、犯罪被害者等の希望する場所に機動的に赴き、犯罪被害者等のプライバシー保護等に配慮しながら事情聴取や実況見分等を行うことができる被害者支援用車両を導入し、犯罪被害者等からの相談対応や届出の受理、事情聴取等に活用している。さらに、公共施設、ホテル、大学等の警察施設以外の相談会場の借上げも行っている。

被害者支援用車両内の様子（模擬）

⑹　検察庁における犯罪被害者等のための待合室の設置

【施策番号 124】

法務省においては、被疑者等の事件関係者と顔を合わせたくないという犯罪被害者等の心情に配慮し、その精神的負担を軽減するため、令和４年度に建て替えが完了した検察庁の５庁舎に被害者専用待合室を設置した。今後、令和５年度に建て替えが完了する見込みの検察庁の１庁舎についても同室を設置することとしており、未設置の検察庁についても、スペースの有無、設置場所等を勘案しつつ、同室の設置を検討していく。

犯罪被害者等のための待合室

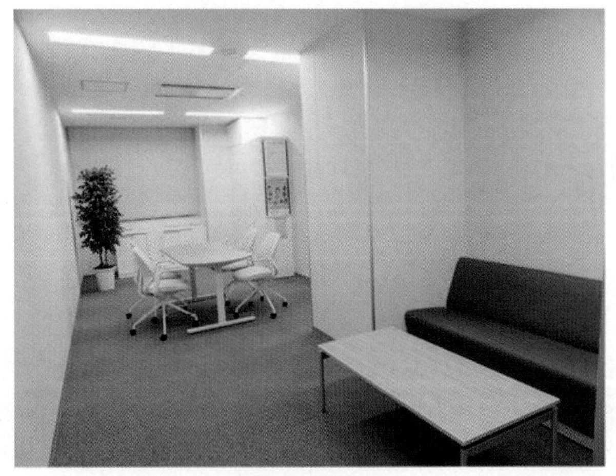

提供：法務省

第3章

刑事手続への
関与拡充への取組

第３章

刑事手続への関与拡充への取組

1 刑事に関する手続への参加の機会を拡充するための制度の整備等（基本法第18条関係）

(1) 迅速・確実な被害の届出の受理

【施策番号125】

警察においては、犯罪被害者等からの被害の届出に対し、その内容が明白な虚偽又は著しく合理性を欠くものである場合を除き、迅速・確実な受理に努めている。

(2) 告訴への適切な対応

【施策番号126】

警察においては、警察本部及び各警察署に「告訴・告発センター」等を設置し、告訴・告発に係る対応の責任者及び担当者を指定することにより、担当課の決定及び受理・不受理の判断が迅速になされる体制を整備している。

また、検察庁においても、告訴・告発への適切な対応に努めている。

(3) 医療機関等における性犯罪被害者からの証拠資料の採取等の促進

【施策番号127】

ア　警察においては、性犯罪被害者が警察への被害の届出を行うことなく医療機関を受診した場合、後に警察へ被害の届出を行うときには身体等に付着した証拠資料が滅失している可能性があることから、医師等が診療時に性犯罪被害者から証拠資料を採取するための資機材の整備に係る予算の確保、整備先となる医療機関等の拡大等を推進している。

【施策番号128】

イ　警察においては、産婦人科医会等とのネットワークを活用するなどして、性犯罪被害者からの証拠資料の採取方法を医師等に教示している。

(4) 冒頭陳述等の内容を記載した書面交付の周知徹底及び適正な運用

【施策番号129】

検察庁においては、犯罪被害者等の希望に応じ、公訴事実の要旨や冒頭陳述等の内容を説明するとともに、原則として、冒頭陳述等の内容を記載した書面を交付している。

また、法務省・検察庁においては、これらについて、会議や研修等の様々な機会を通じて検察官等への周知徹底を図り、一層適正な運用に努めている。

(5) 公判記録の閲覧・謄写制度の周知及び閲覧請求への適切な対応

【施策番号130】

検察庁においては、犯罪被害者等向けパンフレット「犯罪被害者の方々へ」（P59【施策番号139】参照）等により、犯罪被害者等から刑事事件の訴訟記録の閲覧・謄写の申出があり、相当と認められるときは、当該刑事事件が係属中であっても、原則として閲覧・謄写が可能である旨を周知している。また、検察庁において保管する訴訟終結後の刑事事件の裁判書や記録（いわゆる確定記録）の閲覧に際し、犯罪被害者等に対して被告人、証人等の住所を開示することの許否については、裁判の公正を担保する必要性と開示により生じるおそれのある弊害等を比較衡量して判断すべきものであるところ、犯罪被害者保護の要請に配慮しつつ、適切な対応に努めている。

令和４年中に犯罪被害者等に対して公判記録の閲覧・謄写を認めた事例の延べ数は、1,203件であった。

公判記録の閲覧・謄写状況

年次	記録の閲覧・謄写
平成30年	1,299
令和元年	1,195
令和２年	1,154
令和３年	1,364
令和４年	1,203

（注）
1　最高裁判所事務総局の資料（概数）による。
2　表中の数値は、高等裁判所、地方裁判所及び簡易裁判所において被害者等に公判記録の閲覧・謄写をさせた事例数及び同種余罪の被害者等に公判記録の閲覧・謄写をさせた事例数の合計である。
3　事例数は、事件の終局日を基準に計上している。

提供：法務省

⑹　犯罪被害者等と検察官の意思疎通の充実

【施策番号131】

ア　法務省・検察庁においては、会議や研修等の様々な機会を通じ、犯罪被害者等の意見が適切に刑事裁判に反映されるよう、検察官が犯罪被害者等と適切な形で十分な意思疎通を図るべきことについて、検察官等への周知に努めている。

【施策番号132】

イ　検察庁においては、公判前整理手続等の経過及び結果に関し、犯罪被害者等の希望に応じ、検察官が適宜の時期に必要な説明を行うとともに、被害者参加人等が公判前整理手続等の傍聴を特に希望する場合において、検察官が相当と認めるときは、当該希望を裁判所に伝えるなどの必要な配慮を行うよう努めている。また、犯罪被害者等が公判の傍聴を希望する場合には、その機会ができる限り得られるよう、公判期日の設定に当たり、必要に応じて当該希望を裁判所に伝えるよう努めている。

さらに、法務省・検察庁においては、検察官等に対する研修において犯罪被害者等の保護・支援に関する講義を行うなどして、犯罪被害者等との意思疎通の重要性に関する検察官等への周知に努めている。

⑺　国民に分かりやすい訴訟活動

【施策番号133】

検察庁においては、犯罪被害者等を含む傍聴者等にも訴訟手続の内容が理解できるよう、難解な法律用語の使用をできる限り避けたり、プレゼンテーションソフト等を活用して視覚的な工夫を取り入れたりするなど、国民に分かりやすい訴訟活動を行うよう努めている。

⑻　保釈に関する犯罪被害者等に対する安全への配慮の充実

【施策番号134】

P39【施策番号80】参照

⑼　上訴に関する犯罪被害者等からの意見聴取等

【施策番号135】

法務省・検察庁においては、会議や研修等の様々な機会を通じ、検察官が上訴の可否を検討するに当たって犯罪被害者等の意見を適切に聴取するよう、検察官等への周知に努めている。

⑽　少年保護事件に関する意見聴取等に関する各種制度の周知

【施策番号136】

法務省・検察庁においては、会議や研修等の様々な機会を通じ、検察官等に対し、少年保護事件に関する意見の聴取制度、犯罪被害者等による記録の閲覧・謄写制度及び家庭裁判所が犯罪被害者等に対して少年審判の結果等を通知する制度を周知しており、検察官等が犯罪被害者等に対して適切に情報提供を行うことができるよう努めている。

また、犯罪被害者等向けパンフレット「犯罪被害者の方々へ」により、これらの制度を犯罪被害者等に周知している（P59【施策番号139】参照）。

少年保護事件に関する意見の聴取等の運用状況

年次	意見聴取		記録の閲覧・謄写		審判結果などの通知	
	申出のあった人数	認められた人数	申出のあった人数	認められた人数	申出のあった人数	認められた人数
平成30年	214	207	936	894	824	817
令和元年	251	240	925	903	870	869
令和２年	254	248	927	887	841	840
令和３年	272	266	821	800	780	779
令和４年	248	236	772	747	748	741

（注）
1　最高裁判所事務総局の資料（概数）による。
2　意見聴取、記録の閲覧・謄写及び審判結果などの通知の申出のあった人数は、その年に制度を利用したか、申出を取り下げた又はこれを認めない判断がされた被害者等の延べ人数である。

提供：法務省

⑾　少年審判の傍聴制度の周知

【施策番号 137】

法務省・検察庁においては、犯罪被害者等に対し、一定の重大事件の犯罪被害者等が少年審判を傍聴することができる制度や、家庭裁判所が犯罪被害者等に対して少年審判の状況を説明する制度を周知している（P59【施策番号 139】参照）。

少年審判の傍聴等の運用状況

年次	少年審判の傍聴の実施状況		少年審判の状況説明制度の実施状況	
	傍聴の対象となった事件数	傍聴を許可した事件数（人数）	申出のあった人数	認められた人数
平成30年	68	25（47）	301	287
令和元年	51	20（37）	294	280
令和２年	60	28（51）	313	301
令和３年	67	24（50）	326	317
令和４年	74	29（60）	286	275

（注）
1　最高裁判所事務総局の資料（概数）による。
2　少年審判の傍聴の実施状況の傍聴の対象となった事件数は、その年に終局決定のあった事件数である。
3　少年審判の状況説明制度の実施状況の申出のあった人数は、その年の事件終局までに申出をした被害者等の延べ人数である。

提供：法務省

⑿　法テラスにおける支援に関する情報提供の充実

【施策番号 138】

法テラスにおいては、国民への制度周知のための取組として、犯罪被害者支援ダイヤル（0120-079714）において、損害の回復や苦痛の軽減に役立つ情報や、刑事手続に関与するための情報等を提供しているほか、法テラスの犯罪被害者支援をインターネット検索した際に、同ダイヤルへたどり着きやすくするための専用ページ（犯罪被害者支援専用ページ２次元コード参照）を設けている。

さらに、国民に分かりやすい表現を心掛けた、犯罪被害者支援やストーカー事案、配偶者等からの暴力事案及び児童虐待事案の被害者への支援に関するリーフレット等（法テラスウェブサイト「刊行物」：https://www.houterasu.or.jp/houterasu_gaiyou/kouhou/kankoubutsu/leaflet/index.html）を地方公共団体等に配布し、窓口に備え付けるよう依頼している。また、関係機関・団体の機関紙に法テラスの活動を紹介する記事の掲載を依頼するとともに、ＳＮＳを活用した広報を行っている。

犯罪被害者支援ポスター

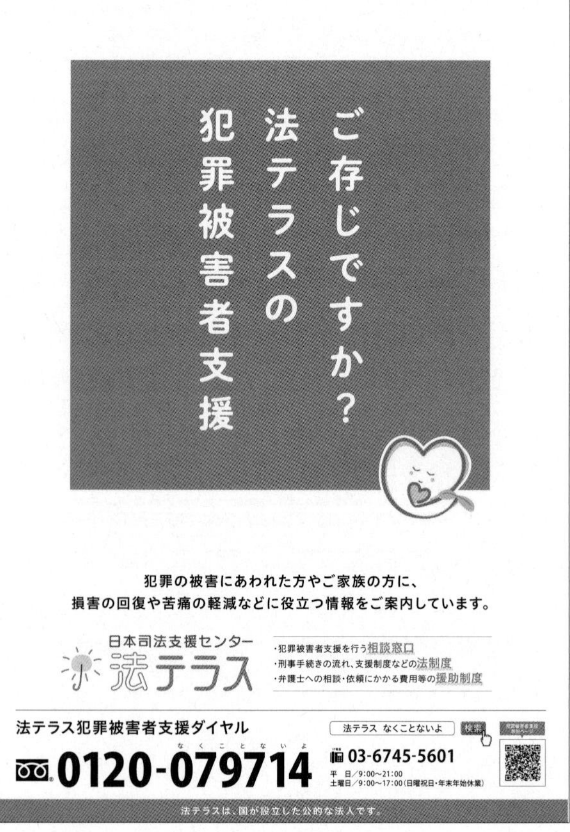

提供：法務省

提供：法務省

犯罪被害者支援専用ページ２次元コード

提供：法務省

⒀　刑事に関する手続等に関する情報提供の充実

【施策番号 139】

ア　法務省においては、被害者参加制度、少年審判の傍聴制度等の犯罪被害者等の保護・支援のための制度について分かりやすく解説した、犯罪被害者等向けパンフレット「犯罪被害者の方々へ」（https://www.moj.go.jp/keiji1/keiji_keiji11.html、法務省ウェブサイト「犯罪被害者の方々へ」２次元コード参照）を全国の検察庁に配布し、検察官が犯罪被害者等から事情聴取を行う際に必要に応じて手渡しているほか、各種イベントで配布するなどしている。同パンフレットは、法務省及び検察庁ウェブサイト上にも掲載している。

また、犯罪被害者等向けＤＶＤ「あなたの声を聴かせてください」を全国の検察庁に配布し、犯罪被害者等に対する説明に活用しているほか、YouTube 法務省チャンネル（https://www.youtube.com/watch?v=J49bOdmpR2Y）で配信している。

警察においては、「被害者の手引」の内容の充実を図っている（P96【施策番号218】参照）。

犯罪被害者等向けパンフレット

提供：法務省

法務省ウェブサイト「犯罪被害者の方々へ」
２次元コード

提供：法務省

【施策番号 140】

イ　警察においては、その実情に応じ、英語、中国語等の外国語版の「被害者の手引」を作成・配布している。

被害者の手引

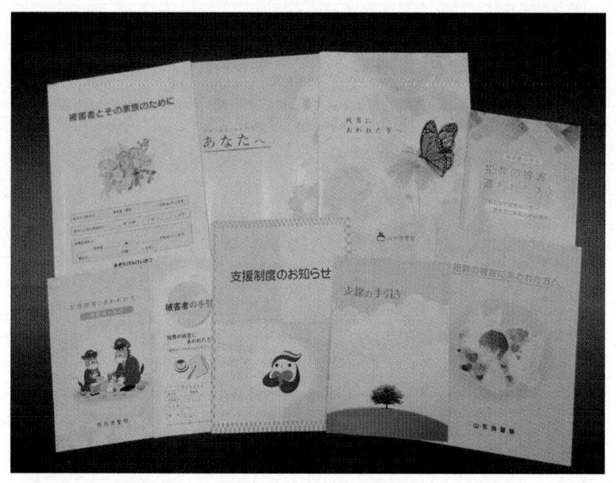

被害者の手引（交通事故事件用）

被害者の手引（外国語版）

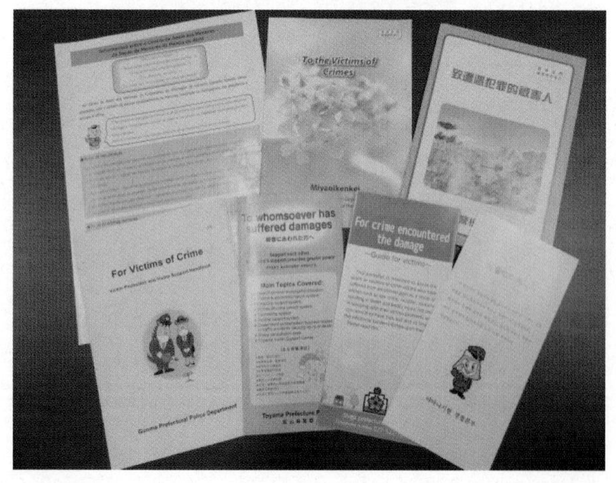

【施策番号141】

ウ　法務省においては、外国人や視覚障害のある犯罪被害者等に対する情報提供を行うため、犯罪被害者等向けパンフレット「犯罪被害者の方々へ」について、日本語版に音声コードを導入したほか、英語版や点字版等を作成し、全国の検察庁や点字図書館等に配布している。また、全編に字幕を付した犯罪被害者等向けＤＶＤ「あなたの声を聴かせてください」により、聴覚障害のある犯罪被害者等に対しても情報提供を行っている。

⒁ 刑事に関する手続等に関する情報提供の充実及び司法解剖に関する遺族への適切な説明等

【施策番号142】

都道府県警察においては、検視及び司法解剖に関する手続の内容等を盛り込んだパンフレットを作成・配布し、遺族に対する適切な説明や配慮に努めている。

また、検察庁においては、捜査や公判に及ぼす支障等にも配慮しつつ、犯罪被害者等に対し、検視及び司法解剖に関する情報提供を必要に応じて適切に行っている。

⒂ 犯罪被害者等の意向を踏まえた証拠物件の適正な返却又は処分の推進

【施策番号143】

警察においては、検察庁と連携し、捜査上留置の必要がなくなった証拠物件の還付方法について犯罪被害者等と協議し、その意向を踏まえた上で迅速に返却又は処分をするよう努めている。

⒃ 証拠品の適正な処分等

【施策番号144】

検察庁においては、犯罪被害者等以外の者から押収した証拠品が犯罪被害者等の所有に係る物である場合、犯罪被害者等に還付の希望の有無を確認しており、還付を希望するときは、被差押人又は差出人を説得し、当該証拠品が犯罪被害者等に還付されるよう努めている。被差押人等が犯罪被害者等への還付に応じない場合には、当該証拠品の処分に先立って犯罪被害者等と連絡を取るなどして、犯罪被害者等が所有権を行使する機会を確保している。

講演録

ある日突然、最愛の母を奪われて

～残された兄妹の想い～

栗原 一二三（犯罪被害者御遺族）

●事件から10年が経過する

事件があったのは2012年8月25日。事件から10年が経過しました。

8月25日は私たち兄妹にとって非常に大切な日です。とても暑い、夏の1日でした。この日が近づくと必ず親友から連絡をもらいます。私は、その親友の御両親の命日すら思い出せないのに、彼からは必ず母の命日にお心遣いのメール、連絡をいただいております。そして、支援室の方からも必ずお花を頂戴しております。これは10年変わらず、本当にありがたく、感謝してもしきれない出来事であります。しかしながら一方で、10年経過して、周囲にはこの事件を知らない人たちも増えて、やはり皆さんの記憶はかなり薄れてきているのかなとも感じます。

●事件の概要

事件現場は自宅のキッチンでした。そこにかかっているカレンダーはまだその当時のままです。母親は鋭い刃物で背後から複数回刺され、その一つは貫通していたということを後から聞きました。そのため、私たち兄妹はいまだに最低限の刃物しか使うことができません。日常で包丁を使うということはまだまだできないのが現実です。

事件の1週間くらい前に自宅周辺に不審者情報がありました。その不審者は他人の住居に不法に侵入し、その柵を乗り越えて何か物色していたようで、複数の目撃情報がありました。実は私の母親もその姿を目撃しておりました。

そしてある日、自宅への窃盗事件が発生いたしました。私の仕事中、母親から電話があり、「玄関の鍵がない」「通帳もない」「気持ち悪いから早く帰ってきてくれないか」。勤務時間中でしたので、仕事が終わった後、まっすぐに家に戻り、母から状況を聞きました。そして「とりあえず今日は時間も遅いし、次の日に警察に相談しよう」ということにし、その日は警察への通報はいたしませんでした。

次の日が事件の当日となります。私の職場に警察から電話があり、「妹さんから電話がありましたか？」「1回、妹さんに電話を入れてください」と。何があったのか分かりませんが、とにかく言うとおりに私は妹へ電話を入れました。妹からの返答は、「早く帰ってきて、早く帰ってきて」、それを繰り返すだけです。そのときの妹の声はまるで他人のように、恐怖に打ちひしがれていました。何か自宅でとんでもないことが起きたのだろう。嫌な思いを抱きつつ、上司に断りを入れ、職場から自転車で10分ほどの自宅へ一目散に戻りました。

自宅に着くと警察車両、パトカー、消防車、警察官、おびただしい方々が規制線の張られた自宅の周辺にいました。私はすぐに警察車両に招かれ、事情聴取を受けました。妹から、母親が刺された、緊急搬送されていると聞いておりましたので、この事情聴取を受けながら、頭に浮かぶのは母

第3章

親の命はどうなっているのだろうかということです。

事情聴取の後、病室に招き入れられました。そこには4時間前に「じゃあ行ってくるよ」、玄関先で別れた母親が、全く別人となってベッドに横たわっていました。担当の先生からは搬送時には、もう既に心肺停止状態で、おそらくは自宅でほぼ即死状態であったのではと伺いました。これが、私たち兄妹が犯罪被害者遺族としてスタートした瞬間だったのかもしれません。

●立会人としての自宅の現場検証

立会人として、自宅の全ての現場検証に立ち会いました。目の前で行われる警察の方々の懸命な現場検証。テレビでしか見たことのなかった光景が自宅で繰り広げられました。「悪いのは犯人なのですよ。絶対に捕まえますからね」、警察の方々からの励ましの言葉が、そのときの私たち兄妹にとって、どれだけ心強い言葉だったでしょうか。

●裁判員裁判への参加

程なく犯人が逮捕されましたが、次に待ち受けていたのはその裁判でした。私たち兄妹は裁判員裁判に参加いたしました。事件の解決のために長男としてできることは全て行う。その思いに全くの迷いはなかったのですけれども、裁判の当事者となって、「非常に理不尽なことばかりだな」と感じました。また国選弁護人制度についても、被害者遺族としては非常な違和感を持ちました。犯人が黙秘をし始めたのは弁護人がついたその瞬間からでした。

犯人には事件について真実を述べてほしい。御自身のやったことの責任を取ってもらいたい。その思いは遺族として切実なものです。それが黙秘ということで、全くその事実が分からないまま裁判は進んでしまいます。この事件では、犯人の衣服に付いた母親の血液が証拠になっているのですけれども、もしかしたら窃盗に入ったときに血液が付着したのではないか。もしかしたら母親は事前に大量に出血をしていたのかもしれない。そのときに付いた血液であって、殺人のときに付いた血液ではないのではないかという、まさに理不尽な証言が法廷で繰り広げられました。なぜ罪を認めないのか。謝罪をしないのか。そもそも事件そのものが私たち兄妹にとってダメージであるにもかかわらず、この裁判でも嫌な思いを強いられるのかと、非常に理不尽な思いをいたしました。

●職場（社会）復帰して、周囲の反応

事件から50日を経て、ようやく職場に復帰することになりました。事件の立会人として物理的に要する時間や、やはりこの事件のダメージからの回復に時間を要しました。すぐに仕事に戻るエネルギーはありませんでした。

休暇については、前例なきは却下、自分自身の有給休暇にて対応せざるを得ませんでした。本来ならば他のことに使っていいはずの休暇を、この事件のために使わざるを得ず、やはり被害者に対してまだまだ社会が対応していないのかなと、非常に実感したところです。

職場に戻りますと、色々なお心遣いをいただきます。何と声をかけたらいいのだろうか。その重大さゆえに戸惑う周囲の気持ちも痛いほど伝わってきました。

ある人から「そろそろ落ち着いた？」という言葉をかけられました。職場復帰してもう立ち直ったと思われたのかもしれません。決して悪気があるのではないのだと思います。しかし、私は笑いながら「いや、一生落ち着かないかもね」と返答した記憶があります。

やはり一旦職場に復帰すればハンデも容赦もありません。役割に応じた負担は当然のことです。しかし、自分の心の中には、見えないけれど大きく深い傷。決してそう簡単に癒えるものではありません。

●犯罪被害者支援の輪に入る

しばらくして県警の支援室の方からお声がけいただき、犯罪被害者支援の輪に入ることになります。

「1日も早く、社会復帰したい、元に戻りたい」という思いはたくさんあるのですけれども、一方で、なかなか気持ちがついていかない。この事件を受け入れられず、心の中の整理がつかない。そんなときに支援室の方から「栗原さんに流れる時間の速さは他の人と違うのですよ」という非常にありがたい言葉をいただきました。

ある被害者の方の「まもなく加害者の刑期が終わり、いつかまた世の中に出てくるが、被害者に刑期満了はありません」という言葉も非常に印象的でした。

●自助グループ「彩のこころ」に参加する

埼玉犯罪被害者援助センターにおいて、2017年5月、自助グループ「彩のこころ」に参加することになりました。失った命は決して戻りません。母親の命が戻ることは絶対に叶わないことであります。「彩のこころ」は同じように理不尽な形で身内の命を失った御遺族の方々と、同じ感情、思いを共有する場となっています。

冒頭申し上げましたけれども、段々この事件に関する周囲の記憶も薄れつつあり、私たち兄妹にとって、この自助グループの存在は非常にありがたいところです。

●最後に

犯罪被害者遺族になるということは夢にも思わなかった境遇です。しかしながら、テレビや新聞でしか知らなかった世界が現実となってしまいました。母親の事件から10年以上経過いたしますけれども、その間も凶悪事件が後を絶ちません。それは誰もが犯罪被害者になる可能性があるということなのかなと痛感するところです。

事件の数だけ被害者の存在がありますが、支援の輪に加わることができる被害者はほんの一握りです。やはり被害者への救済や、被害者支援のあり方について、もっともっと意識をしてほしい。それにはまずその存在を認識することから始めてほしいと思います。

私たち兄妹が望むことは、被害者も加害者も出さない社会です。そういった社会が来ることを強く願います。

＊＊＊

栗原 穂瑞（犯罪被害者御遺族）

当時私は実家から自転車で10分ほどのマンションで暮らしておりました。

母から8月25日土曜日8時6分、私の携帯電話の着信記録です。いつも電話をかけてくる母はとても明るく「はーい、お母さん」、そんな第一声なのですが、そのときは「来て、早く来て」と。とても切羽詰まった声でした。その一瞬で私は何かとんでもないことが起きているのだと感じて、「わかった、すぐ行く」。自転車を飛ばして実家に向かいました。私の記憶では、玄関の鍵はかかっ

第3章

ていませんでした。玄関に入りながら、「お母さん、お母さん」、そう言ってキッチンに行ったとき、母の姿が目に飛び込んできました。すぐに私は110番通報します。

これが私が見た事件当日の状況です。その後、犯人が逮捕されるまでには２週間ちょっとありました。

加害者は逮捕された時点で、身の安全が確保されているのだと私は思っています。刑務所へ収監されたとしても、制限のある生活であるとはいえ、更生という未来に向かって様々な工程のカリキュラムを刑務所の中で行っております。加害者にも人権があることは十分理解しておりますが、到底、遺族としては納得できることではありません。

被害者、そして遺族はその日から生活が一変しております。加害者がその安全な警察署で守られている最中、私は恐怖の中にいました。翌日から私のマンションには報道関係者が来ます。報道の重要性は十分理解しております。私もいろんな情報をニュース等で入手するわけですから、とても大切なことだと思います。ただ、そのターゲットが自分になる、それは全くの別問題なのです。

これからどうなっていってしまうのか。犯人はちゃんと逮捕されるのか。私の精神状態は異常でした。電気を消してほんの少しの明かりも漏れないようにカーテンを閉めて、インターホンが鳴るたびに息を潜め、あまりの恐怖で私は刑事さんに電話を入れたこともあります。悲しいという感情は当時ありませんでした。ない、というより、あまりの恐怖と不安で悲しみを感じることはありませんでした。

私は幼少の頃から書道を習っており、年賀状は毎年手書きで４、50人の方に出していました。今はできません。「おめでとう」、そんな言葉を書くことは私にはできません。また母のいない１年が始まる。そう思うと、もう年賀状を書くことはできません。人の集まるところもとても怖いです。人を信じられなくなった。今ここにいる人たちは、犯罪被害に対して、とても興味を持って寄り添っていただいている方だと思いますが、世の中にはいい人ばかりではない。全く見ず知らずの人からそういった被害に遭う。そう思うと人が多く集まるところがとても怖いのです。今は通勤電車もとても怖いのです。不特定多数の人とあの密閉の状態に置かれている。片時も緊張をほぐすことはできない、常に緊張しているような状態で通勤しています。そして何気ない一言にもとても傷つきます。

被害に遭わないでくださいっていうのはすごく難しいことなのだということ、誰にでも起こり得る。私たちもまさかこんな形で母を失うとは思っていませんでした。遺族になってこうやって皆さんの前でお話するなど、夢にも思っていませんでした。ただ加害者がいなければ被害者は生まれないのです。悪いことをしようとしなかったとしても、車を運転する方、自転車でも死亡事故が起きています。ほんの少しゆとりのある、ちょっとでもいいから優しい気持ち、譲り合いの気持ち、それだけでも事故は減らせます。

一度失った命は絶対に戻りません。それは被害に遭った当人だけではなく、家族やその周りの人たちにも影響を及ぼすということ。絶対に加害者を出してはいけない。皆さんが安全に安心して暮らせる、そういった世の中を願います。

※本講演録は、令和４年度犯罪被害者週間中央イベントにおける基調講演の概要をまとめたもの。

また、捜査や公判に及ぼす支障等にも配慮しつつ、証拠品の早期還付を含めた処分について慎重に検討し、必要に応じて還付の時期、方法等について犯罪被害者等に対して説明するなど、事案に即した適正な運用に努めている。

⒄ 捜査に関する適切な情報提供等

【施策番号 145】

ア　警察庁においては、「被害者連絡実施要領」（令和５年３月16日付け警察庁刑事局長等通達別添）に基づき、被害者連絡が確実に実施され、犯罪被害者等に対する情報提供が適切に行われるよう、都道府県警察を指導している。

また、都道府県警察においては、交通事故被害者等の心情に配慮した適切な対応が行われるよう、交通事故に関する被害者連絡を総括する者として都道府県警察本部に設置された被害者連絡調整官等が、警察署の交通捜査員に対する指導・教育を行っている。

さらに、被害者連絡等を通じて把握した犯罪被害者等の置かれている状況やニーズのうち、民間被害者支援団体や他の行政機関と共有すべきものについては、犯罪被害者等の同意を得た上で情報提供を行うなど、関係機関・団体との連携を図っている。

被害者連絡制度の概要

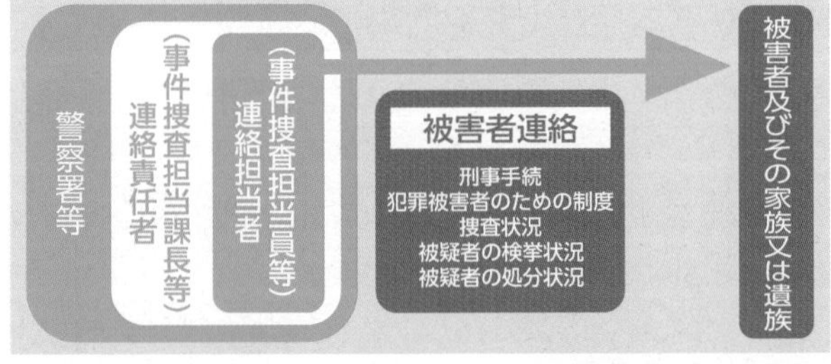

【施策番号 146】

イ　法務省・検察庁においては、会議や研修等の様々な機会を通じ、捜査に及ぼす支障等も考慮しつつ、必要に応じて捜査に関する情報を捜査段階から犯罪被害者等に提供するよう、検察官等への周知に努めている。

○　海上保安庁においては、捜査や公判に支障を及ぼしたり、関係者の名誉等を不当に侵害したりするおそれのある場合を除き、捜査に関する情報を犯罪被害者等に提供している。

⒅　適正かつ緻密な交通事故事件捜査の一層の推進等

【施策番号 147】

警察においては、都道府県警察本部の交通事故事件捜査担当課に設置された交通事故事件捜査統括官及び交通事故鑑識官が、飲酒運転、信号無視、著しい速度超過、妨害行為等が疑われる交通事故や事故原因の究明が困難な交通事故等について、組織的かつ重点的な捜査並びに正確かつ綿密な実況見分及び鑑識活動を行うとともに、交通事故事件捜査の基本である実況見分等に関する教育の充実を図っている。

警察庁においては、交通事故等の真実を知りたいという交通事故被害者等の要望に応えるため、交通事故鑑識官養成研修をはじめとする研修を実施し、交通捜査員の知識・技能の向上を図るとともに、客観的証拠に基づいた事故原因の究明を図るため、ドライブレコーダー等の映像記録や３Ｄレーザースキャナ等の活用を推進している。

交通鑑識

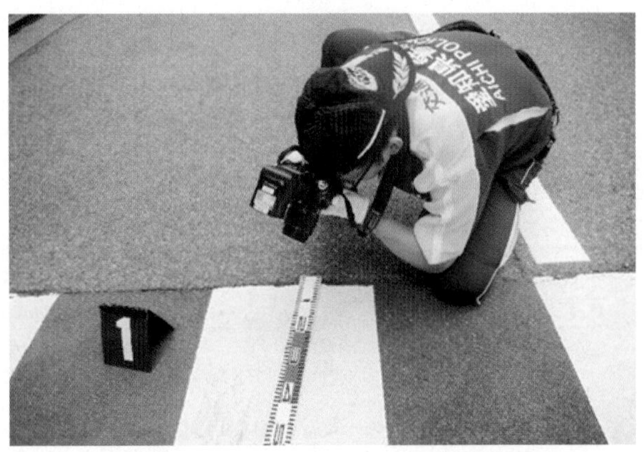

⒆　交通事件に関する講義の充実

【施策番号 148】

P50【施策番号 115】参照

⒇　検察官に対する児童及び女性の犯罪被害者等への配慮に関する研修の充実

【施策番号 149】

P50【施策番号 114】参照

㉑　不起訴事案等に関する適切な情報提供

【施策番号 150】

ア　法務省・検察庁においては、被害者保護の要請に配慮し、犯罪被害者等に対する不起訴記録の開示制度の弾力的な運用に努めている。

不起訴記録は非公開が原則であるが、交通事故に関する実況見分調書等については、裁判所からの送付嘱託又は弁護士会からの照会がなされた場合において、開示が相当と認められるときは、これに応じている。また、被害者参加制度の対象となる事件の被害者等については、当該事件の内容を知ること等を目的とする場合であっても、捜査や公判に支障を及ぼしたり関係者のプライバシーを侵害したりしない範囲で、実況見分調書等の弾力的な開示に努めている。さらに、被害者参加制度の対象とならない事件の被害者等についても、民事訴訟等において損害賠償請求権その他の権利を行使して被害を回復するため必要と認められる場合には、捜査や公判に支障を及ぼしたり関係者のプライバシーを侵害したりしない範囲で、実況見分調書等を開示している。

不起訴記録の弾力的な開示等については、会議や研修等の様々な機会を通じて、検察官等への周知に努めている（公判記録については、P56【施策番号130】参照）。

【施策番号151】

イ　検察庁においては、関係者の名誉等の保護の要請や捜査に及ぼす支障等にも配慮しつつ、検察官が犯罪被害者等の希望に応じ、不起訴処分の裁定前後の適切な時期に、当該処分の内容及び理由について十分な説明を行うよう努めている。また、法務省・検察庁においては、会議や研修等の様々な機会を通じて、犯罪被害者等の保護・支援等に関する講義を行うなどして、犯罪被害者等に対する不起訴処分に関する説明について、検察官等への周知に努めている。

㉒　検察審査会の起訴議決に拘束力を認める制度の運用への協力

【施策番号152】

検察庁においては、一定の場合に検察審査会の起訴議決に拘束力を認める制度が平成21年5月に施行されたことに伴い、起訴議決に至った事件について、裁判所が指定した弁護士に対する協力を行うなど、適切な運用に努めている。同年から令和4年までの間、検察審査会の起訴議決があり公訴の提起がなされて裁判が確定した事件の人員は11人である。

㉓　受刑者と犯罪被害者等との面会・信書の発受の適切な運用

【施策番号153】

法務省においては、平成18年に、それまで原則として親族に限定されていた受刑者の面会や信書の発受の相手方について、犯罪被害者等も認めることとする旨の指針を示している。その後、受刑者と犯罪被害者等との面会が実施されるなど、刑務所、拘置所等の刑事施設において、当該指針を適切に運用している。

㉔　加害者処遇における犯罪被害者等への配慮の充実

【施策番号154】

ア　P47【施策番号101】参照

【施策番号155】

イ　法務省においては、少年に係る情報について、少年鑑別所や少年院において得られるものに加え、家庭裁判所、保護観察所等の関係機関や保護者から得られるものについても、その都度少年簿に記載し、保護処分の執行に活用している。平成19年12月からは、犯罪被害者等に関する事項について必要な情報の一層の収集及び記載ができるよう、少年鑑別所や少年院において犯罪被害者等に関する事項を把握した際にも少年簿に記載することとし、加害少年の処遇に携わる職員への情報共有がより確実に行われるよう努めている。

【施策番号156】

ウ　令和4年6月に成立した刑法等の一部を改正する法律により刑事収容施設及び被収

容者等の処遇に関する法律及び少年院法が改正され、刑の執行段階等における犯罪被害者等の心情等の聴取・伝達制度が導入されることから、法務省においては、同制度の具体的な運用等について、外部有識者等を招へいして検討会を実施し、現在、必要な検討を行っている（P 69トピックス「被害者の心情等を踏まえた加害者処遇の充実について」参照）。

【施策番号 157】

エ　法務省においては、性犯罪者等の特定の犯罪的傾向を有する保護観察対象者に対する専門的処遇プログラムの内容の充実等を図るとともに、犯罪被害者等の視点に立って、自己の考え方等を見直させる課題を含む当該プログラムの受講を、保護観察における特別遵守事項として設定するなどして、適切に対応している。令和４年中に特別遵守事項により専門的処遇プログラムを開始した人員は、性犯罪再犯防止プログラムが792人（前年：731人）、暴力防止プログラムが229人（前年：204人）、飲酒運転防止プログラムが193人（前年：227人）であった（前年については、成人のみの数値である。）。また、保護観察対象者に対し、再び罪を犯さない決意を固めさせ、犯罪被害者等の意向等に配慮しながら誠実に対応するよう促すため、しょく罪指導を適切に実施している（しょく罪指導については、P48【施策番号104】参照）。

【施策番号 158】

オ　保護観察所においては、犯罪被害者等の申出に応じて犯罪被害者等から被害に関する心情、犯罪被害者等の置かれている状況等を聴取し、保護観察対象者に伝達する制度（心情等伝達制度）において、当該対象者に被害の実情を直視させ、反省や悔悟の情を深めさせるための指導監督を徹底している。

令和４年中に同制度に基づいて心情等を伝達した件数は、170件であった。

また、法務省においては、「更生保護の犯罪被害者等施策の在り方を考える検討会」報告書等を踏まえ、犯罪被害者等による心情等伝達制度へのアクセスの向上等について検討を行っている。さらに、同年６月に成立した刑法等の一部を改正する法律により改正された更生保護法（以下「改正更生保護法」という。）では、保護観察対象者に対する伝達を前提とせずに、犯罪被害者等からの申出に応じて犯罪被害者等の心情等を聴取する制度を新たに設けることとされたことから、同制度の具体的な運用等について、現在、必要な検討を行っている（P69トピックス「被害者の心情等を踏まえた加害者処遇の充実について」参照）。

更生保護における各種制度

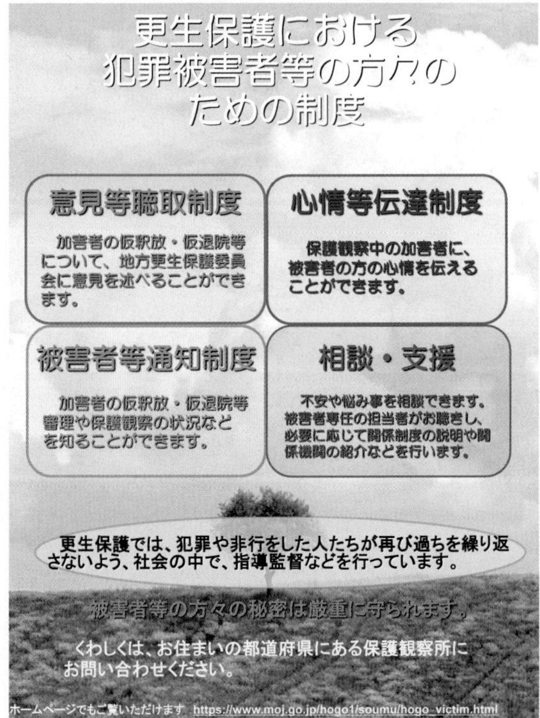

提供：法務省

心情等伝達制度の運用状況

年次	心情等伝達件数
平成30年	185
令和元年	158
令和２年	155
令和３年	182
令和４年	170

提供：法務省

第３章

㉕ 犯罪被害者等の視点に立った保護観察処遇の充実

法務省においては、法制審議会からの諮問第103号に対する答申を踏まえ、更生保護における犯罪被害者等の思いに応えるための制度等として、次の事項について、改正更生保護法により法整備が図られたほか、その他の措置を講ずることとしている（P69トピックス「被害者の心情等を踏まえた加害者処遇の充実について」参照）。

【施策番号159】

ア　地方更生保護委員会及び保護観察所の長は、これまでも、保護観察等の措置をとるに当たっては、当該措置の内容に応じ、犯罪被害者等の被害に関する心情、犯罪被害者等が置かれている状況その他の事情を考慮しているところ、改正更生保護法にその旨が明記されたことを踏まえ、一層適正な運用を図ることとしている。

【施策番号160】

イ　改正更生保護法により、犯罪被害者等の被害の回復又は軽減に誠実に努めるよう、必要な指示等の措置をとることが保護観察対象者に対する指導監督の方法として加えられ、また、犯罪被害者等の被害を回復し、又は軽減するためにとった行動の状況を示す事実について、保護観察官又は保護司に申告又は当該事実に関する資料を提示することが、保護観察における遵守事項の類型に加えられた。

【施策番号161】

ウ　地方更生保護委員会においては、これまでも、犯罪被害者等の申出に基づき、仮釈放等を許すか否かに関する審理において、犯罪被害者等から加害者の仮釈放等に関する意見等を聴取していたところ、生活環境の調整及び仮釈放等の期間中の保護観察に関する意見についても併せて聴取することが改正更生保護法に明記されたことを踏まえ、仮釈放等審理はもとより、生活環境の調整やその後の保護観察処遇をより一層適正に実施することとしている。

また、令和４年４月以降、収容中の特定保護観察処分少年について新たに設けられた退院審理についても、本制度の対象としている。

【施策番号162】

エ　法務省においては、令和４年４月から、保護観察対象者に対し、具体的な賠償計画を立て、犯罪被害者等に対しての慰謝の措置を講ずることを生活行動指針として設定し、これに即して行動するよう保護観察官等が指導すること等を内容とする新たな運用指針に基づき指導の充実を図っている。

㉖ 犯罪被害者等の意見を踏まえた仮釈放等審理の実施

【施策番号163】

地方更生保護委員会においては、犯罪被害者等の申出に基づき、仮釈放又は少年院からの仮退院を許すか否かに関する審理において、犯罪被害者等から加害者の仮釈放等に関する意見等を聴取し、仮釈放等の許否の判断に当たって当該意見等を考慮するほか、仮釈放等を許可する場合には、当該意見等を特別遵守事項の設定に当たり参考としている。

また、令和４年４月以降、収容中の特定保護観察処分少年について新たに設けられた退院審理についても、本制度の対象としている。同年中に意見等聴取制度に基づいて意見等を聴取した件数は、310件であった。

意見等聴取制度の運用状況

年次	意見等聴取件数
平成30年	313
令和元年	336
令和２年	311
令和３年	329
令和４年	310

提供：法務省

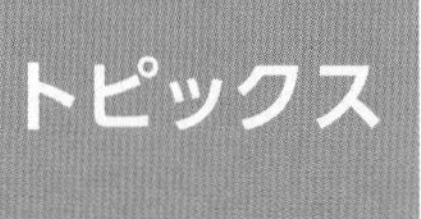

被害者の心情等を踏まえた加害者処遇の充実について

1　はじめに

令和４年６月に刑事収容施設及び被収容者等の処遇に関する法律、少年院法及び更生保護法が改正され、被害者の心情等を踏まえて、刑事施設（刑務所、少年刑務所、拘置所）や少年院といった施設内で行う処遇や、社会内で行う処遇の充実化が図られた（令和５年12月までに施行）。これによって、被害者等の思いに応える施設内処遇及び社会内処遇を実現させるとともに、受刑者等や保護観察対象者の改善更生にも資することが期待される。以下、具体的に内容を説明する。

2　矯正施設における被害者等の心情等聴取・伝達制度

刑事施設や少年院において、受刑者や少年院の在院者が、自分の犯罪・非行に向き合って心から反省するためには、被害者やその親族等の被害に関する心情やその人たちの置かれている状況等について正しく理解することが重要である。本改正以前から、刑事施設や少年院においては、被害者やその支援団体等による講話や、被害者の命を奪った者等に対して「被害者の視点を取り入れた教育」を行うなどの必要な処遇を行っている。

もっとも、受刑者等の処遇を行うに当たって、その内容に被害者の心情等を反映し、被害者等への配慮を一層充実させ、受刑者等の改善更生を効果的に図るためには、受刑者等に対して、自分が犯した罪の被害者の心情等に、より直接的な形で触れさせることが重要と考えられる。そこで、本改正により、刑事施設や少年院において被害者の心情等を聴き取り、それを受刑者等に伝達する制度が導入されることとなった。具体的には、刑事施設や少年院の長は、①被害者等から被害に関する心情や置かれている状況等を述べたいという申出があったときは、その心情等を聴取すること、②受刑者の処遇要領又は在院者の個人別矯正教育計画を策定するときは、被害者の心情等を考慮すること、③被害者から聴取した心情等を受刑者等に伝達することを希望するという申出があったときは、指導を行うに当たり、その心情等を受刑者等に伝達すること等が制度（心情等聴取・伝達制度）として定められた。

3　被害者等の視点に立った保護観察処遇の充実

上記の刑事施設や少年院における処遇だけではなく、社会内で行う処遇においては、本改正以前から、①保護観察を受けている加害者（以下「保護観察対象者」という。）に対して、起こした事件の責任や影響等を理解させ、誠意をもって被害弁償や謝罪を行っていくことができるように、事案に応じて、しょく罪指導を実施するとともに、②地方更生保護委員会が受刑者等の仮釈放等を許すか否か審理するに当たり、被害者等の意見や被害についての心情を聴取する制度（意見等聴取制度）、③保護観察所が、被害者等から被害に関する心情や、保護観察対象者の生活・行動に対する意見を聴取して、保護観察対象者に伝える制度（心情等伝達制度）等を実施してきた。

もっとも、被害者の心情等を理解することが犯罪をした者や非行のある少年の再犯防止及び改善更生にとって重要であること等に鑑み、本改正により、①保護観察を行う場合等に際し、被害者の心情や置かれている状況等を十分に考慮することとされた。また、②地方更生保護委員会が行う被害者からの意見等の聴取事項として、加害者の生活環境の調整（釈放後の住居や仕事の確保、家族・福祉・医療の各関係者から必要な協力等が得られるようにするための調整）や仮釈放中の保護観察に関する意見を加えることや、③保護観察所は、被害者等から被害に関する心情等を述べたい旨の申出があったときは、保護観察対象者に伝達する場合に限らず、社会内で行う処遇にいかすため当該心情等を聴取すること（心情等伝達制度を心情等聴取・伝達制度とすること）、④被害者等の被害の回復又は軽減に誠実に努めるよう必要な指示等をすることを指導監督の方法に追加すること等とされた。

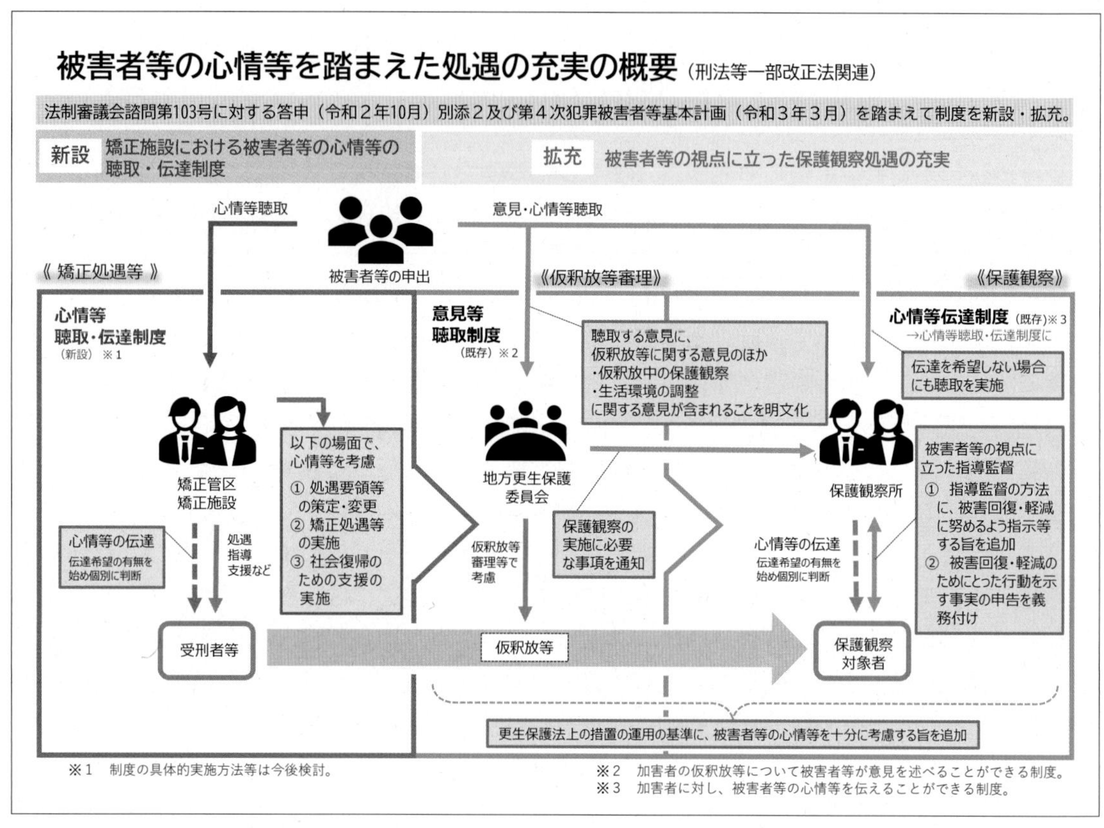

㉗ 更生保護官署職員に対する研修等の充実

【施策番号 164】

法務省においては、地方更生保護委員会の委員をはじめとする更生保護官署職員を対象とする研修において、犯罪被害者等の意見等を仮釈放等の審理に適切に反映させるための講義を実施しており、犯罪被害者等施策に関する内容のほか、犯罪被害者等の心情や置かれている状況等について理解の増進を図るため、その講義内容の充実を図っている。

㉘ 矯正施設職員に対する研修等の充実

【施策番号 165】

矯正研修所においては、新規採用職員、幹部要員等を対象とする研修において、「犯罪被害者の視点」等の科目を設けるとともに、犯罪被害者等の心情や置かれている状況等に関する理解の増進を図るため、犯罪被害者団体等の関係者を講師に招くなど、研修内容の充実を図っている。

第4章

支援等のための体制整備への取組

第4章

支援等のための体制整備への取組

1 相談及び情報の提供等（基本法第11条関係）

(1) 地方公共団体における総合的かつ計画的な犯罪被害者等支援の促進

【施策番号166】

警察においては、地方公共団体における犯罪被害者等の視点に立った総合的かつ計画的な犯罪被害者等支援に資するよう、犯罪被害者等支援を目的とした条例※等の犯罪被害者等支援のための実効的な事項を盛り込んだ条例（以下「犯罪被害者等支援を目的とした条例等」という。）の制定又は計画・指針の策定状況に関する情報提供を行っている。

警察庁においては、地方公共団体における犯罪被害者等支援を目的とした条例等に関する情報を警察庁ウェブサイト「犯罪被害者等施策」（https://www.npa.go.jp/hanzaihigai/local/jourei.html）に掲載するほか、「犯罪被害者等施策情報メールマガジン」において、犯罪被害者等支援を目的とした条例等の制定状況及び当該条例に基づく主な支援施策等を紹介するなど、地方公共団体に対する情報提供に努めている。

さらに、令和3年3月、都道府県警察に対し、地方公共団体における条例の制定等に向けた検討等に資する協力等を行うよう指示した（令和3年3月31日付け警察庁次長依命通達別添）。

令和5年4月現在、46都道府県、13政令指定都市、606市区町村において、犯罪被害者等支援を目的とした条例等が制定されている（P73トピックス「犯罪被害者等支援を目的とした条例等の制定状況」参照）。

警察においては、地方公共団体間で格差が生じないよう、犯罪被害者等支援を目的とした条例等の制定等に関する情報提供等の取組を推進している。

(2) 地方公共団体における総合的対応窓口等の周知の促進

【施策番号167】

警察庁においては、地方公共団体における犯罪被害者等施策の窓口部局（以下「施策主管課」という。）及び総合的対応窓口の担当部局について定期的に確認しており、施策主管課については平成28年度以降、総合的対応窓口の担当部局については平成31年4月以降、全ての地方公共団体において確定している（P179基礎資料6－2参照）。

また、総合的対応窓口や地方公共団体における犯罪被害者等施策等について、警察庁ウェブサイト「犯罪被害者等施策」（https://www.npa.go.jp/hanzaihigai/local/madoguchi_list.html）に掲載するなどして、国民に周知している。

さらに、政府広報テレビ番組内「サキドリ情報便！」（令和4年11月25日放送「犯罪被害者の声なき声に耳を傾けていく～犯罪被害者週間～」。https://www.gov-online.go.jp/pr/media/tv/jouhoubin/movie/20221125.html）や警察庁公式ツイッター等のSNSを活用した広報等を行い、総合的対応窓口の周知の促進に努めている。

(3) 地方公共団体における総合的対応窓口等の充実の促進

【施策番号168】

警察庁においては、地方公共団体に対し、

※　犯罪被害者等支援を目的とした条例とは、専ら犯罪被害者等の支援に関する事項について定めた条例（犯罪被害者等の支援に特化した条例（特化条例））をいい、安全で安心なまちづくりの推進に関する条例のように、条例の一部に犯罪被害者等施策が盛り込まれているものは含まず、令和5年4月時点においては、見舞金支給のみを目的とした条例も除外している。

犯罪被害者等支援を目的とした条例等の制定状況

警察庁においては、地方公共団体における犯罪被害者等の視点に立った総合的かつ計画的な犯罪被害者等支援を促進するための施策を推進しているところ、全国の地方公共団体において、犯罪被害者等支援を目的とした条例等を制定する動きが広がっている。

令和５年４月１日現在（47都道府県、20政令指定都市、1,721市区町村中）、46都道府県、13政令指定都市、606市区町村において、犯罪被害者等支援を目的とした条例等が制定されている。

市区町村における犯罪被害者等支援を目的とした条例等の制定状況（令和５年４月１日現在）

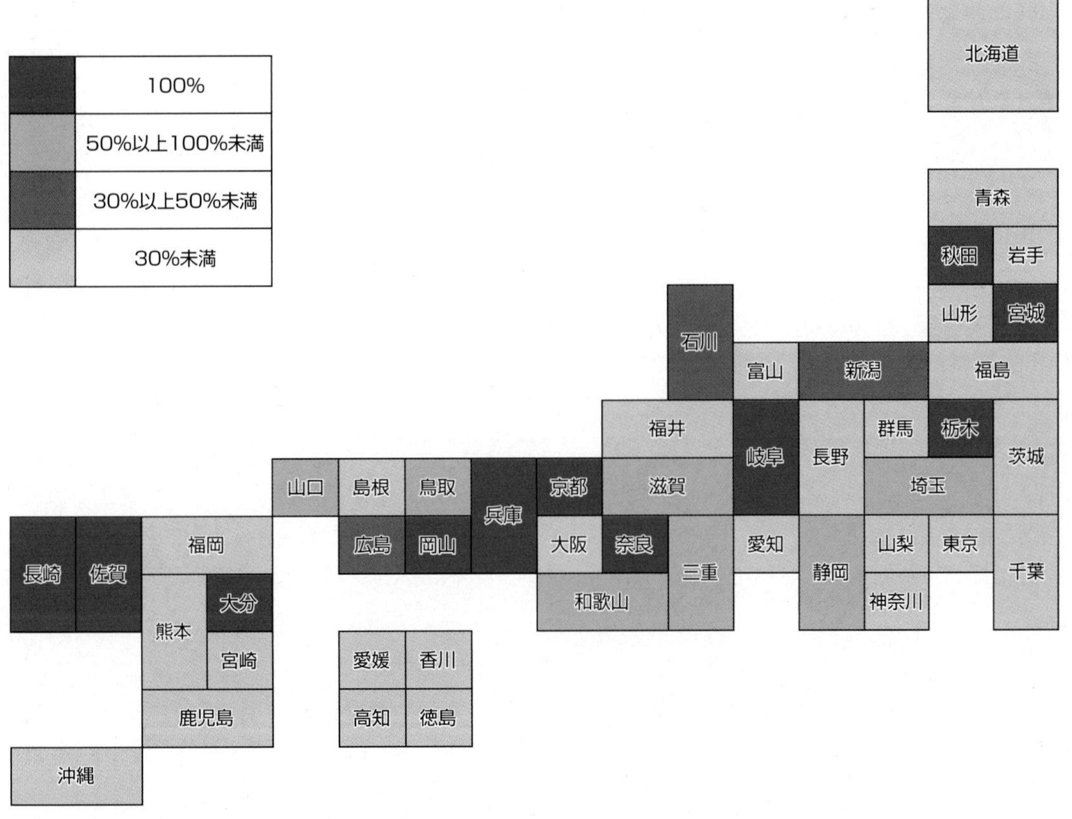

犯罪被害者等施策主管課室長会議や地方公共団体の職員を対象とする研修等を通じ、総合的対応窓口の機能の充実や政令指定都市の区役所における体制整備を要請している。

また、「犯罪被害者等施策情報メールマガジン」において、地方公共団体における犯罪被害者等支援の担当者に対する研修の実施状況や参考となる事例等を紹介することにより、地方公共団体における総合的対応窓口の機能の充実の促進に努めている。

さらに、「犯罪被害者等施策の一層の推進について」（令和５年６月６日犯罪被害者等施策推進会議決定）に基づき、途切れない支援を一元的に提供する体制の構築（ワンストップサービスの実現）に向け、総合的対応窓口等の機能強化や関係機関・団体との連携・

トピックス 長野県犯罪被害者等支援条例の制定について

長野県県民文化部人権・男女共同参画課

安全で安心して暮らすことができる社会の実現は、全ての人に共通する願いです。しかしながら、誰もが突然、犯罪に巻き込まれる恐れがあり、被害者やそのご家族となった場合には、心身や財産等の直接的な被害にとどまらず、周囲の無理解や中傷といった二次被害に苦しめられることも少なくありません。

これまで本県では、平成16年に制定された犯罪被害者等基本法等を踏まえ、人権政策の基本的な考え方や方向性を定めた「長野県人権政策推進基本方針」において、犯罪被害者等への支援を重要な課題と位置付け、長野県警察や認定特定非営利活動法人長野犯罪被害者支援センター等の関係機関と連携した相談体制の整備や、犯罪被害者等に対する県民理解の促進に向けた啓発等に取り組んできました。

しかしながら、近年、ＳＮＳによる誹謗中傷や周囲の者からの二次被害などにより、犯罪被害者等は一層困難な状況に直面しており、支援の重要性がますます高まっています。

こうした状況を踏まえ、本県では、「犯罪被害者等が受けた被害の早期の回復及び軽減並びに犯罪被害者等の生活の再建及び権利利益の保護を図ること」、「誰もが安心して暮らすことができる社会の実現に寄与すること」を目的として、犯罪被害者等支援における基本理念や、県・県民・事業者・民間支援団体の責務・役割、基本的施策等を定めた「長野県犯罪被害者等支援条例」（以下「条例」という。）を令和４年３月に公布し、同年４月に施行しました。

条例は、第12条「相談及び情報の提供等」において、県が犯罪被害者等の相談に応じ「弁護士の助言を受ける機会の確保」を行うことや、第18条「経済的負担の軽減」において、見舞金の給付を念頭に置き、「給付金の支給に努める」ことを盛り込む等、具体的な支援を明記した内容となっています。

また、犯罪被害者等支援を総合的かつ計画的に進めるため、令和４年３月に、条例の規定に基づき、県の犯罪被害者等支援に関する基本的な考え方、取り組むべき具体的施策の内容等を定めた「長野県犯罪被害者等支援推進計画」（以下「推進計画」という。）を策定しました。

推進計画では、条例の「基本方針」に基づいた施策を推進するため、「総合的な支援体制の整備」「相談・情報提供の充実」「早期回復・生活再建に向けた支援」「県民の理解の増進」の４つの「施策の柱」を定め、支援施策を体系的に位置付けています。

具体的な施策としては、県民理解の促進に向けた啓発等の既存施策に加え、条例に基づき、犯罪被害者及びそのご遺族に対する見舞金の給付や、弁護士との法律相談に係る費用の公費負担等の直接支援のほか、市町村、関係機関等において犯罪被害者等支援に従事する職員に対する資質向上研修等を新たに実施することとしています。

引き続き、条例及び推進計画に基づき、犯罪被害者等に対する必要な支援が途切れることなく提供される体制を構築するとともに、犯罪被害者等を社会全体で支え、誰もが安心して暮らすことができる社会の実現を目指して、各種施策を総合的かつ計画的に推進してまいります。

協力の一層の充実を図るための取組について検討を行うとともに、より円滑な支援の実現に向け、ＤＸ（デジタルトランスフォーメーション）を活用した取組についても検討を行っている。

⑷　地方公共団体における専門職の活用及び連携・協力の一層の充実・強化

【施策番号 169】

警察庁においては、犯罪被害者等の生活支援を効果的に行うため、犯罪被害者等施策主管課室長会議や地方公共団体の職員を対象とする研修等を通じ、犯罪被害者等支援の分野における社会福祉士、精神保健福祉士、公認心理師、臨床心理士等の専門職の活用を働き掛けるとともに、総合的対応窓口と関係機関・団体との連携・協力の一層の充実・強化を要請している。加えて、「犯罪被害者等施策の一層の推進について」（令和５年６月６日犯罪被害者等施策推進会議決定）に基づき、これらを更に促進するための取組について検討を行っている。

令和５年４月現在、11 都道府県、８政令指定都市、93 市区町村（前年：13 都道府県、７政令指定都市、95 市区町村）において、総合的対応窓口等に専門職を配置している。

⑸　地方公共団体間の連携・協力の充実・強化等

【施策番号 170】

警察庁においては、各都道府県内における市区町村間の連携・協力を促進するため、犯罪被害者等施策の総合的な推進に関する事業を開催しており、令和４年度は、埼玉県、長野県、福岡県及び鹿児島県において、市町村の職員等に対する研修会等を実施した（埼玉県については、P76 トピックス「犯罪被害者等施策の総合的推進に関する事業」参照）。

また、地方公共団体間の連携・協力が必要な事案が発生した場合に備え、地方公共団体における犯罪被害者等支援に関するコンタクト・ポイントを一覧にまとめた資料を警察庁ウェブサイト「犯罪被害者等施策」（https://www.npa.go.jp/hanzaihigai/local/list.html）に掲載し、地方公共団体間の情報共有を促進している。

⑹　犯罪被害者等施策に携わる地方公共団体の職員等の育成及び意識の向上

【施策番号 171】

警察庁においては、犯罪被害者等や犯罪被害者等の支援に精通した有識者を招き、関係府省庁や地方公共団体の職員等を対象とする「犯罪被害者等施策講演会」を開催するとともに、その内容について、ウェブサイト等で国民に情報提供を行っている（これまでに開催した講演会の内容については、警察庁ウェブサイト「犯罪被害者等施策」（https://www.npa.go.jp/hanzaihigai/kensyu/sesaku_kouen.html）を参照）。

また、地方公共団体に対し、犯罪被害者等施策主管課室長会議や地方公共団体の職員を対象とする研修を通じ、犯罪被害者等支援に関する最新の情報や資料を提供している。

⑺　ワンストップ支援センターの体制強化

【施策番号 172】

ア　P30【施策番号 59】参照

【施策番号 173】

イ　P33【施策番号 60】参照

【施策番号 174】

ウ　P33【施策番号 61】参照

【施策番号 175】

エ　P33【施策番号 62】参照

【施策番号 176】

オ　P33【施策番号 63】参照

⑻　性犯罪被害者等に対する緊急避妊に関する情報提供

【施策番号 177】

P30【施策番号 57】参照

第４章

トピックス 犯罪被害者等施策の総合的推進に関する事業

警察庁では、基本法及び第４次基本計画に基づき、地方公共団体における犯罪被害者等支援体制の整備促進を図っているところ、同体制の更なる底上げを図るとともに、多機関連携及び地域間連携を促進し、地域における犯罪被害者等施策を総合的に推進するため、「犯罪被害者等施策の総合的推進に関する事業」を実施している。

令和４年度は、埼玉県、長野県、福岡県及び鹿児島県において同事業を実施したところ、このうち、埼玉県における事業については、次のとおりである。

【埼玉県】

埼玉県では、「誰一人取り残さない『途切れのない支援』の実現に向けて」を主題として、市町村の犯罪被害者等支援を目的とした条例制定に向けた施策研修会と、市町村や県警察、民間支援団体との連携支援体制強化に向けた支援体制研修会をそれぞれ開催した。

研修会には、市町村のほか、県警察（犯罪被害者支援室、地元警察署の犯罪被害者支援担当）、民間支援団体、犯罪被害者等支援に関する県庁関係課の担当者が出席した。

（施策研修会）

施策研修会では、市町村における犯罪被害者等支援を目的とした条例制定の必要性に重点を置いたプログラムとして、有識者からの講演と関係機関担当者によるパネルディスカッションを実施した。

講演の様子

パネルディスカッションの様子

有識者である寺輪悟氏（犯罪被害者遺族）からは、「犯罪被害者遺族から見た、市町村における犯罪被害者等支援を目的とした条例制定の必要性」をテーマに、遺族としての立場から、犯罪被害者等が置かれている状況や、これまで自治体に条例制定の重要性を訴える活動を実施されてきた経験について講演いただいた。

次に、仲律子氏（みえ犯罪被害者総合支援センター副理事長・三重県公認心理師会会長）からは、「市町村における犯罪被害者等支援を目的とした条例制定及び見舞金制度導入の必要性」をテーマに、専門家の視点による市町村における条例制定の重要性や、三重県や市町における取組事項等について講演いただいた。

そして、パネルディスカッションでは、埼玉県、条例を制定している久喜市と朝霞市、県警察及び民間支援団体の担当職員が「全市町村における犯罪被害者等支援を目的とした条例の制定に向けて」をテーマに、それぞれの立場から、条例制定の必要性や制定後の変化、今後の課題と展望等について討論を行い、市町村における条例制定の重要性についての理解を深めた。

（支援体制研修会）

支援体制研修会では、犯罪被害者等に最も身近な行政機関である市町村に求められている支援や他機関との連携支援を行う重要性について重点を置いたプログラムとして、有識者からの講演と実際に支援を行う担当者による模擬事例形式の検討会を実施した。

講演の様子

検討会の様子

有識者である伊藤冨士江氏（上智大学客員研究員・元教授）からは、「今、被害者支援において自治体に求められること－社会福祉的視点から－」をテーマに、自治体の支援はどうあるべきかなどについて社会福祉の視点から講演いただいた。

また、林良子氏（さいたま市市民局市民生活部市民生活安全課主査）からは、県内の先進自治体として、主に市の支援体制や取組状況に関し、「さいたま市における犯罪被害者等支援の取組について」をテーマに講演いただいた。

そして、検討会では、埼玉県、東松山市、熊谷市、県警察及び民間支援団体の担当職員が「犯罪被害者やその家族を地域で支え続けるために」をテーマに、「40歳代男性が妻の勤務先の上司に包丁で腹部を刺された。被害者は妻、中学生の息子、保育園に通う娘、半身麻痺がある母と同居している」という模擬事例に基づき、それぞれの立場で行い得る支援について事例検討を行った。

県、県警察、民間支援団体で構成される彩の国犯罪被害者ワンストップ支援センターでは、被害者等家族の滞在先の確保、捜査機関や裁判所への付添い等について、必要により三者間で協議しながら支援していくこと等が説明された。

東松山市、熊谷市では、被害者等家族が市役所を訪問する場合には、県警察等から必要な情報共有を受けるとともに、あらかじめ会議室を用意しておき、庁内各担当者が会議室に赴いて一度に要望等を聴取することにより、被害者等家族の負担軽減やプライバシーに配慮しつつ、被害者等家族のニーズを聞き取り、犯罪被害者等のための支援のほか、収入減少に伴う生活・こどもの修学・保育に関する各種支援等の支援方策を検討していくこと等が説明された。

各機関において、それぞれの立場や対応方法を知ることで、他機関との連携支援を行う重要性について理解を深めた。

手記

犯罪被害者等に寄り添った支援に向けて

四街道市役所　自治振興課
主事　米ノ井　時生

私は、令和２年度に四街道市役所に入庁し、総務部自治振興課交通防犯係に配属され、市内の犯罪被害者等支援や交通安全・防犯対策を担当しております。犯罪被害者等支援については、実は入庁するまでは考えたこともなかったのですが、犯罪被害者等支援条例の制定にも携わり、試行錯誤しながら準備を進めました。

●四街道市における犯罪被害者等支援の取組

犯罪被害者等支援に関する取組の一環として、四街道市では、令和４年６月８日に四街道警察署、四街道交通安全協会、四街道市防犯協会共催で「ひまわりの絆プロジェクト　～命の大切さ　交通事故防止を全国に～」を開催しました。

ひまわりの絆プロジェクトとは、京都府内で発生した交通事故で亡くなった男児（当時４歳）が生きていた証を残したいと願う御遺族への支援とともに、国民に対して命の大切さを訴えることを目的に、男児が生前育てていたひまわりから採取した種を全国各地で開花させていくプロジェクトです。当日は、近隣小学校の１年生に参加していただき、ひまわりの苗を植栽しました。小さかった苗も、７月末には満開になり、プロジェクトを通して、交通安全を願う機運が高まったと考えております。

●四街道市犯罪被害者等支援条例の制定

四街道市がある千葉県においては、近年の凶悪犯罪の頻発による二次的被害の防止等、犯罪被害者等支援の重要性の高まりを受け、令和３年４月１日に「千葉県犯罪被害者等支援条例」が施行されました。

四街道市においても、犯罪被害者等が直面している困難な状況を踏まえ、「地域社会全体で犯罪被害者等に寄り添い、十分に配慮した対応」や「関係機関が連携したきめ細やかな犯罪被害者等支援」をこれまで以上に推進していくためには条例制定が必要との結論に至りました。

条例制定に向け、警察をはじめとした防犯関係団体、有識者、弁護士、市民の方々を委員とする四街道市安全で安心なまちづくり協議会を開催しました。

協議会の中で「申請などの手続について、被害に遭った日のことを思い出させないようにするため、警察と連携し、被害受理番号で申請が可能になる仕組みづくりを考えてほしい」、「被害者の方の中には犯罪に遭い、傷害を負ったり、精神的ダメージにより休職等に追い込まれ収入が減少するという経済的な問題を抱える方もいる」、「犯行現場が自宅であったにもかかわらず、転居できず、苦しい思いをしている被害者の方も多くいるので、転居費用助成について再検討してほしい」との意見がありました。

様々な見地からの意見を踏まえ、安全で安心なまちづくり協議会長より答申をいただき、条例案をより犯罪被害者等に寄り添った内容にすることができたと考えております。

また、令和５年２月20日には、四街道警察署及び千葉犯罪被害者支援センターと四街道市による「犯罪被害者等支援の連携協力に関する協定」を締結しました。本協定を締結することにより、三者が連携を密にすることができるようになり、犯罪被害者等にできる限り負担をかけずに支援をすることが可能となりました。

このような過程を経て、「四街道市犯罪被害者等支援条例」は令和５年４月１日に施行されました。

●犯罪被害者等支援に当たる担当者として思うこと

「四街道市犯罪被害者等支援条例」における犯罪被害者等支援施策は始まったばかりです。今後、被害者の方に地方自治体職員の私にできることは何だろうか。それは条例に基づいた支援の体制を整えておくことや各関係団体との連携を密にし、支援を適正に行うことは当然でありますが、なによりも、被害者の方が１日も早く立ち直り、再び平穏な生活が送れるように被害者の方の話を親身になって伺い、丁寧な対応をすることが重要だと私は考えます。

最後になりますが、本条例の制定に深く携わってくださった関係者各位のご尽力に感謝いたします。

四街道市役所

満開のひまわり

⑼　性犯罪被害者への対応における看護師等の活用

【施策番号178】

P30【施策番号58】参照

⑽　性犯罪の被害に遭った児童生徒への対応の充実

【施策番号179】

文部科学省においては、児童生徒が全国どこからでも、いつでも気軽に悩みを相談できるよう「24時間子供ＳＯＳダイヤル」を設置し、教育委員会等による紹介カード、リーフレット等の配布等を通じて児童生徒や保護者に周知している。

また、近年、若年層の多くがＳＮＳを主なコミュニケーション手段として活用している状況等を踏まえ、平成30年から、地方公共団体に対し、ＳＮＳ等を活用した児童生徒向けの相談体制の整備に関する支援を行っている（P28【施策番号53】参照）。

⑾　地方公共団体における配偶者等からの暴力事案の被害者の支援に係る取組の充実

【施策番号180】

内閣府においては、配偶者暴力相談支援センター長、地方公共団体の同支援センター主管課等の行政職員並びに同支援センター、児童相談所及び民間シェルター等において相談支援業務に携わる官民の相談員等の関係者を対象として、相談対応の質の向上及び被害者や被害親子に対する支援における官官・官民連携強化のために必要な知識の習得（機会の確保）を目的として、オンライン研修教材を作成し提供している。

⑿ コーディネーターとしての役割を果たせる民間支援員の養成への支援等

【施策番号181】

警察においては、公益社団法人全国被害者支援ネットワークをはじめとする民間被害者支援団体に対し、研修内容に関する助言や講師派遣等の協力を行っている。また、犯罪被害者等が必要とする支援に関する相談対応や情報提供、適切な関係機関・団体への橋渡し等、犯罪被害者等支援全般を管理するコーディネーターとしての役割を果たす民間支援員の養成を支援するため、民間支援員も参加可能な研修を実施するとともに、被害者支援連絡協議会等において、具体的事例を想定した犯罪被害者等支援に関する実践的なシミュレーション訓練を実施している（被害者支援連絡協議会については、P80【施策番号183】参照）。

⒀ 警察と関係機関・団体等との連携・協力の充実・強化及び情報提供の充実

【施策番号182】

警察においては、犯罪被害者等支援に関係する機関・団体等との連携・協力を充実・強化し、当該関係機関・団体等の犯罪被害者等支援のための制度等を犯罪被害者等に説明できるよう努めている。また、犯罪被害者等支援のための制度を所管する関係府省庁の協力を得て、同制度に関する案内書、申込書等を常備し、これを必要とする犯罪被害者等に提供している。

⒁ 被害者支援連絡協議会及び被害者支援地域ネットワークにおける連携の推進

【施策番号183】

警察においては、生活支援、医療、公判等多岐にわたる犯罪被害者等のニーズに応え、総合的な支援を行うため、警察、地方公共団体の担当部局及び相談機関、検察、法テラス、医師会、公認心理師関連団体、臨床心理士会、弁護士会並びに犯罪被害者等の援助を行う民間の団体等から成る被害者支援連絡協議会を、全ての都道府県に設置し、相互に連携を図っている。

また、犯罪被害者等の具体的なニーズを把握し、事案に応じたきめ細かな総合的支援を行うため、警察署等を単位とした連絡協議会（被害者支援地域ネットワーク）を設置している。

さらに、被害者支援連絡協議会及び被害者支援地域ネットワークについて、メンバー間の連携及び相互の協力を充実・強化し、犯罪被害者等が置かれている立場への理解を増進するための研修や、死傷者が多数に及ぶ事案等の具体的事例を想定した実践的なシミュレーション訓練を通じて、具体的な事案に応

警察と関係機関・団体等とのネットワーク

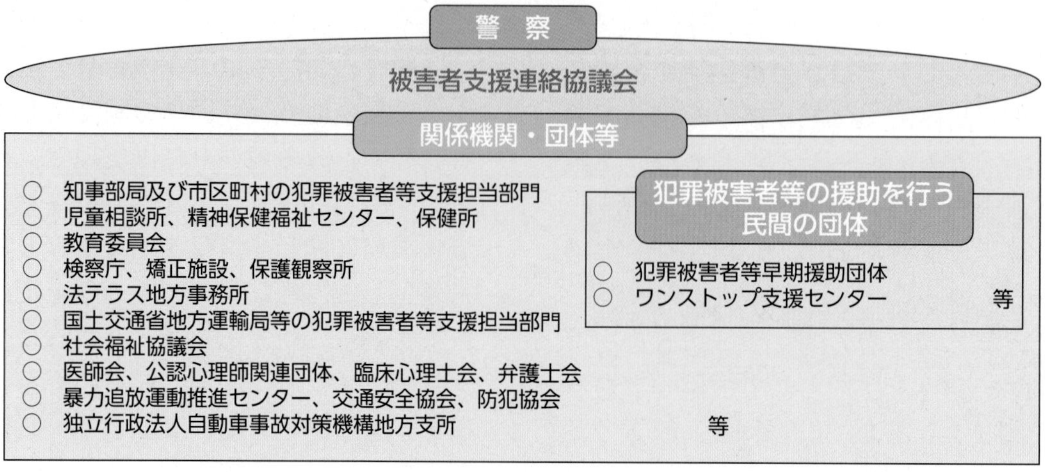

警　察

被害者支援連絡協議会

関係機関・団体等

- ○ 知事部局及び市区町村の犯罪被害者等支援担当部門
- ○ 児童相談所、精神保健福祉センター、保健所
- ○ 教育委員会
- ○ 検察庁、矯正施設、保護観察所
- ○ 法テラス地方事務所
- ○ 国土交通省地方運輸局等の犯罪被害者等支援担当部門
- ○ 社会福祉協議会
- ○ 医師会、公認心理師関連団体、臨床心理士会、弁護士会
- ○ 暴力追放運動推進センター、交通安全協会、防犯協会
- ○ 独立行政法人自動車事故対策機構地方支所

等

犯罪被害者等の援助を行う民間の団体

- ○ 犯罪被害者等早期援助団体
- ○ ワンストップ支援センター

等

じた対応能力の向上を図っている。

令和５年４月現在、全ての都道府県において、被害者支援連絡協議会及び計1,087の被害者支援地域ネットワークが設置され、全ての地域を網羅している。

シミュレーション訓練の様子

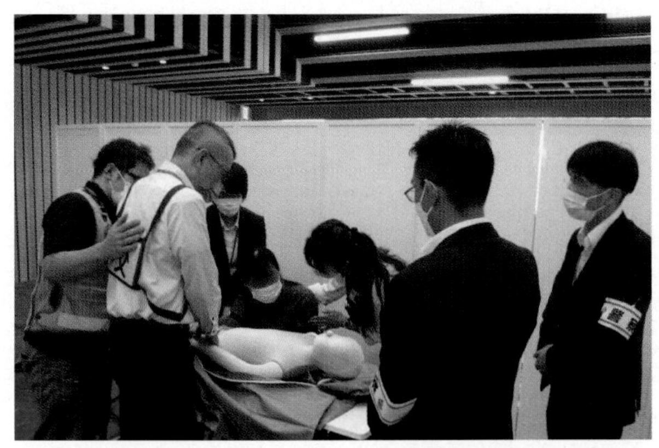

⒂　警察における相談体制の充実等

【施策番号184】

ア　警察においては、犯罪被害の未然防止に関する相談等に応じる各種相談窓口を設置している。

また、全国統一番号の警察相談専用電話（「＃9110」番）を設置するとともに、犯罪被害者等のニーズに応じ、性犯罪被害相談（P96【施策番号223】参照）、少年相談、消費者被害相談等の個別の相談窓口を設け、相談体制の充実に努めている。

さらに、犯罪被害者等の住所や実名・匿名の別を問わず相談に応じるとともに、犯罪被害者等の希望に応じ、被害者支援連絡協議会等に参画している関係機関・団体に関する情報提供やこれらへの引継ぎを行うなど、犯罪被害者等がより相談しやすく、より負担が少なくなるような対応に努めている。

加えて、警察庁の委託を受けた民間団体が、特定の犯罪等に関する通報を匿名で受け付け、有効な通報を行った者に対して情報料を支払う匿名通報事業を実施し、被疑者の検挙、犯罪被害者等の早期保護等に役立てている（P39【施策番号81】参照）。

都道府県警察においては、交通事故被害者等に対し、パンフレット「被害者の手引」、現場配布用リーフレット等を活用して、

・　刑事手続の流れ
・　交通事故により生じた損害の賠償を求める手続
・　ひき逃げ事件の場合や相手方が自賠責保険に加入していなかった場合に国が損害を塡補する制度（政府保障事業）
・　犯罪被害者等支援に関する各種相談窓口

等に関する説明を行っている。

また、交通事故被害者等から加害者に対する行政処分に係る意見聴取等の期日等についての問合せや、交通死亡事故の遺族、

心のリリーフ・ライン

少年用カウンセリングルーム

重度後遺障害を負った者及びその直近の家族から加害者に対する行政処分の結果についての問合せを受けた場合には、適切に情報提供を行っている。令和４年中の都道府県警察における行政処分に係る意見聴取等の期日等に関する問合せに対する回答及び行政処分の結果に関する問合せに対する回答の合計件数は11件（前年:33件）であった。

このほか、都道府県交通安全活動推進センターにおいても、職員、弁護士等が交通事故被害者等からの相談に応じ、助言を行っている。

【施策番号185】

イ　警察においては、性犯罪捜査を担当する係への女性警察官の配置を推進するなどして、性犯罪被害相談において、相談者の希望する性別の職員が対応することができるよう努めている。また、執務時間外においても、当直勤務中の職員が対応した上で担当者に引き継ぐなど、性犯罪被害相談の適切な運用を推進している。

⒃　警察における被害少年等が相談しやすい環境の整備

【施策番号186】

警察においては、全ての都道府県警察に設置されている少年サポートセンター、警察署の少年係等が窓口となり、警察官や少年補導職員が少年や保護者等からの相談に応じ、必要な指導・助言を行っている。

また、全ての都道府県警察に、「ヤングテレホンコーナー」等の名称で電話による相談窓口を設け、電話や電子メール等による少年相談を受け付けており、夜間・休日も対応するなど、少年や保護者等が相談しやすい環境の整備を図っている。

令和４年４月現在、全国196か所（前年：199か所）に少年サポートセンターが設置されており、このうち70か所（前年:71か所）は、少年や保護者等がより気軽に立ち寄ることができるよう、警察施設以外の施設に設置されている。

さらに、警察庁においては、被害少年等が相談しやすいよう、相談内容等に応じた相談窓口を提供するシステム「子供の性被害等相談窓口案内ウェブサイト・ぴったり相談窓口」を構築し、警察庁ウェブサイト（https://www.npa.go.jp/bureau/safetylife/syonen/annai/）に掲載している。

⒄　指定被害者支援要員制度の活用

【施策番号187】

都道府県警察においては、専門的な犯罪被害者等支援が必要とされる事件が発生した場合に、あらかじめ指定された警察職員が事件発生直後から犯罪被害者等への付添い、情報提供等を行ったり、被害者支援連絡協議会等のネットワークを活用しつつ部外のカウンセラー、弁護士会、犯罪被害者等の援助を行う民間の団体等の紹介等を行ったりする、指定被害者支援要員制度を運用している。また、

子供の性被害等相談窓口案内ウェブサイト・ぴったり相談窓口

もしも被害にあったら

ぴったり相談窓口

あなたにぴったりの相談窓口へのご案内をサポート

指定被害者支援要員に対し、犯罪被害者等支援において必要となる知識等に関する研修、教育等を実施している。

令和４年末現在、全国で３万8,349人が指定被害者支援要員として指定されている。

○　海上保安庁においては、犯罪被害者等支援及び関係機関との連絡調整を行う犯罪被害者等支援主任者を部署ごとに指定し、犯罪被害者等の具体的な事情を把握し、当該事情に応じ、犯罪被害の発生直後から犯罪被害者等に必要な助言、情報提供等を行うとともに、具体的な支援に関する説明を行うなど、犯罪被害者等の精神的・経済的負担の軽減に努めている。

指定被害者支援要員制度

犯罪被害者等支援が必要とされる事件の発生

↓

あらかじめ指定された警察職員が犯罪被害者等支援活動を実施
【支援要員 3万8,349名（うち女性警察職員 8,525名）】※令和４年末現在
【支援要員運用総数　2万9,325件】※令和４年中

対象事件	活動内容
○　殺人、傷害、性犯罪等の身体犯 ○　ひき逃げ事件、交通死亡事故等事件 ○　その他必要と認められる事件	○　事情聴取、実況見分等への立会い ○　病院等への付添い ○　相談・要望への対応 ○　犯罪被害者等の援助を行う民間の団体等の紹介　等

指定被害者支援要員による制度の説明（模擬）

⒅　交通事故相談活動の推進

【施策番号188】

国土交通省においては、研修会の実施や実務必携の発刊等を通じ、交通事故相談活動に携わる地方公共団体の交通事故相談員の能力向上を図るなど、交通事故相談活動に対する支援を行っている。

⒆　公共交通事故の被害者等への支援

【施策番号189】

国土交通省においては、公共交通事故による被害者等への支援の確保を図るため、平成24年４月に公共交通事故被害者支援室を設置し、被害者等から公共交通事業者への要望の取次ぎ、相談内容に応じた適切な相談窓口の紹介等を行っている。

令和４年度においては、公共交通事故の発生時には、被害者等から相談内容を聴取して適切な相談窓口を紹介し、平時には、支援を担当する職員に対する教育訓練の実施、公共交通事故被害者等支援フォーラムの開催、公共交通事業者における被害者等支援計画の策定の働き掛け等を行った。同年度末時点における教育訓練受講者数は389人、支援計画の策定数は375であった。

平成28年１月に発生した軽井沢スキーバス事故に関しては、継続的な遺族会との意見交換会の開催や、遺族会が開催する安全を誓う集いについて関係者とともに支援を実施している。また、令和４年４月に発生した知床遊覧船事故に関しては、事故発生直後から相談窓口を24時間体制としたほか、被害者家族への説明会を開催するなど、家族と相互に連絡を取り合う体制を継続し、被害者家族への支援を行っている。

⒇　婦人相談所等の職員に対する研修の促進

【施策番号190】

厚生労働省においては、平成23年度から、国立保健医療科学院で実施している婦人相談所等指導者研修等において、配偶者等からの暴力事案の被害を受けた女性の人権、配偶者等からの暴力事案の特性等に関する理解の増進を図るため、婦人相談所等の職員に対する専門研修を実施している（P50【施策番号119】参照）。

㉑ ストーカー事案への対策の推進

【施策番号 191】

内閣府においては、地方公共団体におけるストーカー事案の被害者への支援の充実を図るため、「ストーカー被害者支援マニュアル」を作成し、地方公共団体及び被害者支援を行っている関係機関等に配布している（配偶者等からの暴力事案については、P79【施策番号 180】参照）。

令和４年度においては、非同棲交際相手からの暴力（いわゆるデートＤＶ）について、予防や一時保護、緊急避難等について必要な施策の整理を行い、これを踏まえ、同マニュアルの改訂を行った。

㉒ ストーカー事案への適切な対応

【施策番号 192】

警察における令和４年中のストーカー事案の相談等対応件数は、１万9,131件（前年：１万9,728件）であった（警察庁ウェブサイト「令和４年におけるストーカー事案及び配偶者からの暴力事案等への対応状況について」：https://www.npa.go.jp/bureau/safetylife/stalker/R4_STDVRPCAkouhousiryou.pdf）。

ストーカー事案においては、加害者の被害者に対する執着心や支配意識が非常に強い場合が多く、加害者が被害者に対して強い危害意思を有している場合には、検挙を顧みず大胆な犯行に及ぶこともあるなど、事態が急展開して重大事件に発展するおそれが大きい。

このため、警察においては、ストーカー事案をはじめとする人身の安全を早急に確保する必要があると認められる事案に一元的に対処するための体制を確立し、被害者等の安全の確保を最優先に対処することとしている。

ストーカー事案・配偶者等からの暴力事案に関する手続の流れ

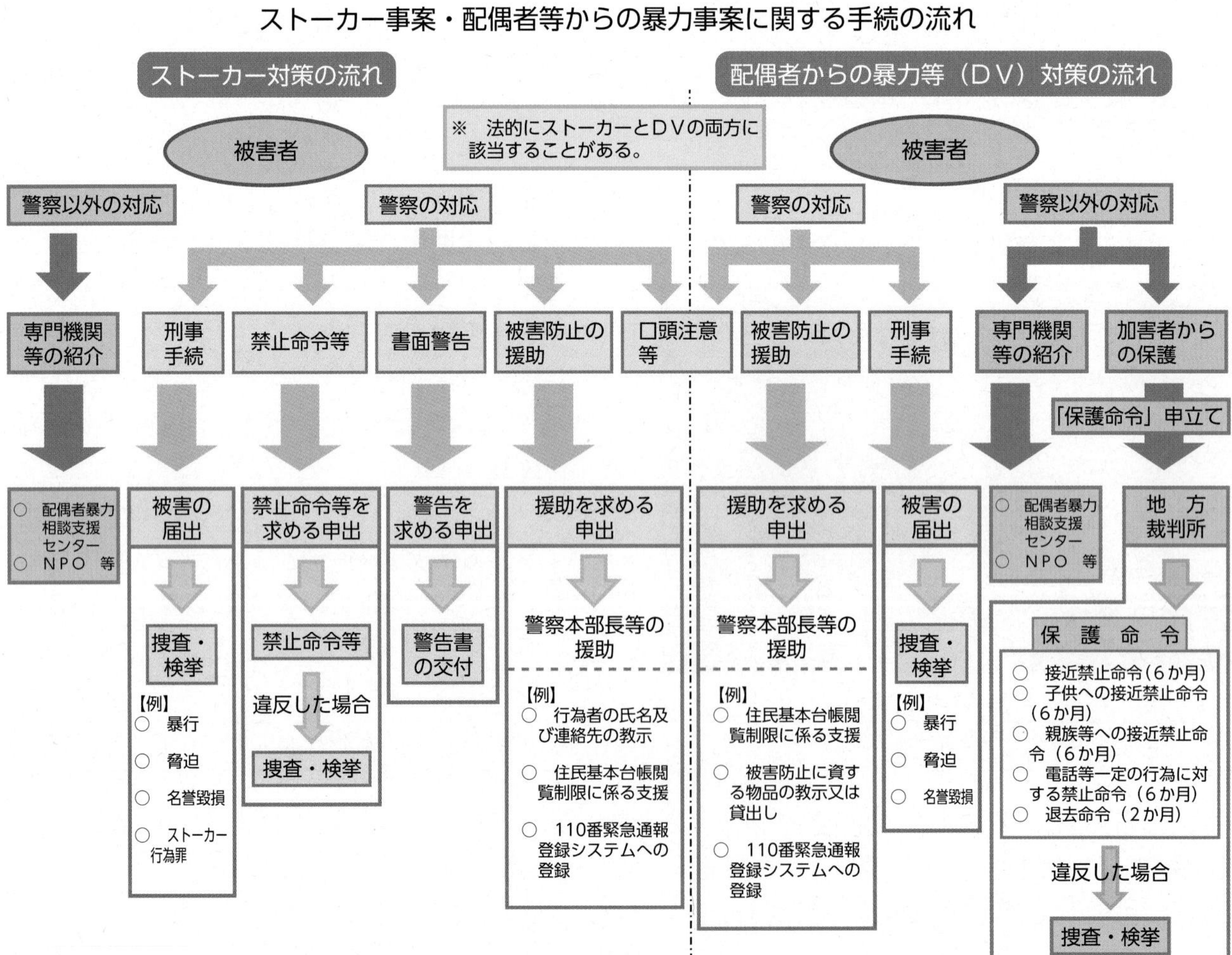

注：禁止命令等は、被害者の申出によらず、職権により行うことができる（緊急の場合は被害者の身体の安全が害される場合のみ）。

ストーカー総合対策

ストーカー総合対策　ストーカー総合対策関係省庁会議

Ⅰ　経緯	Ⅱ　情勢
○策定（平成27年3月20日） 「すべての女性が輝く政策パッケージ」（平成26年10月10日すべての女性が輝く社会づくり本部決定） ※ストーカー対策の抜本的強化「関係省庁からなる会議において検討の上、同年度内を目途に取りまとめ」 ○改訂（平成29年4月24日） 「ストーカー行為等の規制等に関する法律の一部を改正する法律」（平成28年法律第102号）成立 ※規制対象の拡大、行政措置・罰則の見直し、職務関係者による被害者等の安全確保及び秘密保持への配慮　等	○「ストーカー行為等の規制等に関する法律の一部を改正する法律」（令和３年法律第45号）成立（以下「改正法」という。） ※GPS機器等を用いた位置情報無承諾取得等の規制、禁止命令等の方法に係る規定の整備　等 ○ストーカー事案の相談件数等が高水準で推移 ○「第五次男女共同参画基本計画」（令和２年12月25日閣議決定）及び「女性活躍・男女共同参画の重点方針2022」（女性版骨太の方針2022）（令和４年６月３日すべての女性が輝く社会づくり本部・男女共同参画推進本部決定）に、ストーカー事案への対策の推進について明記 ※「女性版骨太の方針2022」において「ストーカー総合対策を改定する」旨記載

令和４年７月ストーカー総合対策を改訂

Ⅲ　構成（※６つの項目を継承）	Ⅳ　主な改訂点（※【】内は項目番号）
1　被害者等からの相談対応の充実 被害者等からの相談窓口の充実　等 2　被害者情報の保護の徹底 被害者情報の提供禁止に係る周知　等 3　被害者等の適切な避難等に係る支援の推進 一時避難場所を確保するために必要な連携体制整備等の推進等 4　調査研究、広報啓発活動等の推進 調査研究の推進　等 5　加害者対策の推進 加害者が抱える問題にも着目し、関係機関が連携しつつ、その更生に向けた取組を推進 6　支援等を図るための措置 人材資質の向上、被害者等の支援のために必要な体制の整備、民間の自主的な組織活動の支援に係る施策を実現するために必要な財政上の措置	①　改訂までの経緯・情勢 ・本文冒頭に、改正法の主な内容（GPS機器等を用いた位置情報無承諾取得等の規制、禁止命令等の方法に係る規定の整備等）及び政府の基本計画等（第五次男女共同参画基本計画、女性版骨太の方針2022）に係る情勢等を記載 ②　改正法附帯決議関係 ・相談者等からの相談窓口の充実【1(1)】 被害者からの相談に適切に対応する旨を引き続き周知 ・加害者対策の推進【5】 加害者及びその家族からの相談窓口を拡充 ③　「女性版骨太の方針2022」関係 ・交際相手からの暴力に対する支援の実施【3(4)】 「ストーカー被害者支援マニュアル」を改訂するなど必要な対策の取りまとめ ・調査研究の推進【4(1)】 加害者プログラムの追加的な試行実施と、その成果の検証に基づいたガイドラインの策定

具体的には、ストーカー行為等の規制等に関する法律その他の関係法令の積極的な適用による加害者の検挙のほか、被害者等の安全な場所への避難や身辺の警戒、110番緊急通報登録システムへの登録、ビデオカメラや緊急通報装置等の資機材の活用、被害者等の保護措置等、組織による迅速・的確な対応を推進している。また、被害者等からの相談に適切に対応できるよう、被害者の意思決定支援手続等を導入している。

さらに、逮捕状請求における被疑事実の要旨の記載に際し、被害者に関する事項の記載方法に配慮しているほか、仮釈放又は保護観察付執行猶予となった者に関する保護観察所等との連携の強化、犯罪被害者等支援における婦人相談所、法テラス等の関係機関との協力の強化等、被害の拡大防止及び再被害の防止に向けた対策を推進している。

令和３年５月、ストーカー行為等の規制等に関する法律の一部を改正する法律が成立したことから、改正を踏まえた対策を推進している。

また、「ストーカー総合対策」（平成27年3月20日ストーカー総合対策関係省庁会議決定。平成29年4月24日・令和４年７月15日改訂）に基づき、関係機関・団体等と連携した取組を一層推進している。

㉓　人身取引被害者の保護の推進

【施策番号193】

人身取引（性的サービスや労働の強要等）事犯は、被害者に対して深刻な精神的・身体的苦痛をもたらし、被害の回復が非常に困難であるなど、重大な人権侵害であり、人道的観点からも迅速・的確な対応が求められている。

政府は、人身取引の防止・撲滅と被害者の保護に向け、平成16年4月には「人身取引対策に関する関係省庁連絡会議」を設置し、同年12月に同会議において「人身取引対策行動計画」を、平成21年12月には犯罪対策閣僚会議において「人身取引対策行動計画2009」を、また平成26年12月には同会議において「人身取引対策行動計画2014」を

トピックス 死傷者多数事案における犯罪被害者等支援

専門的な犯罪被害者等支援が必要とされる事件が発生したときには、あらかじめ指定された警察職員（指定被害者支援要員）を派遣し、犯罪被害者等一人一人に対して、各種犯罪被害者等支援活動を行っている。

犯罪被害者等の置かれた状況は様々で、時間の経過とともに直面する問題も変化することから、指定被害者支援要員は、その支援が犯罪被害者等のニーズに即した適切なものになっているのか、かえって二次的被害となるようなことになっていないかなど、様々な思いを巡らしながら支援を行っている。

このような指定被害者支援要員の活動の中から、死傷者多数の事件において支援を担当した職員の体験について紹介する。

1 はじめに

多数の死傷者を出し、世間に大きく報じられた重大事件。

事件当時、私は被害現場を管轄に受け持つ警察署警務課の被害者支援担当だった。

事件発生直後から約１年にわたり犯罪被害者等支援活動に従事してきたが、その中で、その時々に感じたことを書き起こしてみた。

2 認知

思い返せば事件発生当日は、当直明けの日。

急に電話交換台と指令室が慌ただしくなり、「詳細は分からないが被害者が多数いるようだ。」と同僚に教えられた。

通常、警務課員が事件現場に臨場することはないが、「負傷者多数」と現場から緊迫した無線が届くにつれ胸騒ぎがし、被害者支援担当としてとにかく現場に行かねば、と車に飛び乗った。

道中、これまで見たことのない数の緊急車両が行き交う様から現場に近づくにつれ不安が募っていく。

付近に到着して降車すると、すぐに数十人もの人々が応急手当を受けているのが目に留まる。

救助された人や救急隊員、付近を交通規制する警察官等でごった返す中、全体の状況を把握せねばと、辺りを見回すと、黒いトリアージ（不処置群）札が目に入った。

遺体だった。

当直明けの眠気は一気に吹き飛んだ。

手当を受けていた一人が、「事件現場には、まだたくさんの人がいると思う。」とうめくように言う。

これまで見たことがない光景に全身が総毛立つ思いだったが、今できることをするしかないと自分に言い聞かせ、つらそうな負傷者一人一人に、「頑張れ。頑張るんだ。大丈夫。大丈夫だからな。」と声かけた。

そうすることしかできない自分に無力さを感じた。

現場から一体、また一体と遺体が運び出されていく。その非日常に、張り裂けんばかりの感情が私を覆い尽くした。

3　遺体安置

死亡者多数につき、受入れ可能な医療機関がなかったため、多くの遺体を収容できる施設を確保し遺体安置場所に指定した。安置場所の設営と遺族の受入れ準備を整えると遺体の搬送に携わった。

遺体安置場所に簡易検視台が置かれ、検視が行われていく。

遺族にはとても見せられない変わり果てた姿。

検視が終わった遺体を安置して手を合わせる。

目の前の光景に目頭が熱くなるが、私は被害者支援担当なんだと感情を抑え込む。

このときには当直明けであることもすっかり忘れ業務に没頭していた。

全ての遺体を安置し終わったのは翌朝午前６時過ぎ。体は鉛のように重く感じたが遺族のことを考えれば体を休めることなどできないことも分かっていた。

4　対策室設置

発生から一夜明け、遺体安置場所の一角に被害者支援現地対策室が設置された。

対策室には、被害者の家族と思われる方々が多数来訪し、「ニュースを見て昨夜から息子（娘）に電話しているが連絡がとれない。どうなっているのか教えてください。」と詰め寄られる。

捜査担当者からの話で、損傷が激しい遺体があり、身元判明に時間を要することは分かっていたが、不安そうな家族の表情を見ると被害者支援担当として何かできることはないかと必死に考えた。

家族の負担を少しでも軽減できれば。

そこで、亡くなった方を１日でも早く家族の元に返してあげられるように、来訪された家族の方から順次ＤＮＡの採取に協力してもらうことはできないかと捜査担当者に提案した。私と同じく捜査担当者の誰しもが、事件で無念にも亡くなった方や家族の心情は痛いほど理解していた。

その日のうちに科学捜査研究所からＤＮＡの採取キットが届いた。待機されている家族の方に、捜査担当者とともに事件の概要説明とＤＮＡ（口腔内細胞）の採取の協力依頼を行う。

「なんでＤＮＡを採るんだ。」「こどもは死んだのか。」

「今どこにいるんだ。」「説明に納得がいかない。」

等と泣くような表情で訴えかけられる。至極当然な反応だ。

私も一人の親。

迅速な捜査と家族の負担軽減のためにも速やかなＤＮＡ照合が求められていたが、家族の気持ちを考えれば、到底受け入れられない死というものを、間接的に伝えている気がして、何とも言い表せない気持ちになった。

5　非常招集体制

死傷者多数事案発生時には、各所属から招集をかけることとなっており、被害者支援現地対策室には、連日、大勢の警察職員が招集される。捜査担当者や本部被害者支援室と調整しつつ、招集された職員にその日の支援対応を割り振った。

ある者には、負傷者の入院先に向かい、家族と面会。

ある者には、遺品整理のための遺族の送迎。

ある者には、遺族による献花の送迎。

本音を言えば、自らの手で、自らの目で、自らの言葉で、全ての被害者や遺族対応をしたかったが・・・。

遠方から来られる負傷者の家族や遺族もおり、負担を減らすため、可能な限り24時間対応できるような体制づくりに細心の注意を払った。

半日、時には一夜を明かすまで対応を求めることもあったが、招集された職員からは誰一人として不平や不満の声は聞こえてこなかった。中には見知った顔もあった。警察学校の同期生。過去に一緒の所属だった同僚。「どこでも行くよ。」「何でも言って。」と声を掛けられる。心強かった。

ある日、全く面識のない職員から「休んでないんじゃないですか。お体大事にしてくださいね。」と栄養ドリンクをそっと手渡された。涙が出そうになった。

差し入れていただいた方には申し訳ないが、私にとってかけがえのない宝物になっており、いまだに開封せず仕事場のデスクに飾ってある。

月並みな言葉に聞こえるかもしれないが、このときほど同じ警察で働く仲間の存在を身近に感じたことはないし、招集された職員されていない職員も含め、被害者支援への熱い思いというものを肌で感じたことはなかった。

6　遺体確認

捜査担当者とともに数回に分けて遺族と

「事件の概要」「死因」「ＤＮＡ型鑑定結果」

「荼毘に付す場所」「氏名が公表されるタイミング」

「埋葬許可」「遺体の確認」

についてやりとりをする。

遺体の損傷が激しいため、遺体を確認することは勧められないと説明したが、ある父親が覚悟した表情で「私だけでも見ます。」と答えた。

遺体安置所に家族を案内すると、それまで気丈に振る舞っていた父親が棺に突っ伏し、もう戻ってくることのないこどもの名前を叫び続けている。

母親は家族に支えられながら、

「私のこどもじゃないから。」

「こどものはずがない。」

「起きてよ。起きなさいよ。」

「一緒に帰るんだから。」

と叫び続けている。

もし我が子だったらと思うと、慰めの言葉が見つからない。

いつしか涙が溢れそうになる。

ただ遺族に気づかれないよう天を仰ぎ立ち尽くすしかない自分がそこにいた。

7　追悼

事件から数か月が経ったころ、犠牲者追悼式が行われた。

式場から少し離れた場所を担当していた私からは、遺族の姿が遠巻きに見え、読経がかすかに聞こえる。様々な感情が私の中を駆け巡る。

式が終了すると、一組の夫婦が駆け寄ってきた。

「娘のためにいろいろとお力添えいただきました。遺品の携帯電話も返ってきましたよ。本当にありがとうございました。」と一言声をかけられる。

タイトなスケジュールの中、感謝の意を伝えていただいたことで、ほんの少しだが寄り添えた気がした。

8　おわりに

多数の死傷者を出し、人々の記憶に強く刻まれた重大事件。警察官としても、被害者支援担当者としても、まさかこのような大規模事件の支援を受け持つとは想像すらしなかったし、心の準備もできていなかった。

そんな私だったが、文字通りもがきながら、心の葛藤を抱えながらも、家族を含め同僚・仲間からの助けがあったからこそ支援活動を進められたと思う。

計画が思うように進められず頭を抱えたこと。

やり場のない怒りを遺族からぶつけられ返す言葉が見つからなかったこと。

日に日に傾聴の大切さを実感したこと。

恐らくは、警察人生においてこのような体験をすることは二度とないだろう。

だからこそ、今回の支援を通じて感じた気持ち、感覚は生涯大切にとどめておきたいと思う。

そして、大きな山場は越えたとはいえ、被害者支援に終わりはない。

私自身いまだ手探り状態だが、被害者や遺族に寄り添う支援活動をこれからも続けていきたいと思う。

策定したほか、関係閣僚を構成員とする人身取引対策推進会議を平成27年以降毎年開催するなどしてきたところ、人身取引に係る情勢に適切に対処し、政府一体となった総合的かつ包括的な人身取引対策を更に推進するため、令和４年12月、犯罪対策閣僚会議において、新たに「人身取引対策行動計画2022」を決定した。

また、同年６月、人身取引対策推進会議の第８回会合において、我が国における人身取引事犯による被害の状況や、関係府省庁における人身取引対策の取組状況等を取りまとめた年次報告「人身取引対策に関する取組について」を決定・公表し、人身取引事犯の撲滅を目指し、人身取引対策に係る取組を引き続き着実に推進していくことを確認した。

内閣府においては、人身取引の被害者向け及び需要者向けの２種類の啓発用ポスター並

人身取引（性的サービスや労働の強要等）対策のポスター

提供：内閣府

びにリーフレットを作成し、関係機関等に配布するとともに、ＳＮＳを活用し、我が国における人身取引事犯の実態、人身取引事犯の防止・撲滅及び被害者の保護に係る取組に関する広報を行い、被害に遭っていると思われる者を把握した際の通報を呼び掛けた。

(24) ＳＮＳを含むインターネット上の誹謗中傷等に関する相談体制の充実及び誹謗中傷等を行わないための広報啓発活動の強化

【施策番号 194】

総務省においては、関係府省庁と連携し、ＳＮＳを含むインターネット上の誹謗中傷等に関する犯罪被害者等からの相談に適切に対応できる体制の充実に努めるとともに、誹謗中傷等を行わないための広報啓発活動を強化している。

平成 21 年度より総務省が運営を委託している違法・有害情報センターで受け付けている相談件数は高止まり傾向にあり、令和４年度の相談件数は 5,745 件（前年度：6,329 件）であった。こうした状況を踏まえ、令和３年度から違法・有害情報相談センターの相談員の増員等の体制強化を図るとともに、行政機関や民間団体等の相談窓口との連携体制を構築し、各機関の取組に関する相互の理解の促進と、機能の相互補完を目指した連携を図っている。

また、ユーザーに対する情報モラル及びＩＣＴリテラシーの向上のための啓発活動の一環として、誹謗中傷対策に関する内容を含む、青少年のインターネットの安全な利用に係る普及啓発を目的に、文部科学省、一般財団法人マルチメディア振興センター、通信事業者等の協力の下、平成 18 年度から児童・生徒、保護者、教職員等に対する学校等の現場での無料の出前講座「e- ネットキャラバン」を全国で開催し、令和４年４月から令和５年３月末までの間、2,226 件（前年度：2,559 件）の出前講座を実施した。

違法・有害情報相談センター

提供：総務省

#NoHeartNoSNSロゴマーク

提供：総務省

㉕ 検察庁の犯罪被害者等支援活動における福祉・心理関係の専門機関等との連携強化

【施策番号 195】

法務省においては、犯罪被害者等に配慮した捜査や公判を行うため、検察官等に対する研修において福祉・心理関係の専門機関の関係者を講師に招くなど、これらの機関との連携・協力の充実・強化を図っている。

㉖ 検察庁における被害者支援員と関係機関・団体等との連携・協力の充実・強化及び情報提供の充実

【施策番号 196】

地方検察庁においては、犯罪被害者等に対してよりきめ細かな配慮を行うため、犯罪被害者等支援に携わる被害者支援員を配置している。

被害者支援員は、犯罪被害者等からの様々な相談への対応、法廷への案内・付添い、事件記録の閲覧や証拠品の返還等の各種手続の補助等を行うほか、犯罪被害者等の置かれている状況に応じ、精神面、生活面、経済面等の支援を行っている関係機関・団体等の紹介等を行っている。

被害者支援員に対する研修においては、犯罪被害者等支援に携わる関係機関・団体の職員等を講師に招いているほか、平素から犯罪被害者支援団体等との意見交換の場を設けるなど、犯罪被害者等支援の状況に関する情報交換を行い、その連携・協力の充実・強化を図っている。また、被害者支援員の意義や役割について記載された犯罪被害者等向けパンフレット「犯罪被害者の方々へ」を犯罪被害者等支援を行っている関係機関・団体等に配布するなどして、被害者支援員制度に係る情報提供の充実を図っている。

さらに、犯罪被害者等から電話やファックスによる相談を受け付けるため、地方検察庁等に被害者相談専用電話番号（ホットライン）を設置し、被害者支援員等が対応している。

㉗ 更生保護官署における被害者担当保護司との協働及び関係機関・団体等との連携・協力による支援の充実

【施策番号 197】

法務省においては、全国の保護観察所に被害者担当の保護観察官及び保護司を配置し、その協働態勢の下、主として、被害に係る刑事裁判が終了した後又は加害者が保護処分を受けた後に、犯罪被害者等への相談・支援を行っている。相談・支援においては、犯罪被害者等の悩みや不安を傾聴するとともに、必要な情報提供等を行っており、令和４年中の実施件数は延べ1,563件（前年：1,634件）であった。また、支援の円滑な実施及び支援内容の充実を図るため、国や地方公共団体の関係機関、犯罪被害者等の援助を行う民間の団体等との連携・協力の充実・強化を図るとともに、更生保護における犯罪被害者等施策の周知に努めている。

㉘ 被害者担当の保護観察官及び被害者担当保護司に対する研修等の充実

【施策番号 198】

法務省においては、刑事裁判及び少年審判の終了後の相談対応の充実を図るため、保護観察所に配置されている被害者担当の保護観察官及び保護司に対する研修において、犯罪被害者等やその支援に携わる実務家による講義、事例研究及び犯罪被害者等支援に関する実践的技能を修得させるための演習等を実施し、犯罪被害者等の心情や置かれている状況等への理解の増進を図るとともに、適切な対応を確実に行うよう努めている。

㉙ 犯罪被害者等の意見を踏まえた運用改善や制度改正についての検討

【施策番号 199】

法務省においては、「更生保護の犯罪被害者等施策の在り方を考える検討会」報告書を踏まえ、犯罪被害者等の意見を踏まえた運用改善や制度改正について検討を行っている。

㉚ 犯罪被害者等の相談窓口の周知と研修体制の充実

【施策番号 200】

法務省の人権擁護機関においては、人権相談等を通じて人権侵害の疑いがある事案を認知した場合は、人権侵犯事件として調査を行い、事案に応じた適切な措置を講じているところ、このような調査救済制度を周知するためのリーフレットを作成・配布するほか、「みんなの人権110番」、「こどもの人権110番」、「こどもの人権SOSミニレター」（料金受取人払の便箋兼封筒）、「女性の人権ホットライン」、「インターネット人権相談受付窓口」等の各種相談窓口について、法務省ウェブサイト（https://www.moj.go.jp/JINKEN/index_soudan.html）や広報資料に掲載するなどしており、令和４年度に実施したモニター調査による人権相談窓口の認知度は52.8%であった。

こどもの人権110番のポスター

提供：法務省

さらに、人権相談や調査救済事務に従事する職員及び人権擁護委員に対する研修を実施し、犯罪被害を含む人権侵害の被害の救済に適切に対応するための体制の強化を図っている。

㉛ 犯罪被害者である子供等の支援

【施策番号 201】

法務省の人権擁護機関においては、人権相談等を通じ、いじめ・体罰・児童虐待事案といったこどもに対する人権侵害の疑いがある事案を認知した場合は、人権侵犯事件として調査を行い、児童相談所等の関係機関と連携して事案に応じた適切な措置を講じている。

㉜ 高齢者や障害のある人等からの人権相談への対応の充実

【施策番号 202】

法務省の人権擁護機関においては、法務局の人権相談窓口に自ら赴くことが困難な老人福祉施設等の社会福祉施設の入所者やその家族が施設内で相談することができるよう、施設の協力を得て特設の人権相談所を開設し、入所者等からの人権相談に応じている。令和４年度は、老人福祉施設等の社会福祉施設における特設相談所を85回（前年度：64回）開設した。また、介護サービス施設・事業所に所属する訪問介護員等の高齢者と身近に接する機会の多い社会福祉事業従事者等に対し、人権相談について周知し、人権侵害の疑いがある事案を認知した場合の情報提供を呼び掛けるなど、連携を図っている。

⑶ 法テラスによる支援

【施策番号 203】

ア　P３【施策番号２】参照

【施策番号 204】

イ　法テラスの犯罪被害者支援業務においては、警察庁、日本弁護士連合会等の関係機関・団体と十分に連携することが求められている。このため、法テラスにおいては、その活動についてこれらの関係機関・団体に周知するとともに、都道府県警察等が主催する被害者支援連絡協議会やその分科会に参加したり、犯罪被害者週間における広報啓発活動等を協力して行ったりするなど、犯罪被害者支援に関係する機関・団体との連携・協力の充実・強化を図っている（犯罪被害者週間については、P116 トピックス「犯罪被害者週間」参照）。

また、弁護士会や犯罪被害者支援団体と連携し、犯罪被害者等を必要な支援につなげるため、犯罪被害者等の置かれている状況に応じた関係機関・団体を紹介する、コーディネーターとしての役割を果たせるよう努めている。

法テラスにおいて運用している犯罪被害者支援ダイヤル（0120-079714）では、損害の回復や苦痛の軽減に役立つ情報や、犯罪被害者支援を行っている関係機関・団体の相談窓口情報等を提供しているところ、令和４年度における問合せ件数は２万889 件であり、主な問合せ内容は、ＤＶ被害、刑事手続・犯罪の成否等に関する問合せ、生命・身体犯被害であった。

また、同年度中の全国の法テラスの地方事務所における電話又は面談による犯罪被

法テラスの犯罪被害者支援ダイヤルへの
問合せに対する紹介先（令和４年度）

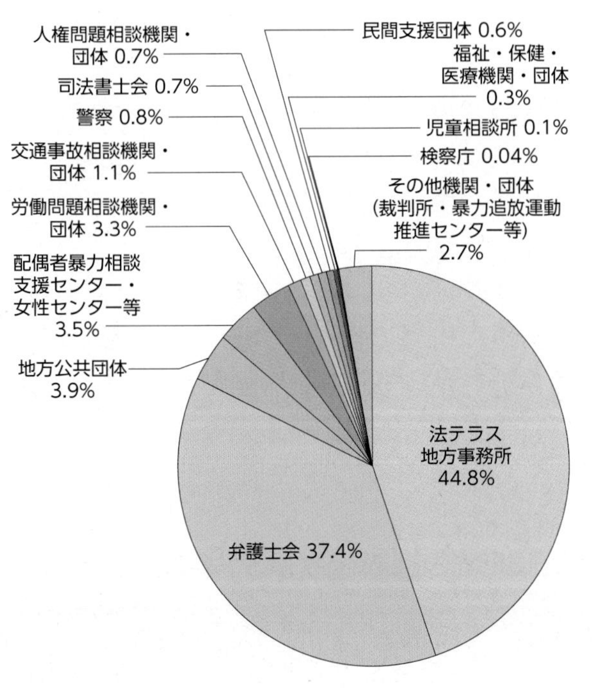

提供：法務省

法テラスの地方事務所への
問合せに対する紹介先（令和４年度）

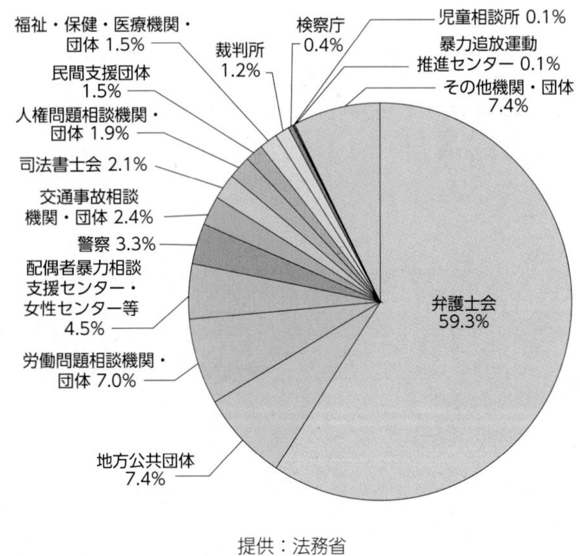

提供：法務省

法テラスによる犯罪被害者支援業務の実施状況

	平成30年度	令和元年度	令和２年度	令和３年度	令和４年度
犯罪被害者支援ダイヤルへの問合せ件数	15,145	15,343	14,309	15,908	20,889
地方事務所での対応件数	14,035	11,262	10,768	12,108	14,644

提供：法務省

第４章

害者支援に関する対応件数は、1万4,644件であった。

【施策番号205】

ウ　法テラスにおいては、犯罪被害を受けた時からの時間的経過の長短を問わず、情報提供等を通じた支援を行っている。

【施策番号206】

エ　P58【施策番号138】参照

【施策番号207】

オ　改正総合法律支援法が平成30年1月に施行され、認知機能が十分でないために弁護士等による法的サービスの提供を自発的に求めることが期待できない高齢者、障害者等を対象とした、資力にかかわらない法律相談援助制度（特定援助対象者法律相談援助）が創設されるとともに、それまで民事裁判等手続の準備及び追行に限定されていた代理援助及び書類作成援助の対象行為が、認知機能が十分でない高齢者、障害者等に関しては、生活保護給付に係る処分に対する審査請求等、一定の行政不服申立手続の準備及び追行にも拡大された。これを踏まえ、法テラスにおいては、福祉機関等の関係機関・団体と連携し、同制度を周知している。

特定援助対象者法律相談援助件数

	平成30年度	令和元年度	令和2年度	令和3年度	令和4年度
特定援助対象者法律相談援助件数	570	668	743	789	999

提供：法務省

【施策番号208】

カ　改正総合法律支援法が平成30年1月に施行され、ストーカー事案、配偶者等からの暴力事案及び児童虐待事案の被害者を対象とした資力にかかわらない法律相談援助制度（ＤＶ等被害者法律相談援助）が創設されたことを踏まえ、法テラスにおいては、犯罪被害者支援に関係する機関・団体と連携するとともに、弁護士の確保等により、支援体制の強化を図り、令和４年４月からはこれまで対面で実施していた法律相談を電話やオンラインでも利用できるようにするなど、相談しやすい環境の整備に努めている。

また、児童虐待をテーマにした広報用のポスター及びポケットカードや、制度周知用アニメーション動画を作成するなど、ＤＶ等被害者法律相談援助の周知に努めている（P44【施策番号94】参照）。

令和４年度におけるＤＶ等被害者法律相談援助実施件数は1,292件（前年度：972件）であり、主な相談内容はＤＶ被害であった。

⒁　弁護士による犯罪被害者支援に対する経済的援助に関する検討

【施策番号209】

法務省では、「犯罪被害者支援弁護士制度検討会」における論点整理結果を踏まえつつ、令和３年10月に設置した「犯罪被害者支援弁護士制度・実務者協議会」において、一定の犯罪被害者等が早期の段階から弁護士による継続的かつ包括的な支援及びこれに対する経済的援助を受けられるよう、「犯罪被害者等支援弁護士制度」の導入に向けた検討を行うことを内容とする取りまとめを行ったところであり、令和５年６月現在、「犯罪被害者等施策の一層の推進について」（令和５年６月６日犯罪被害者等施策推進会議決定）において同制度を創設するものとされたことも踏まえ、その具体的検討を進めている。

⒂　地域包括支援センターによる支援

【施策番号210】

地域包括支援センターにおいては、民生委員、介護支援専門員等による支援だけでは、適切なサービス等につながる方法が見付けられないなどの困難な状況にある高齢者に対し、市区町村、医療機関等と連携し、成年後見制度の活用促進や高齢者虐待への対応等を行い、専門的な観点から、高齢者の権利を擁護するため必要な継続的支援を行っている。

令和３年度における権利擁護に関する相談件数は、全国で74万7,115件（前年度：70万4,866件）であった。

㊱　学校内における連携及び相談体制の充実

【施策番号211】

ア　P28【施策番号53】参照

【施策番号212】

イ　P28【施策番号53】参照

㊲　教育委員会と関係機関・団体等との連携・協力の充実・強化及び学校における相談窓口機能の充実

【施策番号213】

児童生徒による暴力行為の発生件数が依然として相当数に上っていること、教職員による体罰や児童生徒間のいじめにより重大な被害が生じる事案が引き続き発生していること等が、学校教育において大きな課題となっている。文部科学省においては、こうした現状を踏まえ、学校における教育相談体制の充実を図るとともに、都道府県・政令指定都市の学校や教育委員会に対し、

・　犯罪行為として扱われるべきと認められる暴力行為やいじめについては、いじめを受けている児童生徒を徹底して保護するといった観点から、早期に警察へ相談・通報し、警察と連携して対応することが重要であること。
・　教員が体罰を目撃した場合や、学校が体罰又は体罰が疑われる事案について報告・相談を受けた場合には、事実関係の正確な把握に努めるとともに、教育委員会へ報告すること。
・　学校が、体罰や教員等との関係に関する悩みを児童生徒が相談できる体制を整備し、相談窓口を周知すること。

等を示達し、教育委員会と関係機関・団体等との連携・協力の充実・強化や教育相談体制の整備を促している。令和３年度における都道府県・政令指定都市の教育相談機関は207か所である（令和３年度児童生徒の問題行動・不登校等生徒指導上の諸課題に関する調査による）。

㊳　犯罪被害に遭った児童生徒等が不登校となった場合における継続的支援の促進

【施策番号214】

不登校となった児童生徒への支援について初めて体系的に定めた、義務教育の段階における普通教育に相当する教育の機会の確保等に関する法律が平成28年12月に成立し、平成29年２月に全面施行された。

文部科学省においては、同法の施行を踏まえ、同年３月、学校が不登校となった児童生徒に対する組織的かつ継続的な支援等を推進するための基本的な指針を策定し、同法及び同指針の趣旨等を教育関係者に周知した。

また、不登校となった児童生徒への支援において中核的な役割を果たす教育支援センター等の設置促進、機能強化等に要する経費の一部を補助している。令和３年度における教育委員会が設置する教育支援センターは1,634か所である（令和３年度児童生徒の問題行動・不登校等生徒指導上の諸課題に関する調査による）。

㊴　医療機関等と関係機関・団体等との連携・協力の充実・強化及び医療機関等における情報提供等の充実

【施策番号215】

ア　厚生労働省においては、医療機関と犯罪被害者等支援に関係する機関・団体等との連携・協力の充実・強化や、医療機関等における犯罪被害者等の支援等に関する情報提供の適切な実施を促進することとしている。

【施策番号216】

イ　精神保健福祉センターや保健所においては、医療機関等と連携し、犯罪被害者等に対して精神保健に関する相談支援を行っている。

また、同センターにおいては、専門的知識を有する職員等による面接相談や電話相談（こころの電話）の窓口を設置し、地域住民が相談しやすい体制を整備している。さらに、必要に応じ、医師による診察、医療機関等への紹介、医学的指導等を行っている。

⑷⑽ 都道府県警察に対する犯罪被害者等への情報提供等の支援に関する指導及び好事例の勧奨

【施策番号 217】

警察庁においては、情報提供をはじめとする基本的な犯罪被害者等施策が確実に実施されるよう、各種会議等を通じて都道府県警察を指導するとともに、好事例の紹介により同様の取組を勧奨している。

⑷⑴ 「被害者の手引」の内容の充実等

【施策番号 218】

ア　都道府県警察においては、パンフレット「被害者の手引」を被害者連絡の対象者に配布するとともに、刑事手続の概要、犯罪被害者等のための制度等について情報提供を行う場合に広く活用している。

また、警察庁においては、犯罪被害者等のための制度に関する情報を、警察庁ウェブサイト「警察の犯罪被害者等施策」（https://www.npa.go.jp/higaisya/index.html）に掲載している。

【施策番号 219】

イ　P59【施策番号 140】参照

⑷⑵ 犯罪被害者等の保護・支援のための制度の周知

【施策番号 220】

警察においては、犯罪被害遺児に対する奨学金給与事業等を実施している公益財団法人犯罪被害救援基金（http://kyuenkikin.or.jp/）について情報提供を行っている。

同基金においては、昭和56年5月の設立以降、令和5年3月末までに2,182人の犯罪被害遺児を奨学生として採用し、総額約28億8,745万円の奨学金を給与している。また、平成20年12月から、基本法の趣旨を踏まえ、現に著しく困窮している犯罪被害者等であって、社会連帯共助の精神にのっとり特別な救済を図る必要があると認められる者に対して支援金を支給する事業を実施しており、令和5年3月末までに、現に著しく困窮している犯罪被害者等4人及び海外における殺傷事件の被害者等6人に、総額約2,250万円の支援金を支給している（損害賠償請求制度に関する情報提供の充実については、P3【施策番号3】参照）。

○　海上保安庁においては、ウェブサイト（https://www.kaiho.mlit.go.jp/questions/hanzaihigai/shien.html）において犯罪被害者等のための制度について周知するとともに、犯罪被害者等支援に係る業務を専門的かつ総合的に取り扱う警務管理官の指導の下、犯罪被害者等支援主任者に指名された海上保安官が、関係機関との連携、情報提供等を行っている。

⑷⑶ 刑事に関する手続等に関する情報提供の充実

【施策番号 221】

ア　P59【施策番号 139】参照

【施策番号 222】

イ　P60【施策番号 141】参照

⑷⑷ 性犯罪被害者による情報入手の利便性の向上

【施策番号 223】

都道府県警察においては、性犯罪被害者から被害相談等を受けるための性犯罪被害相談電話窓口の設置、相談室の整備等を推進し、性犯罪被害者による情報入手の利便性の向上を図っている。全ての都道府県警察本部において、女性警察官等による性犯罪被害相談電話の受理体制及び相談室が整備されており、平成29年8月には、性犯罪被害者がより相談しやすいよう、都道府県警察の性犯罪被害

手記　警察職員による被害者支援手記

警察においては、毎年、犯罪被害者等支援に関する警察職員の意識の向上と国民の理解促進を図ることを目的に、犯罪被害者等支援活動に当たる警察職員の体験記を広く募集し、優秀な作品を称揚するとともに、優秀作品を編集した「警察職員による被害者支援手記」を刊行し、これを広く公開している（警察庁ウェブサイト「警察職員による被害者支援手記」：https://www.npa.go.jp/higaisya/syuki/index.html 参照）。

令和４年度優秀作品の中の一つを紹介する。

●未来へ繋ぐ架け橋

警察本部勤務　警部補

「○○高校、合格しました！」

これは、交通事故により妹を失い、自身も大怪我を負った兄の○年後の言葉である。

当時、犯罪被害者支援室に勤務していた私は、その日午後○時頃、事故の第一報を受けた。しかし、それは「小学生の列に多重衝突された車が突っ込み負傷者多数。現在、病院に搬送中。重傷者もいる模様」というだけで、詳細は全くわからなかった。

私は、すぐさま発生署に向かったが、その道中、遺族講演で聞いたことのある死傷者多数を出した交通事故現場のすさまじい状況が頭を過った。「混乱した状況下で、どんな体制で何を優先して動けばいいんだろう。」考えがまとまらず、四十分程の道のりがとても短く感じた。

そして、警察署に着いた私は、この事故がどれほどの事故かということを思い知らされることとなった。署の玄関付近には、既に多くの報道機関が押し寄せ、署内の動向を探っていた。無線台には警察官が溢れ、情報が飛び交うものの、発生から一時間を超えているにもかかわらず、衝突した車が何台なのか、被害児童が何人いるのかも掌握できていない状況であった。ただ、兄妹で事故に遭った○年生の女児が意識不明の重体ということだけは間違いのない事実であった。

そんな中、ある警察官から「意識不明の女児の両親は兄が運ばれた病院におり、妹のことは何も知らない模様」との報告があった。

私はすぐに上司に「両親を妹の病院に搬送しますが、まずは電話でこの状況を伝えるべきだと思います。」と進言した。過熱する報道下で、遺族が最初に報道から悲惨な事実を知ることだけは絶対に避けなければならないと思ったからだ。

私は車を走らせながら母親に電話をし、「娘さんが重篤な状態です。病院へお連れするので、そこで待っていてください。」と伝えた。しかし、その直後、私の電話に最悪な知らせが入ってきたのだ。

病院に着くと、事故の被害者家族と思われる多くの人がフロアーにごった返していたが、女児の母親が誰なのかはすぐにわかった。私からの電話を受け、立つこともできず車椅子でうな垂れた状態で玄関にいたのだ。

そんな中、私は最愛の娘の死を伝えなければならなかった。

その後、重傷の兄を親戚に任せ、両親と共に悲しみが待つ病院に向かった。病院の待合室では、女児の祖父が血だらけのランドセルを抱きしめながら肩を震わせていた。その状況を目の当たりにした両親はその場に泣き崩れた。そして、娘と対面すると、廊下にまで、家族の泣き声、嗚咽が響き渡り、私は胸が張り裂けそうな気持ちになった。

第４章

私は今まで、多くの事件の支援を担当し、自分の中で、「こういった場合はこう対応する。これをしたら次はこれをする。」といったマニュアルが頭の中に入っているような気持ちになっていた。しかし、この時は、自分が次にどう動いたらいいのか、どんな声掛けをしたらいいのか、頭に浮かぶどころか、目が熱くなり手足が震えていた。

ご遺体を一旦ご自宅に安置させた後、私は家族と共に、兄が入院している病院へ向かった。何も知らない兄に、妹の死を伝えるためだった。妹の死を知った兄は、最初は泣いていたものの、葬儀場では、家族と普通に会話をし、車椅子をうまく操作できないことを笑ったりもしていた。私は、この様子がショックを隠して気丈に振舞っているのだとわかりながらも、私自身が、どこかその表情に救われているのも事実だった。

しかし、彼がどれ程苦しんでいたのか、私は知らずにいたのだ。

当時、事故に関わった被害者は、車の関係者を含めると二十人を超えていた。そんな中、心の不調を訴える人は、ご遺族だけではなかった。自分の体が痛いにも関わらず、一緒に帰っていた友人の死を受け止めることができず心を病んでいく児童、それを取り巻く家族についても支援をしなければならなかった。

私は、公費負担制度により、多くの民間のカウンセラーにカウンセリングを依頼し、支援対象者に適した環境を整備するとともに、送迎もできる限り行った。その結果、少しずつではあるが、それぞれが事故前の普通の生活に近付いている状況が窺えた。それは、亡くなった女児の兄も同じであった。

カウンセリングの送迎の際、聞く言葉は、学校の楽しい日常が多く、サッカーで日焼けした笑顔に曇りを感じることはなく、私は安堵するとともに、いつの間にか達成感すら感じていた。

兄が精神的に回復に向かっていると認められたことや、当時、カウンセリングの公費負担については一年が期限だったため、カウンセリングの打ち切りの時期についても検討が進められることになった。しかし、カウンセラーからは「今でも妹の話は全くしない。そこに話を向けるとはぐらかされてしまう。」と聞かされた。また、兄は地元の中学校ではなく、隣町の中学校への進学を選択していた。

心が苦しくなった。私は、兄の表面的な部分を見ただけで、本当の心には全く近付けていなかった。いや、知ろうとしていなかった。だから、色々なところで出していた小さなサインを、私は見逃していたのだ。私はすぐに、兄と二人で話をする時間を作った。兄は、この時も不安や悲しい気持ちは一切口にしなかったが、カウンセリングを止めるとは一言も言わなかった。私は、これが小学生にできる精一杯の心の叫びなのだと感じた。

そこで私は、市の被害者支援担当者、県と市の保健師、市の教育委員会、小学校の校長や担任、進学する中学校の校長、担任、部活動の顧問、そして兄を一年間見てきたカウンセラー、更には被害者支援弁護士にも集まってもらい、兄の支援について協議を行うこととした。

彼らの多くとは、事故発生当時から、積極的に連携を図り、情報を共有しており、私にとっては行動を起こす際の心の支えであった。その中で出た答えは、市の教育委員会が予算を取り、引き続きカウンセリングを継続するというものであった。大勢の人の「兄に何とか安心して楽しい中学生活を送らせてあげたい。」という気持ちが導いた答えだった。

兄のカウンセリングは中学を卒業するまで続いた。カウンセラーからは、警察の制度外で行われているものの、兄の状況は定期的に私の元に届いた。回数を重ねる毎に、妹の話をするようになり、当時の辛かったことを話してくれるようにもなったと聞いた。

妹を守ってやれなかった自責の思い。「将来の夢」という作文を書きながら、自分が今生きていることが何より苦しかったこと。そして、後ろから突然車に撥ね飛ばされ、痛みに苦しみながら段々と意識が無くなっていく妹の姿が今もなお頭から離れないこと。

　涙が止まらなかった。苦しくてたまらなかった。私は、兄に何ができたのだろうと思いながら、○回目の命日が過ぎていった。
　そして今年三月「○○高校、合格しました！」
　思いもしない連絡だった。後悔ばかりの自分なのに、何もわかってあげられなかった自分なのに、それなのに連絡をしてきてくれた。両親からは「カウンセリング、高校に行っても続けられることになったんです。警察が最初に繋げてくれたから、あの子の安心がこれからも続くんです。」と言われた。高校からは、新たなカウンセラーの元で、前に進むこととなるらしい。周囲の人が今もなお、支援を繋げている現状を知り、少しだけ救われた気持ちになった。
　私は今回初めて、死傷者多数の事故を担当し、当初は慌ただしさの中、やるべきことを着実にこなすという状況だったが、時間の経過とともに、自分で解決できることが少なくなり、日々、無力感を感じるようになった。支援自体が、荷が重く、自分にできる事など何もないと感じ、無気力になった時もあった。
　しかし今回、多くの方から「警察が真ん中で調整してくれたから、私たちは安心して動けた。」と言ってもらえた。警察が被害者やご遺族を支援するためにコーディネーター役となり、関係機関に橋渡しすることで、ご遺族にとって未来に繋がる架け橋となり、今を支えていると気付くことができた。
　警察だけでできる支援は、やはり限界がある。そんな中、数年経った今でも支援が継続しているのは、事故発生当初から地域にあるネットワークに移行できるよう行政を巻き込み、情報を共有し、全員が心を寄せてきたからである。
　私は、これから先、後悔のない支援ができるよう公認心理師の受験にチャレンジした。今後、どの分野で仕事をしようが、このご遺族との出逢いを、そして、警察だけでなく多くの人たちで繋げた支援を、私は忘れることはないだろう。

相談電話につながる全国共通番号「＃8103（ハートさん）」の運用を開始した。令和元年度には、全国共通番号の24時間対応化及び無料化を行うなど、性犯罪被害者が相談しやすい環境の一層の整備に努めている。
　また、事件化を望まない性犯罪被害者に対しても、民間被害者支援団体が提供し得る支援の内容、当該被害者の秘密が守られること等を十分に説明した上で、当該被害者の同意を得て、その連絡先や相談内容等を犯罪被害者等早期援助団体※に情報提供するなど、性犯罪被害者が早期に民間被害者支援団体による支援を受けやすくなるよう努めている。

性犯罪被害相談電話
シャープ　ハートさん
#8103
（発信場所を管轄する都道府県警察の性犯罪被害相談電話につながります。）
あなたの心に寄り添いたい
ひとりで悩まずに
まずは相談して
みませんか
相談してね！
●緊急を要する場合は、110番通報をお願いします。
●土日・祝日及び執務時間外は、当直で対応します。
●相談される方の電話の種類によっては、つながらない場合があります（一部のIP電話等）。
犯罪被害者等支援
シンボルマーク
「ギュっとちゃん」
警察庁
National Police Agency
性犯罪・性暴力で悩んでいる方へ【全国共通番号】
#8891
性暴力に関する SNS 相談
Cure time（キュアタイム）

※　犯罪被害者等給付金の支給等による犯罪被害者等の支援に関する法律第23条の規定に基づき、犯罪被害等の早期軽減に資する事業を適正かつ確実に行うことができると認められるものとして、都道府県公安委員会が指定した非営利法人

⑷⑸ 自助グループの紹介等

【施策番号 224】

警察においては、犯罪被害者等の要望を踏まえ、相談対応や支援等の機会を通じ、又は犯罪被害者等の援助を行う民間の団体を介し、犯罪被害者等に自助グループを紹介している。

⑷⑹ 犯罪被害者等施策に関するウェブサイトの充実

【施策番号 225】

警察庁においては、犯罪被害者等施策に関する関係法令、相談機関、総合的対応窓口等の情報や犯罪被害者白書の英語版（概要版のみ）を警察庁ウェブサイト「犯罪被害者等施策」（https://www.npa.go.jp/hanzaihigai/index.html）に掲載するとともに、同ウェブサイトの掲載方法を工夫するなどして、その内容の充実を図っている。

また、警察庁公式ツイッター（https://twitter.com/NPA_KOHO）を活用し、犯罪被害者等施策に関する情報提供を行っている。

⑷⑺ 海外における邦人の犯罪被害者等に対する情報提供等

【施策番号 226】

在外公館においては、現地警察への犯罪被害の届出に関する助言、弁護士・通訳のリストの提供、医療機関に関する情報提供、本人が自ら連絡できない場合における家族との連絡の支援、緊急移送に関する助言、遺体の身元確認に関する支援等を行っている。

外務省においては、海外における邦人の犯罪被害を未然に防止するとともに、被害に遭った場合の対処方法について周知するため、「～海外旅行のトラブル回避マニュアル～海外安全虎の巻」を毎年改訂し、全国の旅券事務所、旅行会社、関係団体等に配布するとともに、「海外安全ホームページ」（https://www.anzen.mofa.go.jp/pamph/pdf/toranomaki.pdf）及び海外安全アプリ※にも掲載するなど、海外における邦人の犯罪被害に関する情報を分かりやすく発信するとともに、国民が渡航前にこれらの情報に接する機会の増加を図っている。令和３年中に在外公館及び公益財団法人日本台湾交流協会が取り扱った、海外における邦人の犯罪被害に係る援護件数・援護人数は、713件・815人であり、「窃盗被害」（343件・377人）が最も多く、「詐欺被害」（187件・198人）、「傷害・暴行被害」（60件・81人）の順で続いている。

警察庁においては、外務省と連携し、海外における邦人の犯罪被害に関する情報収集を行っている。

都道府県警察においては、関係機関・団体と連携し、帰国する犯罪被害者等や日本国内の遺族等に対し、国外犯罪被害弔慰金等支給制度の裁定申請に係る教示、国内における支援に関する情報提供、空港等における帰国時の出迎え等の支援に努めている。

海外安全虎の巻

提供：外務省

※　邦人旅行者や在留邦人に海外安全情報を提供するための外務省公式アプリで、滞在国や周辺国・地域の危険情報や現地の最新情報を入手することができるもの。

令和３年中に在外公館等が取り扱った
邦人の犯罪被害援護件数・援護人数

件名	件数	人数
殺人	11	17
傷害・暴行	60	81
強姦・強制わいせつ	9	13
脅迫・恐喝	16	21
強盗・強奪	53	68
窃盗	343	377
詐欺	187	198
テロ	0	0
誘拐	1	1
その他	33	39
合計	713	815

提供：外務省

⑷⑻　被害が潜在化しやすい犯罪被害者等に対する相談体制の充実及び理解の促進

【施策番号 227】

警察においては、全国統一番号の警察相談専用電話（「＃ 9110」番）や性犯罪被害相談電話につながる全国共通番号「＃ 8103（ハートさん）」を設置するなど、相談体制の充実に努めている。また、警察庁主催の令和４年度「犯罪被害者週間」中央イベント・パネルディスカッションにおいて、「潜在化しやすい犯罪被害への支援 ～こども達の心の声に耳を傾ける～」をテーマに､こどもが被害に遭った場合の特徴やその支援の在り方等について議論が行われ、自ら被害を訴えることが困難なため被害が潜在化しやすい犯罪被害者等への理解を呼びかけた（P116 トピックス「犯罪被害者週間」参照）。

法務省の人権擁護機関においては、法務局の人権相談窓口のほか、社会福祉施設等における特設相談所において、法務局の職員や人権擁護委員が犯罪被害者等からの人権相談に応じている。また、犯罪被害者等であるこどもからの人権相談については、専用相談電話「こどもの人権 110 番」を設置し、人権侵害を受けたこどもが安心して相談することができる環境の整備を図るとともに、令和４年８月 26 日から９月１日までの１週間を「全国一斉「こどもの人権 110 番」強化週間」とし、相談を受け付ける時間を延長するなどして、こどもの人権問題に関する相談体制の充実に努めている。

さらに、教職員や保護者等の身近な者に相談することができないこどもの悩みを的確に把握し、学校や関係機関と連携して様々な人権問題に対応できるよう、同年５月下旬から７月上旬にかけて、全国の小・中学校の児童生徒全員に「こどもの人権ＳＯＳミニレター」を配布するとともに、法務省ウェブサイト上に「インターネット人権相談受付窓口（ＳＯＳ－ｅメール）」（https://www.jinken.go.jp/kodomo）を設置し、インターネットを通じてパソコン、携帯電話及びスマートフォンからいつでも相談を受け付ける体制を整備するなど、相談体制の充実・強化を図っている。

加えて、若年層が人権相談にアクセスしやすくなるよう、ＳＮＳを活用した人権相談体制の整備を進めている。

女性の犯罪被害者等からの人権相談については、専用相談電話「女性の人権ホットライン」を設置するとともに、同年 11 月 18 日から同月 24 日までの１週間を「全国一斉「女性の人権ホットライン」強化週間」とするなど、相談体制の充実・強化に努めている。

このほか、日本語を自由に話すことが困難な外国人等からの人権相談については、全国 50 か所全ての法務局において「外国人のための人権相談所」（約 80 の言語による人権相談に対応）を設けるとともに、「外国語人権相談ダイヤル」及び「外国語インターネット人権相談受付窓口」（英語・中国語・韓国語・フィリピノ語・ポルトガル語・ベトナム語・ネパール語・スペイン語・インドネシア語・タイ語の 10 言語による人権相談に対応）を設置し、外国人の犯罪被害者等にも対応できる体制を整備している。

なお、令和４年における犯罪被害者等に関する人権相談の件数は、70 件（前年：44 件）であった。

また、犯罪被害者等の人権に対する配慮と保護を図るため、「犯罪被害者やその家族の人権に配慮しよう」を強調事項の一つとして掲げ、啓発冊子の配布等の人権啓発活動を実施している。

法テラスにおいては、犯罪被害者支援ダイヤルにより、匿名での相談にも対応できる体制を整備しているほか、女性弁護士による支援を希望する犯罪被害者等のニーズに応えるため、弁護士会等と連携し、全ての都道府県において、女性の犯罪被害者支援の経験や理解のある弁護士（精通弁護士）を複数人確保しており、令和5年4月現在、その数は計986人（前年：971人）である。

内閣府においては、若年層等の性暴力被害者が相談しやすいよう、性暴力に関するＳＮＳ相談「Cure time（キュアタイム）」を実施している。

（文部科学省における取組については、P28【施策番号53】を参照）

2 調査研究の推進等（基本法第21条関係）

(1) 犯罪被害者等の状況把握等のための調査の実施

【施策番号228】

警察庁においては、犯罪被害者等が置かれている状況等を把握するため、平成30年1月、「犯罪被害類型別調査」を実施した。令和5年度中に次回調査を実施予定であり、当該調査に向けた検討を行っている。

(2) 配偶者等からの暴力等の被害者への支援実態等の調査の実施

【施策番号229】

内閣府においては、3年に一度を目途に、配偶者等からの暴力事案の被害経験等、男女間における暴力による被害の実態把握に関する調査を実施している（直近は令和2年度に実施。これまで実施した調査の結果等は、内閣府ウェブサイト（https://www.gender.go.jp/policy/no_violence/e-vaw/chousa/h11_top.html）を参照）。

また、性犯罪・性暴力被害者のためのワンストップ支援センターにおける被害者支援状況等の調査を実施している（令和元年度に実施。調査結果等は、内閣府ウェブサイト（https://www.gender.go.jp/policy/no_violence/e-vaw/chousa/pdf/r02_houkoku.pdf）を参照）。

(3) 法務省における犯罪被害の動向・犯罪被害者等施策に関する調査の実施

【施策番号230】

法務省においては、例年、犯罪による被害の統計や、刑事手続において犯罪被害者等が関与する各種制度の実施状況等の調査結果を犯罪白書に掲載している（法務省ウェブサイト：https://www.moj.go.jp/housouken/houso_hakusho2.html）ほか、犯罪被害の動向を正確に把握するため、平成30年度に第5回犯罪被害実態（暗数）調査を実施し、その分析結果を法務総合研究所研究部報告として公表している（法務省ウェブサイト：https://www.moj.go.jp/housouken/housouken03_00019.html）。

犯罪被害者の特性に応じた被害実態の調査・分析として、令和5年度から、第6回犯罪被害実態（暗数）調査を実施するほか、精神に障害を有する犯罪被害者に関する刑事確定記録の分析等の調査を実施する予定であり、令和5年6月現在、これらの調査・分析の実施に向けた準備を行っている。

(4) 犯罪被害者等のメンタルヘルスに関する調査研究の実施

【施策番号231】

厚生労働省においては、平成17年度から

３か年計画で、厚生労働科学研究で「犯罪被害者の精神健康の状況とその回復に関する研究」を行い、平成19年度には、精神科医療機関における犯罪被害者等の治療を促進するための提言を取りまとめ、平成20年度には、「犯罪被害者等支援のための地域精神保健福祉活動の手引」（http://victims-mental.umin.jp/pdf/shiryo_tebikizenbun.pdf）を精神保健福祉センターに配布した。

また、同年度から３か年計画で、厚生労働科学研究で「大規模災害や犯罪被害等による精神科疾患の実態把握と介入手法の開発に関する研究」を行い、その結果を踏まえ、平成23年度からは３か年計画で「大規模災害や犯罪被害等による精神疾患の実態把握と対応ガイドラインの作成・評価に関する研究」を行うとともに、平成24年度には、「犯罪被害者に対する急性期心理社会支援ガイドライン（平成25年２月初版）」（http://victims-mental.umin.jp/pdf/shiryo_guideline.pdf）を作成した。

さらに、平成24年度には、産婦人科、犯罪被害者等早期援助団体、性暴力被害者支援センター等において活用できるよう、性暴力被害者に心理教育や支援情報を提供するためのパンフレット「一人じゃないよ」（http://victims-mental.umin.jp/pdf/shiryo_hitorijanaiyo.pdf）を作成した。

これらの手引、ガイドライン及びパンフレットは、「犯罪被害者のメンタルヘルス情報ページ」（http://victims-mental.umin.jp/）に掲載されている。

⑸　児童虐待防止対策に関する調査研究の実施

【施策番号232】

厚生労働省（令和５年度からはこども家庭庁）においては、児童虐待防止対策に関する必要な調査研究を実施しており、令和４年度は、「児童相談所における虐待による乳幼児頭部外傷事案における安全確保策に関する調査研究」等を実施した。

⑹　警察における犯罪被害者等支援に携わる職員等への研修の充実

【施策番号233】

P49【施策番号107】参照

⑺　被害少年の継続的な支援を行う警察職員の技能修得

【施策番号234】

警察においては、都道府県警察の少年サポートセンター等において被害少年の継続的な支援を行う少年補導職員等に対し、公認心理師の資格を有する部内職員等によるカウンセリングの技法に関する研修等を実施しているほか、公認心理師の資格の取得に向けた支援体制の充実に努めた。

また、大学の研究者、精神科医、臨床心理士等の部外の専門家を被害少年カウンセリングアドバイザーとして委嘱し、犯罪被害を受けた児童の支援を担当する少年補導職員等が専門的な助言を受けることができる体制を整備している。

⑻　法務省における犯罪被害者等支援に関する研修の充実等

【施策番号235】

ア　P50【施策番号112】参照

【施策番号236】

イ　P50【施策番号114】参照

⑼　学校における相談対応能力の向上等

【施策番号237】

P28【施策番号53】参照

⑽　虐待を受けた子供の保護等に携わる者の研修の充実

【施策番号238】

厚生労働省（令和５年度からはこども家庭庁）においては、児童虐待事案に対応する児童福祉施設、児童相談所、市区町村等の体制を強化するため、児童福祉司、児童心理司、市区町村の職員等に対する研修の充実等を図っている。特に、虐待を受けたこどもの

第４章

保護等に携わる職員等に対する研修については、平成28年5月に成立し、平成29年4月に全面施行された児童福祉法等の一部を改正する法律により児童福祉法が改正され、児童相談所の児童福祉司や市区町村の要保護児童対策地域協議会の調整機関に配置される専門職への研修が義務化された。

児童福祉施設、児童相談所、市区町村等の児童虐待事案に対応する機関の幹部職員等に対し、子どもの虹情報研修センターにおいて実践的な知識・技能の習得等を目的とした研修を実施してきたところ、児童虐待事案に対応する職員の専門性の一層の向上を図るため、令和元年度から、全国2か所目の研修拠点である西日本こども研修センターあかしにおいても研修を実施するなど、必要な支援を行っている。

また、指導教育担当児童福祉司は任用された後に研修を受講することとなっているところ、同年6月に成立した児童虐待防止対策の強化を図るための児童福祉法等の一部を改正する法律により児童福祉法が改正され、令和4年4月1日以降に新たに任用される指導教育担当児童福祉司は、任用前に研修を受講することとなった。

厚生労働省においては、これらの取組を通じて、専門人材に対する研修の一層の充実等を図っている。

⑾ コーディネーターとしての役割を果たせる民間支援員の養成への支援等

【施策番号 239】

P80【施策番号 181】参照

⑿ 民間の団体の研修に対する支援

【施策番号 240】

警察、法務省、厚生労働省（こども関係施策につき令和5年度からはこども家庭庁）及び国土交通省においては、犯罪被害者等の援助を行う民間の団体が実施する研修への講師の派遣や会場の借上げ等の支援を行っている。

また、文部科学省においては、犯罪被害者等の援助を行う民間の団体から、同団体が実施するボランティア等の養成や研修への講師の派遣等を依頼された場合には、協力を行うこととしている（P105【施策番号 242、243】参照）。

⒀ 法テラスが蓄積した情報やノウハウの提供

【施策番号 241】

法テラスにおいては、ウェブサイト（https://www.houterasu.or.jp）において、犯罪被害者支援に関係する機関・団体等に関する情報提供を行うとともに、法制度情報を検索できるウェブページを設け、情報提供に努めている。

また、犯罪被害者支援ダイヤル（0120-079714）においては、損害の回復や苦痛の軽減に役立つ情報や、刑事手続に関与するための情報、関係機関・団体の相談窓口情報等を提供するとともに、犯罪被害者支援の経験や理解のある弁護士（精通弁護士）の紹介等を行っている。さらに、法テラスの犯罪被害者支援をインターネット検索した際に、同ダイヤルへたどり着きやすくするための専用ページ（https://www.houterasu.or.jp/lp/higaishashien1）を設けている（P58【施策番号 138】参照）。

このほか、犯罪被害者等支援を行っている関係機関・団体や弁護士会等と連携し、法テラスの支援制度を説明するとともに、意見交換会、事例検討会等を実施している。

3 民間の団体に対する援助（基本法第 22 条関係）

(1) 民間の団体に対する支援の充実

【施策番号 242】

ア　警察においては、民間被害者支援団体が実施する研修への講師の派遣や会場の借上げ等の支援を行っているほか、同団体の活動支援に要する経費並びに直接支援業務、相談業務、性犯罪被害者支援業務及び犯罪被害者等支援に関する理解の増進に係る業務の委託に要する経費を予算措置し、同団体に対する財政援助を行っている。

厚生労働省（こども関係施策につき令和５年度からはこども家庭庁）においては、児童虐待事案の防止及び配偶者等からの暴力事案の被害者等の支援について、犯罪被害者等の援助を行う民間の団体が実施している広報啓発活動等に対する支援を行っている。

また、平成 28 年５月に成立した児童福祉法等の一部を改正する法律による改正後の児童虐待の防止等に関する法律に基づき、児童虐待事案の再発防止を図るため、こどもの入所措置等を解除する際に、保護者への指導・カウンセリングやこどもの定期的な安全確認等を特定非営利活動法人等に委託できるようにするなど、児童虐待事案への対応における児童相談所と犯罪被害者等の援助を行う民間の団体の連携を推進している。

令和４年度予算では、様々な困難な問題を抱えた若年女性を対象に、アウトリーチからの相談対応・居場所の提供・自立に向けた支援に取り組むＮＰＯ法人等の民間団体による対応を支援する「若年被害女性等支援事業」について、夜間における支援体制の確保や自立支援の実施のための支援人員の増員等、体制強化を図った。

【施策番号 243】

イ　法務省及び国土交通省においては、犯罪被害者等の援助を行う民間の団体の活動に関する広報、研修への講師の派遣、会場の借上げ等の支援を行っている。

文部科学省においては、犯罪被害者等である児童生徒及び学生への犯罪被害者等の援助を行う民間の団体による支援について、広報、研修への講師の派遣、会場の借上げ等の支援の要請がなされた場合に協力を行うとともに、協力事例を広報することにより、同団体への協力の充実を図ることとしている。

国による民間被害者支援団体に対する財政援助

活動支援に要する経費
- ○　全国斉一な被害者支援を行うための意見交換や情報共有
- ○　犯罪被害相談員に対する研修等

国費　約600万円

直接支援業務の委託に要する経費
- ○　犯罪被害者直接支援員の委嘱
- ○　犯罪被害者直接支援員に対する研修

都道府県警察費補助金　約4,600万円

相談業務の委託に要する経費
- ○　犯罪被害相談員の委嘱
- ○　犯罪被害相談員に対する研修

都道府県警察費補助金　約１億2,000万円

性犯罪被害者支援業務の委託に要する経費
- ○　性犯罪被害者に対する直接支援業務
- ○　性犯罪被害者に対する相談業務

都道府県警察費補助金 約5,000万円

被害者支援に関する理解の増進等に係る業務の委託に要する経費
- ○　各種広報啓発活動の企画立案・管理運営

都道府県警察費補助金 約4,600万円

令和５年度　約２億6,800万円

↓

民間被害者支援団体

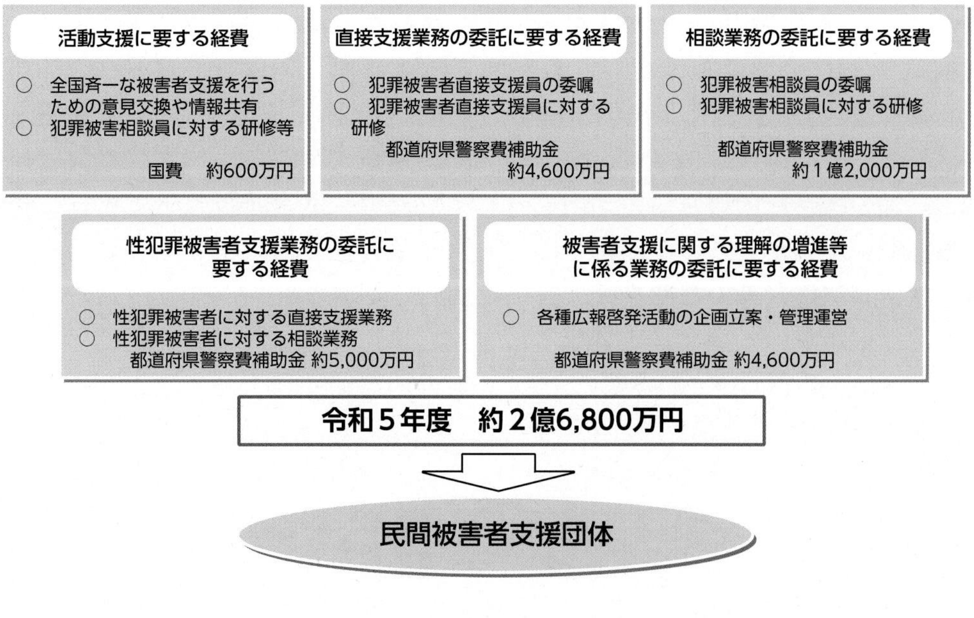

⑵　預保納付金の活用

【施策番号 244】

P12【施策番号 18】参照

⑶　犯罪被害者等の援助を行う民間の団体の活動への支援等

【施策番号 245】

警察庁においては、犯罪被害者等の援助を行う民間の団体が主催するシンポジウムや講演会のうち、その意義に賛同できるものについては、その効果の波及性等も踏まえつつ後援している。令和４年度は、特定非営利活動法人いのちのミュージアムが主催する「生命のメッセージ展」、犯罪被害者団体ネットワーク（ハートバンド）が主催する「犯罪被害者週間全国大会 2022」及び一般社団法人公認心理師の会が主催する「被害者支援研修」を後援した。

また、「犯罪被害者等施策情報メールマガジン」について、犯罪被害者等の援助を行う民間の団体で希望するものに対しても配信を行っており、関係府省庁や民間団体等による犯罪被害者等のための新たな制度や取組等に関する情報提供を行っている。

⑷　犯罪被害者等の援助を行う民間の団体に関する広報等

【施策番号 246】

警察庁においては、シンポジウム・フォーラムの開催･後援や、警察庁ウェブサイト「犯罪被害者等施策」（https://www.npa.go.jp/hanzaihigai/seifu/dantai_top.html）、警察庁公式ツイッター（https://twitter.com/NPA_KOHO）等の様々な広報媒体の活用を通じ、犯罪被害者等が置かれている状況や警察、関係機関、犯罪被害者等の援助を行う民間の団体等が取り組んでいる犯罪被害者等支援に関する広報啓発活動を行っている。

また、内閣府と連携し、政府広報オンラインに「決して他人ごとではありません。犯罪被害者を支えるには？」と題する記事（https://www.gov-online.go.jp/useful/article/201611/3.html）を掲載しているほか、政府インターネットテレビにおいて「他人ごとではありません。犯罪被害に遭うということ。」と題する動画（https://nettv.gov-online.go.jp/prg/prg16427.html）を公開しており、これらの記事等の中で、犯罪被害者等が置かれている状況や当該状況を踏まえた施策実施の重要性等を紹介し、犯罪被害者等に対する国民の理解の増進を図っている。

⑸　寄附税制の活用促進と特定非営利活動促進法の円滑な施行

【施策番号 247】

内閣府においては、市民の自由な社会貢献活動を促進するため、寄附税制の活用促進及び特定非営利活動促進法の円滑な施行・周知に取り組んでいる。同法に基づく各種事務のオンライン化のためのシステムを構築し、稼働を開始した。また、「内閣府ＮＰＯホームページ」（https://www.npo-homepage.go.jp/）等において、犯罪被害者等の援助を行う特定非営利活動法人の情報を含む市民活動に関する情報提供を行っている。

⑹　警察における民間の団体との連携・協力の強化

【施策番号 248】

警察においては、公益社団法人全国被害者支援ネットワークの運営・活動に協力している。また、同ネットワークに加盟している民間被害者支援団体（P184 基礎資料７参照）の運営に関しても、関係機関と連携し、必要な指導・助言を行うとともに、犯罪被害者等支援の在り方に関する意見交換等を積極的に行っている。

特に、都道府県公安委員会が犯罪被害者等早期援助団体として指定した民間被害者支援団体に対しては、犯罪被害者等の同意を得た上で、当該犯罪被害者等の氏名、犯罪被害の概要等について情報提供を行うなど、緊密な連携を図っている。

犯罪被害者等早期援助団体

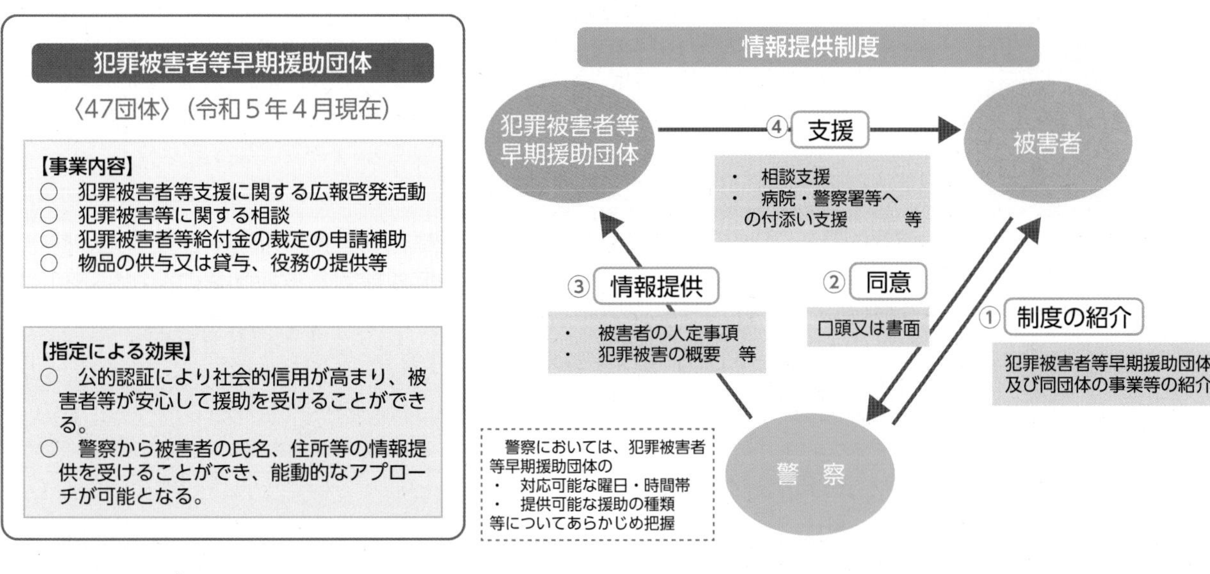

犯罪被害者等早期援助団体
〈47団体〉（令和５年４月現在）
【事業内容】
○ 犯罪被害者等支援に関する広報啓発活動
○ 犯罪被害等に関する相談
○ 犯罪被害者等給付金の裁定の申請補助
○ 物品の供与又は貸与、役務の提供等
【指定による効果】
○ 公的認証により社会的信用が高まり、被害者等が安心して援助を受けることができる。
○ 警察から被害者の氏名、住所等の情報提供を受けることができ、能動的なアプローチが可能となる。
情報提供制度
犯罪被害者等早期援助団体
④ 支援
被害者
・ 相談支援
・ 病院・警察署等への付添い支援　等
③ 情報提供
・ 被害者の人定事項
・ 犯罪被害の概要　等
② 同意
口頭又は書面
① 制度の紹介
犯罪被害者等早期援助団体及び同団体の事業等の紹介
警察においては、犯罪被害者等早期援助団体の
・ 対応可能な曜日・時間帯
・ 提供可能な援助の種類
等についてあらかじめ把握
警　察

⑺　犯罪被害者等早期援助団体に対する指導

【施策番号 249】

都道府県公安委員会においては、民間被害者支援団体のうち、犯罪被害等の早期軽減に資する事業を適正かつ確実に行うことができると認められる団体を、犯罪被害者等早期援助団体として指定しており、令和５年４月現在、全国で計47団体が指定されている。警察においては、犯罪被害者等早期援助団体に対し、犯罪被害者等に適正かつ確実な支援を行うために必要な支援体制及び情報管理体制、職員に課される守秘義務等に関し、情報提供や必要な指導・助言を行っている。

トピックス 民間被害者支援団体における犯罪被害者支援

犯罪被害者等支援に当たっては、個々の犯罪被害者等が抱える様々な事情等に即し、警察等の関係機関・団体等と連携しながらきめ細かな対応を中長期的に行う民間被害者支援団体の存在が不可欠である。

これらの民間被害者支援団体における取組及び支援者の手記を紹介する。

■財政的基盤の充実強化に向けた取組　新商品「もったいない和」、「おみやげ生うどん」

公益社団法人　かがわ被害者支援センター

公益社団法人かがわ被害者支援センターにおいては、安定的財源の確保に向けて、これまでの被害者支援自動販売機の設置やホンデリング等に加え、令和４年度から新たな取り組みとして、事業者が製造販売する商品の売上金の一部を当センターに寄附していただく仕組みの「犯罪被害者支援商品取扱店」の募集を香川県警察の協力のもと実施しました。

その結果、令和４年７月から高松市内の和菓子店の「もったいない和」、令和４年 12 月から香川県のソウルフードの讃岐うどんを製造販売している地元業者の「おみやげ生うどん」をそれぞれ犯罪被害者支援商品として販売し、協力いただけることになりました。

このことは、当センターにとりまして財政的基盤の充実はもとより被害者支援の輪を広げ、社会全体で被害者を支えるという機運の向上にも繋がるものと考えており、引き続き犯罪被害者支援商品の取扱店を広げていくこととしております。

■犯罪被害・交通事故ご遺族の自助グループ　「さくらの会」

公益社団法人　くまもと被害者支援センター

被害者ご遺族の自助グループ「さくらの会」は、罪種を問わない被害者遺族の会です。ご遺族が代表になり運営されている自助グループで、現在、13 世帯、21 名のメンバーが在籍されています。被害者支援センターは会場や担当者の提供などのサポートを行っています。

犯罪被害や交通事件のご遺族が、同じように大切な家族を亡くした方々との語り合いの中で、想いを共有し、安心して語ることにより孤立感を軽減するなど回復の一助となることを目的としています。

定例会では、月に１回、２時間ほど語り合いを行います。被害から長い年月が経った方からまだ日が浅い方、それぞれ色々な気持ちを話して互いに受け止め、情報の交換等をされています。被害経験等のお話だけでなく、時事ニュースや雑談などのたわいないお話で、笑顔がこぼれる場面もあります。

定例会の他は、手記集を不定期で発行したり、研修等での講演や、街頭活動等への参加協力をしたりしています。

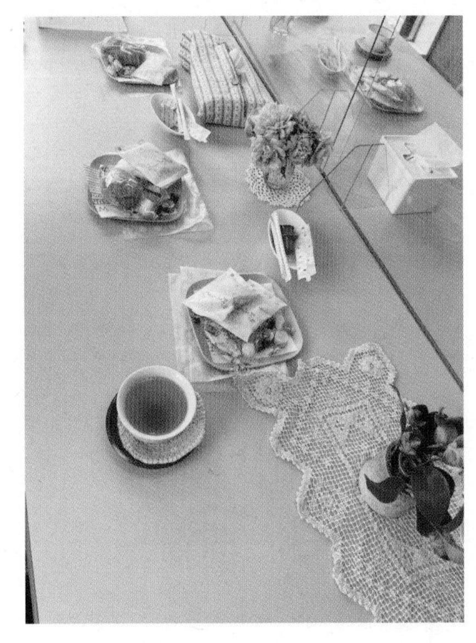

さくらの会は立上げから 15 年が経ちましたが、初回から現在まで殆ど休むことなく定例会を開催しています。時には参加者がおひとりという事もありましたが、長年継続して会が存続し続けているのは、代表の方の会へのお気持ちと、自助グループのメンバーの絆、自助グループでしか話せない、同じ境遇の人にしか分からない気持ちを受け止める会の存在意義、などの理由があるからだと思います。

支援者としては、ご遺族の率直なお気持ちや、時間の経過とともに変わっていく気持ち、時間が経過しても変わらないお気持ちを聞くことができる貴重な時間だと感じています。自助グループへの関わりは、被害者支援を行う上で欠かせないものだと思います。

自助グループがあること、その大切さを日々の活動の中で感じています。

■支援者の手記　「被害者・ご遺族から受け取った大切なもの」

公益社団法人　ぎふ犯罪被害者支援センター
堀内 美加代

「幸福の形はいつも同じだが、不幸の形はそれぞれ違う」

歳を重ねるにつれ、なるほどなと思う言葉です。

私はよく本を読む子どもでした。生き辛かったので、人の苦しみについて知りたいと思っていました（楽しい本もたくさん読みましたけれど）。人が何をどのように苦しみ、どのように救われていくのか知りたかったのです。事件・事故・災害に遭われた方や、そうした人に関わり支える人達の本をたくさん読み感じたことは、なるほど人の苦しみは形も手触りもそれぞれに違う。でも、共通しているのは、社会として苦しむ人を支える制度や理解が、この国には足りないということでした。

民間の犯罪被害者支援センターがあり、自分も支援員として活動できる道があると知ったのは、地方紙に掲載されていた記事を読んで。即座に養成講座に申し込みました。12年前のことです。

支援員となった私は、相談電話を取れば「いま笑ったでしょう!?」と怒らせ、不用意に被害者の体に触れては怖がらせ、「皆さんそうみたいですよ」と言っては「他の人と一緒にしないで」と叱られ…。脇の甘い私は、被害者・ご遺族からお叱りを受けることも多く、思い返せば赤面することばかりです。

内部研修や外部研修、また先輩方に、たくさんのことを教えていただきました。それでも、相談員となった今、お叱りも含めて、被害者・ご遺族から教えていただいたことが、何より血肉になっていると感じています。

大切な人を失って悲嘆のどん底にうずくまっても、やがてまた立ち上がって歩き始める。亡くなった人を忘れることなく、その存在と対話しながら精いっぱいの選択をする。そうやって、投げ出すことのできない人生を、どうにかして取り戻そうと奮闘する、その姿を垣間見せていただきながら、人として大切なものを受け取っているなと感じることが、しばしばあります。

被害者支援に携わる歳月を重ねるにつれ、お役に立てることは本当にわずかばかりのことしかないのだと悟るようになりました。なぜなら、被害者・ご遺族が心から望んでいるのは、「傷ついた心や体、失った命を元に戻してほしい」ということなのですから。自分にできることは、目の前にいる人の苦しみに目を凝らすこと、その痛みや悲しみの手触りを懸命に想像すること。何かサポートを求められたときのために、知識やスキルを研鑽すること。そして、「被害者」として生きるだけではないその人の人生全体を、見つめることなのかなと考えています。

私は今、令和3年度から始まったＬＩＮＥ相談の担当者として、子どもや若い人からの相談を受けています。様々な困難を抱える相談者が、匿名で驚くような話を聞かせてくれます。「ＬＩＮＥだから誰にも言えなかったことを話せる」という人達に、力になりたい大人がここにいることを伝えるにはどうすれば良いのか、試行錯誤中。少しずつ、電話をかけて来てくれる人が現れ、面接につながり、加害者が警察に逮捕されるケースも出てきて安堵しています。

「被害者支援」は決して特別なことではない。なぜなら、「被害者」は特別な人ではないのだから。最近、そう感じるようになりました。自分が明日「被害者」になったとしても何の不思議もないのだから、「支援していただく」などと感じなくても良いサポートができればいいなと思っています。

第5章

国民の理解の増進と配慮・協力の確保への取組

第5章

国民の理解の増進と配慮・協力の確保への取組

1 国民の理解の増進（基本法第20条関係）

⑴ 学校における生命のかけがえのなさ等に関する教育の推進

【施策番号 250】

文部科学省においては、平成30年度から小学校で、令和元年度から中学校で、それぞれ「特別の教科　道徳」が全面実施されたことを踏まえ、児童生徒が生命の尊さや大切さについて自らの考えを深められるような指導の充実を図っている。

また、警察庁が公開している犯罪被害者等に関する啓発教材について、文部科学省ウェブサイト（https://www.mext.go.jp/a_menu/shotou/jinken/sankosiryo/1322248.htm）において紹介している。

さらに、生命及び自然を尊重する精神等を養うことを念頭に、児童生徒の健全育成を目的とした、小・中学校、高等学校等における２泊３日以上の宿泊体験活動を支援している。

⑵ 学校における犯罪被害者等の人権問題を含めた人権教育の推進

【施策番号 251】

文部科学省においては、「人権教育・啓発に関する基本計画」（平成14年3月15日閣議決定。平成23年4月1日一部変更）を踏まえ、学校・家庭・地域社会が一体となった総合的な取組や、学校における指導方法の改善について実践的な研究を行う人権教育研究推進事業を実施している。

また、都道府県教育委員会等の人権教育担当者を集めた人権教育担当指導主事連絡協議会を開催するとともに、独立行政法人教職員支援機構において人権教育推進研修を実施している。

社会教育については、中核的な役割を担う社会教育主事の養成講習や、現職の社会教育主事等を対象とした研修等において、人権問題等の現代的課題を取り上げ、指導者の育成及び資質の向上を図っている。

⑶ 学校における犯罪被害者等に関する学習の充実

【施策番号 252】

文部科学省においては、平成18年5月に「児童生徒の規範意識を育むための教師用指導資料（非行防止教室を中心とした取組）」を作成して学校・教育委員会等に配布するとともに、警察と連携し、同資料を活用して非行防止教室の開催を推進するなど、犯罪被害者等に関する学習の充実を図っている。

⑷ 子供への暴力抑止のための参加型学習への取組

【施策番号 253】

文部科学省においては、「児童生徒の規範意識を育むための教師用指導資料（非行防止教室を中心とした取組）」を活用した非行防止教室の開催をはじめ、こどもへの暴力抑止のための参加型学習の取組を推進している。

⑸ 性犯罪・性暴力対策に関する教育の推進

【施策番号 254】

P113トピックス「子供たちを性犯罪・性暴力の加害者・被害者・傍観者にさせないための「生命（いのち）の安全教育」について」参照

⑹ 家庭における生命の教育への支援の推進

【施策番号 255】

文部科学省においては、各地域で実施して

子供たちを性犯罪・性暴力の加害者・被害者・傍観者にさせないための「生命（いのち）の安全教育」について

性犯罪・性暴力は、被害者の尊厳を著しく踏みにじる行為であり、その心身に長期にわたり重大な悪影響を及ぼすものであることから、その根絶に向けた取組や被害者支援を強化していく必要があります。

そのため、文部科学省では、子供たちを性犯罪・性暴力の加害者・被害者・傍観者にさせないための「生命（いのち）の安全教育」を推進しており、幼児期・小学校・中学校・高校の各段階に応じて授業等で活用できる教材や指導の手引き、大学生・一般向けの啓発資料等を公表しています。

また、文部科学省では、上述の教材等を活用したモデル事業を実施しています。令和３年度のモデル事業では 13 団体（49 校）、令和４年度は 20 団体（55 校）の各実践校において指導モデルを作成し、その普及や展開を図るための取組を行いました。

令和４年度は、教員向け研修動画の公開及び児童生徒向け動画教材の活用等を周知するとともに、全国の指導事例を取りまとめるなどの取組を進めました。さらに、生徒指導提要（令和４年 12 月改訂版）では、新たに、性犯罪・性暴力に関する対応について、生徒指導の観点から整理し、課題未然防止教育として「生命（いのち）の安全教育」の実施が位置付けられました。令和５年度においては、生命（いのち）の安全教育全国フォーラムを開催し、生命（いのち）の安全教育の全国展開の加速化を図ることとしています。

「生命（いのち）の安全教育」の教材・指導の手引き等や、モデル事業の取組は文部科学省ホームページから御確認いただけます。（文部科学省ウェブサイト：https://www.mext.go.jp/a_menu/danjo/anzen/index.html）

生命（いのち）の安全教育教材動画

幼児期　小学校（低・中学年）　小学校（高学年）　中学校　高校

ぷーるにはいるとき、みずぎをきるのはなぜかな？

ほかの人の水着でかくれるところもたいせつで、見たり、さわったりしないようにしよう

たかぽん

性暴力の例【デートDV】

性的暴力

教員向け研修動画

校内研修シリーズ

子供を性犯罪・性暴力の加害者・被害者・傍観者にしないための「生命（いのち）の安全教育」について

文部科学省 総合教育政策局
男女共同参画共生社会学習・安全課
安全教育調査官

森本 晋也

実践校における取組風景

いる生命の尊さや大切さを実感させる意義等を学ぶための保護者向けプログラムを含め、家庭教育に関する情報を、文部科学省ウェブサイト「子供たちの未来をはぐくむ家庭教育」(https://katei.mext.go.jp/index.html) を通じて提供するなど、地域における家庭教育支援の取組を推進している。

「子供たちの未来をはぐくむ家庭教育」2次元コード

提供：文部科学省

⑺ 犯罪被害者等による講演会の実施

【施策番号 256】

警察においては、教育委員会等の関係機関と連携し、中学生・高校生等を対象とした犯罪被害者等による講演会「命の大切さを学ぶ教室」を平成20年度から開催し、犯罪被害者等への配慮・協力への意識のかん養に努めており、令和4年度は全国で計941回開催した。

また、同教室の効果の向上を図るとともに、犯罪被害者等への理解と共感を深めるため、平成23年度から作文コンクールを開催し、生命を大切にする意識や規範意識の醸成に努めている（警察庁ウェブサイト「「大切な命を守る」全国中学・高校生作文コンクール」：https://www.npa.go.jp/higaisya/sakubun/index.html）(P116 トピックス「犯罪被害者週間」参照)。

講演会「命の大切さを学ぶ教室」

さらに、あらゆる機会を利用して、広く国民の参加を募り犯罪被害者等による講演会を開催したり、大学生を対象とした犯罪被害者等支援に関する講義を行ったりし、社会全体で犯罪被害者等を支え、被害者も加害者も出さない街づくりに向けた気運の醸成を図っている。

⑻ 生命・身体・自由等の尊重を自覚させる法教育の普及・啓発

【施策番号 257】

法務省においては、法律専門家ではない一般の人々が、法や司法制度、これらの基礎になっている価値（個人の尊重、自由、平等等）を理解し、法的なものの考え方を身に付けるための教育（法教育）を推進しており、以下をはじめ様々な取組を行っている。

法教育の普及・啓発に向けた取組としては、学校における学習指導要領を踏まえた法教育の実践の在り方や、教育関係者と法曹関係者による連携・協働の在り方等について、多角的な観点から検討を行うため、法教育推進協議会を開催している。

また、法教育の具体的内容及びその実践方法をより分かりやすくするため、発達段階に応じた法教育教材を作成し、全国の小・中学校、高等学校、教育委員会等に配布するとともに、同教材の利用促進を図るため、同教材を活用したモデル授業例を法務省ウェブサイトで公開したり、教員向け法教育セミナーを企画・実施したりするなどしている。

さらに、学校等に法教育に関する情報を提供することによって法教育の積極的な実践を後押しするため、法教育に関するリーフレットを作成し、全国の教育委員会等に配布するとともに、学校や各種団体からの要請に応じて法務省の職員を講師として派遣し、教員、児童生徒及び一般の人々に対して法的なものの考え方等を説明する法教育の授業を実施している。

これらに加えて、令和4年度は、同年4月

の成年年齢や裁判員年齢の引下げを踏まえ、契約や私法の基本的な考え方を学ぶことができる高校生向け法教育リーフレットを全国の高等学校、教育委員会等に配布するとともに、小・中学校及び高等学校の授業に取り入れやすい模擬裁判用教材を作成した。

⑼　犯罪被害者週間に合わせた集中的な広報啓発活動の実施

【施策番号 258】

警察庁においては、犯罪被害者等が置かれている状況等について国民の理解・共感を深め、犯罪被害者等施策への協力を確保すること等を目的として、犯罪被害者週間（毎年11月25日から12月1日まで）に合わせた広報啓発事業を実施している（P116トピックス「犯罪被害者週間」参照）。

また、地方公共団体に対し、当該期間に合わせた広報啓発活動の実施を要請しており、地方公共団体においても、講演会、パネル展示、街頭キャンペーン等の広報啓発活動が実施されている（地方公共団体実施の広報啓発活動は警察庁ウェブサイト「犯罪被害者等施策」（https://www.npa.go.jp/hanzaihigai/koukei/week.html#gyouji）を参照）。

⑽　犯罪被害者等支援に関わりの深い者に対する積極的な広報啓発活動の実施

【施策番号 259】

警察庁においては、犯罪被害者週間の実施に当たり、都道府県の臨床心理士会、社会福祉士会、教育委員会、法テラス等に啓発イベントの開催案内等を送付し、各機関・団体に属する者の参加を呼び掛けるなどして、社会全体で犯罪被害者等を支える気運の醸成を図っている。

⑾　国民に対する効果的な広報啓発活動の実施

【施策番号 260】

警察庁においては、犯罪被害者等支援について考える機会を国民に提供し、その理解の増進を図るため、犯罪被害者等支援に関する標語を募集している。令和４年度は、4,465件の応募の中から、埼玉県のさいたま市立大宮国際中等教育学校２年今井陽斗さんの作品「よりそう手　つないでできる　心の輪」を最優秀賞に選出した。同標語については、犯罪被害者週間の広報啓発ポスターに用いるなど、犯罪被害者等支援を国民に広く浸透させるためのツールとして活用している（P116トピックス「犯罪被害者週間」参照）。

⑿　被害が潜在化しやすい犯罪被害者等に対する相談体制の充実及び理解の促進

【施策番号 261】

P101【施策番号 227】参照

⒀　犯罪被害者等支援のための情報提供

【施策番号 262】

内閣府においては、配偶者等からの暴力事案の被害者に対する支援に役立つ法令、制度及び関係機関に関する情報等を収集し、外国語版も含め、内閣府ウェブサイト（https://www.gender.go.jp/policy/no_violence/e-vaw/index.html）を通じて提供している。

また、若年層に対する性暴力については、被害事例、相談窓口等に関する情報を、内閣府ウェブサイト（https://www.gender.go.jp/policy/no_violence/jakunengekkan/index.html）を通じて提供している。さらに、ＡＶ出演被害防止・救済法について、内閣府ウェブサイト（https://www.gender.go.jp/policy/no_violence/avjk/index.html）に本法の解説、契約の解除や公表の差止請求等の通知の様式等を掲載するとともに、政府広報等も活用し、本法の趣旨及び出演契約等の特則等について周知を図っている。

⒁　若年層に対する広報啓発活動

【施策番号 263】

内閣府においては、若年層に対して効果的

トピックス　犯罪被害者週間

第４次基本計画においては、「国民の理解の増進と配慮・協力の確保への取組」が重点課題の一つとして掲げられ、「様々な機会や媒体を通じ、教育活動、広報啓発活動等を継続的に行うなどして、犯罪被害者等が置かれている状況、犯罪被害者等の名誉又は生活の平穏への配慮の重要性等に関する国民の理解・共感を深め、犯罪被害者等への配慮・尊重と犯罪被害者等のための施策への国民の協力を確保するための取組を推進しなければならない。」とされている。

このため、警察庁では、関係府省庁の協力を得て、毎年11月25日から12月1日までを「犯罪被害者週間」として設定し、これに合わせて、広報啓発活動を集中的に実施することとしている。

犯罪被害者週間ポスター

令和４年度は、犯罪被害者週間に合わせた広報啓発事業として、元競泳選手の萩野公介氏を起用したメッセージ動画をＳＮＳ等で配信するとともに、11月30日に中央イベント（東京都）を、11月29日に地方公共団体との共催による地方大会（川崎市）を、それぞれ開催した。各イベントはオンラインでライブ配信を行い、中央イベントについては、ダイジェスト版動画を作成し、YouTube警察庁公式チャンネルにおいて期間限定で配信した。

【中央イベント】

中央イベントでは、「犯罪被害者等支援に関する標語」の最優秀賞受賞者及び「『大切な命を守る』全国中学・高校生作文コンクール」の優秀作品賞受賞者の表彰式、基調講演、パネルディスカッション等を行った。

基調講演では、犯罪被害者遺族の栗原一二三氏、栗原穂瑞氏による「ある日突然、最愛の母を奪われて～残された兄妹の想い～」と題した講演が行われ、母親を亡くした際の心情、裁判に当事者として参加した経験、二次的被害、自助グループでの活動等について語られ、犯罪被害者等支援の気運が高まっていくことや、被害者も加害者も出さない世の中になることへの願いが訴えられた。

パネルディスカッションでは、「潜在化しやすい犯罪被害への支援～こども達の心の声に耳を傾ける～」をテーマに、コーディネーターとして藤森和美氏（武蔵野大学人間科学部人間科学科教授）、パネリストとして栗原一二三氏、栗原穂瑞氏（基調講演者）、小木曽健氏（グリー株式会社政策企画グループシニアマネージャ、国際大学GLOCOM客員研究員）及び安永智美氏（福岡県警察少年課課長補佐、警察庁指定広域技能指導官）を迎え、被害が潜在化して見えにくい犯罪被害者等への支援の中でも、特に、こどもの被害とその支援について事例を交えながら議論が行われた。

表彰式
（犯罪被害者等支援に関する標語）

表彰式（「大切な命を守る」
全国中学・高校生作文コンクール）

パネルディスカッション

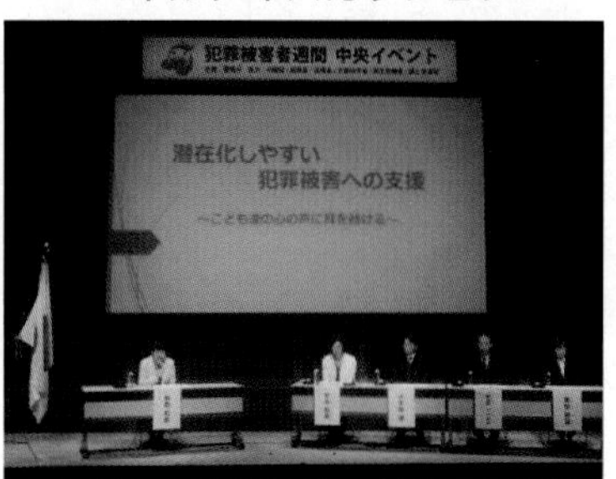

【川崎大会】

川崎大会は、川崎市との共催で開催し、基調講演及びパネルディスカッション等を行った。

基調講演では、犯罪被害者遺族の渡邉治重氏による「これからの被害者支援～私たちが望むこと～」と題した講演が行われ、大学生の長男を交通事故で亡くし、犯罪被害者遺族となった経験をもとに、犯罪被害者等の心情や求められる支援、自らが代表を務める被害者支援自助グループ「ピア・神奈川」の活動等について語られた。

パネルディスカッションでは、「地域で被害者支援を行うために」をテーマに、コーディネーターとして服部知之氏（神奈川県弁護士会犯罪被害者支援委員会副委員長）、パネリストとして渡邉治重氏（基調講演者）、永野弘幸氏（認定特定非営利活動法人神奈川被害者支援センター所長）及び上野進氏（川崎市地域安全推進課長）を迎え、犯罪被害者等に寄り添うことの大切さや地域で犯罪被害者等支援への理解を深めるための方策等について議論が行われた。

基調講演

パネルディスカッション

【萩野公介氏のメッセージ動画】

犯罪は、ある日、突然、大切なものを一瞬にして奪い去ってしまいます。

被害にあうと、犯罪そのものにより被害を受けるだけではなく、その後も、長い間、様々なことで苦しめられます。

あなたの身近に、被害にあわれた方がいたら、優しい気持ちで手を差し伸べてください。

被害者の方々の思いに寄り添い、社会全体で支えていきましょう。

な予防啓発を行い、暴力の加害者及び被害者になることを防止するため、若年層に対して教育・啓発を行う教職員、予防啓発事業を担当する地方公共団体の職員、予防啓発事業を実施する民間団体の職員等を対象として、若年層の性被害の実態や、若年層への効果的な広報啓発の在り方に関する研修を実施している。令和４年度は、オンライン研修教材を作成し、地方公共団体の職員等に提供した。

⒂　ＳＮＳを含むインターネット上の誹謗中傷等に関する相談体制の充実及び誹謗中傷等を行わないための広報啓発活動の強化

【施策番号 264】

P90【施策番号 194】参照

⒃　犯罪被害者等施策の関係する特定の期間における広報啓発活動の実施

【施策番号 265】

ア　内閣に置かれている男女共同参画推進本部においては、毎年 11 月 12 日から同月 25 日（国連が定めた「女性に対する暴力撤廃国際日」）までの２週間、「女性に対する暴力をなくす運動」を実施している。内閣府においては、同期間中、地方公共団体、女性団体その他の関係機関・団体と連携・協力し、女性に対する暴力に関する意識啓発等の取組を一層強化している。令和４年度は、「性暴力を、なくそう」をテーマとし、内閣府特命担当大臣（男女共同参画）によるメッセージ動画を公表し、国民各層に協力を呼び掛けるとともに、ポスターやリーフレットの作成・配布、インターネットを活用したキャンペーン、全国各地のランドマーク等におけるパープル・ライトアップの実施、シンボルマークであるパープルリボンの着用の推進等により、女性に対する暴力の根絶に向けた広報活動を実施した。

また、若年層に対する性暴力については、毎年４月を「若年層の性暴力被害予防月間」と定め、ＳＮＳ等の若年層に届きやすい広報媒体を活用した啓発活動を実施することとしている。令和４年度の月間においても、若年層の性暴力被害予防のため、誰もが性暴力の加害者、被害者、傍観者にならないよう、啓発活動を展開した。

パープル・ライトアップ

提供：内閣府

若年層の性暴力被害予防月間のポスター

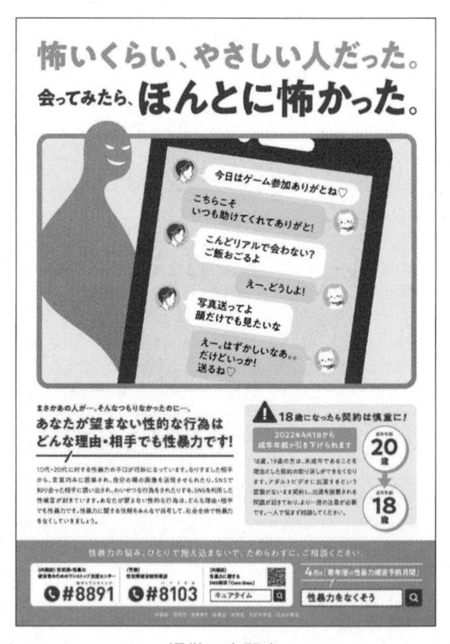

提供：内閣府

【施策番号 266】

イ　内閣府においては、春の全国交通安全運動（令和４年４月６日から同月 15 日まで）では「子供を始めとする歩行者の安全確保」、「歩行者保護や飲酒運転根絶等の安全運転意識の向上」等を、秋の全国交通安全運動（同年９月 21 日から同月 30 日まで）では「子供と高齢者を始めとする歩行者の安全確保」、「夕暮れ時と夜間の歩行者事故等の防止及び飲酒運転の根絶」等を、それぞれ運動重点として掲げ、交通事故被害者等の心情に配慮しながら、交通事故の悲惨さや生命の尊さを国民に訴えた。

全国交通安全運動のポスター

提供：内閣府

【施策番号 267】

ウ　法務省の人権擁護機関においては、犯罪被害者等の人権に対する配慮と保護を図るため、「犯罪被害者やその家族の人権に配慮しよう」を強調事項の一つとして掲げ、人権週間（毎年12月4日から同月10日まで）等の様々な機会を通じ、啓発冊子の配布等の人権啓発活動を実施している。

人権週間のポスター

提供：法務省

【施策番号 268】

エ　厚生労働省（令和５年度からはこども家庭庁）においては、平成16年から、毎年11月を「児童虐待防止推進月間」と位置付け、児童虐待に対する社会的関心の喚起を図っている。同月間中は、関係府省庁、地方公共団体、関係機関・団体等と連携・協力し、集中的な広報啓発活動を実施している。令和４年度は、「「もしかして？」ためらわないで！ 189（いちはやく）」を同

児童虐待防止に関するポスター

提供：こども家庭庁

月間の標語として選出し、広報啓発用ポスター・リーフレット等に掲載したほか、「子どもの虐待防止推進全国フォーラムwithかがわ」の開催等により、児童虐待は社会全体で解決すべき問題であることについて広報啓発活動を実施した。

【施策番号 272】

エ 警察庁においては、ウェブサイト（https://www.npa.go.jp/policy_area/no_cp/）にこどもの性被害防止対策の内容を掲載するなどして、こどもの犯罪被害の防止等に向けた情報提供を行っている。

⒄ 様々な広報媒体を通じた犯罪被害者等施策に関する広報の実施

【施策番号 269】

ア P106【施策番号 246】参照

【施策番号 270】

イ 警察庁においては、民間被害者支援団体等と連携し、報道発表、街頭キャンペーン、討論会、各種会合における講話等を通じ、犯罪被害者等が置かれている状況や警察、関係機関、民間被害者支援団体等による犯罪被害者等支援について広報啓発活動を推進するよう、都道府県警察を指導している。

【施策番号 271】

ウ 警察庁においては、パンフレット「警察による犯罪被害者支援」の作成・配布、警察の犯罪被害者等施策の掲載（https://www.npa.go.jp/higaisya/index.html）等により、犯罪被害者等支援に関する国民の理解の増進に努めている。

パンフレット「警察による犯罪被害者支援」

⒅ 調査研究結果の公表等を通じた犯罪被害者等が置かれた状況についての国民の理解の増進

【施策番号 273】

関係府省庁においては、犯罪被害者等に関する調査研究を実施するとともに、公表が相当と認められる場合には、その結果を、犯罪被害者等が置かれている状況への国民の理解の増進を図るための広報啓発活動に活用するよう努めている。

警察庁においては、調査結果の二次利用に資するよう、調査研究の報告書等を警察庁ウェブサイト「犯罪被害者等施策」（https://www.npa.go.jp/hanzaihigai/report/higaisha.html）に掲載している。

また、警察庁及び法務省においては、令和4年7月、諸外国における犯罪被害者等への損害回復・経済的支援制度に関する調査を行い、同調査結果につき、上記警察庁ウェブサイトに掲載した。さらに、同年12月、警察庁において更なる調査を行うなど、引き続き、必要な調査・確認を行う。

⒆ 犯罪被害者等に関する情報の保護

【施策番号 274】

P43【施策番号 89】参照

⒇ 犯罪被害者等の個人情報の保護に配慮した地域における犯罪発生状況等の情報提供の実施

【施策番号 275】

警察においては、自主防犯活動の更なる活性化を図るため、地域住民に向けて、警察の保有する犯罪発生情報や防犯情報等を様々な手段・媒体を用いて適時適切に提供している。
これらの情報提供に当たっては、犯罪等の発生に関する具体的な内容を含み得ることから、犯罪被害者等の個人情報の保護に十分配慮している。

㉑　交通事故被害者等の声を反映した国民の理解の増進

【施策番号 276】

ア　警察においては、交通事故被害者等の実態や交通事故の悲惨さ等に関する国民の理解の増進を図るため、交通事故被害者等の手記を取りまとめた冊子等の作成・配布や交通安全の集い等における交通事故被害者等による講演を実施している。令和４年中は、交通事故被害者等の手記を取りまとめた冊子等を約 152 万部（前年：約 123 万部）配布するとともに、交通事故被害者等による講演会等を 369 回（前年：319 回）開催した。

【施策番号 277】

イ　都道府県公安委員会においては、運転者等に対する各種講習において、交通事故被害者等の切実な訴えが反映されたビデオ、手記等を活用するとともに、交通事故被害者等の講話を取り入れるなどし、交通事故被害者等の声を反映した講習を実施している。令和４年中における各種講習の受講者数は合計 1,815 万 6,219 人（前年：1,815 万 5,596 人）であった。

交通事故被害者等の手記

㉒　交通事故の実態及びその悲惨さについての理解の増進に資するデータの公表

【施策番号 278】

警察においては、交通事故の実態やその悲惨さについての国民の理解の増進を図るため、事故類型や年齢層別等の交通事故に関する様々なデータを刊行物や警察庁ウェブサイト（https://www.npa.go.jp/publications/statistics/koutsuu/toukeihyo.html）等で公表し、その実態等を周知している。

㉓　交通事故統計データの充実

【施策番号 279】

警察庁においては、交通事故被害者に関する統計として、犯罪被害者白書に交通事故発生状況及び交通事故死者数の推移を掲載するなど、掲載内容の充実を図っている（P195 基礎資料 12、13 参照）。

トピックス 全国犯罪被害者支援フォーラム 2022

警察庁では、犯罪被害者等支援に携わる関係機関及び民間被害者支援団体の関係者が参加し、講演やパネルディスカッション等を通じて犯罪被害者等支援のための知識の向上や緊密な連携の強化を図ることなどを目的に、毎年、全国被害者支援ネットワーク、日本被害者学会及び犯罪被害救援基金と共同で全国犯罪被害者支援フォーラム（以下「全国フォーラム」という。）を開催しており、令和４年度で 27 回目を迎えた。

同年度の全国フォーラムは、10 月、東京都千代田区「イイノホール」において秋篠宮皇嗣同妃両殿下の御臨席の下、「今、性犯罪被害者支援に求められるもの」をテーマに開催された。

犯罪被害者支援功労者・功労団体等表彰では、多年にわたり犯罪被害者等支援活動に尽力し、多大な功労があったと認められる犯罪被害相談員等に対して、警察庁長官及び全国被害者支援ネットワーク理事長による連名表彰等が行われた。

講演では、弁護士の上谷さくら氏から、「性犯罪被害者支援の課題～被害回復のために法や現場はどうあるべきか」をテーマに平成 29 年に改正された刑法の性犯罪に関する規定の主な概要、法制審議会における検討事項、被害者支援センターとの連携及び被害者支援の現場における課題等についての講演が、幼少期に性犯罪被害に遭った当事者の工藤千恵氏から、「過去とともに生きるということ～性暴力サバイバーの闘いと回復～」と題して、自身の被害体験や、その後の回復の道のり等について講演が行われた。

また、パネルディスカッションでは、コーディネーター兼パネリストとして櫻井鼓氏（追手門学院大学准教授）、パネリストとして林貴子氏（公益社団法人ぎふ犯罪被害者支援センター犯罪被害相談員）及び遠藤智子氏（一般社団法人社会的包摂サポートセンター事務局長）を迎え、「誰もが支援につながるために必要なこと」をテーマに議論が行われた。

提供：公益社団法人全国被害者支援ネットワーク

安全で安心な暮らしをするための広報啓発マンガ
「どうしよう?とおもったら『いやだな』をかいけつする本」について

公益社団法人 全国被害者支援ネットワーク

公益社団法人全国被害者支援ネットワークは、「全国どこにいても、いつでも求める支援が受けられ、被害者の声に応えられる活動」の実現を目標に活動しています。令和４年度（2022年度）は、中期計画で定めた目標の「被害にあった子どもやその兄弟姉妹、遺族となった子どもへの支援」のために、小学生を主な対象とした広報マンガ「どうしよう？とおもったら『いやだな』をかいけつする本」を発行しました。

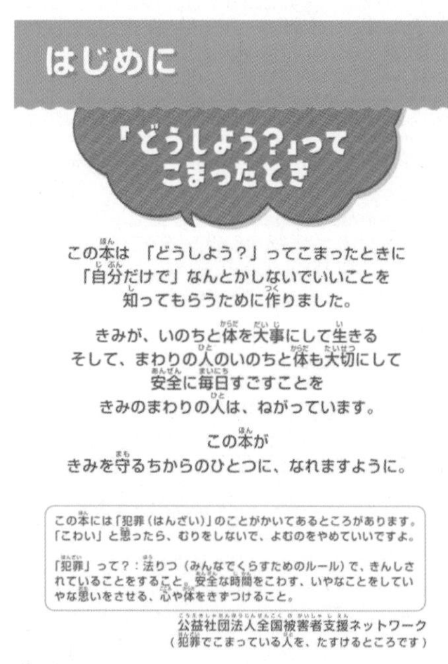

このマンガは、小学生に「自身の命と身体を大切にすること、そして同時に他者の命と身体を大切にすること」、「安全で安心な生活を送るために必要なこと」、「まわりに相談できるひとがいなかったとき、助けてくれる機関があること」を知ってもらうために作成しました。また、同時に、児童に対し犯罪行為について説明をするに当たり、教材が乏しい教育現場の職員の方に向けて解説書を作成しました。この解説書は、子どもにかかわる職業についている方が、犯罪に当たる行為について認識し、被害後に被害者に起こる心身の変化や、被害にあった児童に対しどのように接すればいいのか、また適切な時期に適切な支援を受けることの大切さを理解してもらう内容となっています。

是非、多くの皆様に活用いただき、事件や事故の被害に遭われた被害者の方等への心ある理解と、犯罪被害者支援活動の認知促進が図られることを期待しております。

第5章

◎マンガは電子ブックとＰＤＦで提供しています。全国被害者支援ネットワークのウェブサイトからご覧いただけます。

広報マンガ解説はこちら － 全国被害者支援ネットワーク
(https://www.nnvs.org/mangaguidance/)

こんなとき どうする？

SNSで友だちになって 写真を送った

10

きみなら どうする？

1：だれにも 言わない
2：こまって だれかにはなす

毎日会う学校だって、全員友だちじゃないでしょ？だから「SNSだけで友だちになるのは、むり！」なんだ。

SNSの中では、かんたんに「よい人」になれる。男の人が女の人のふりをするのも、大人が子どものふりをするのもかんたんだ。

ふつうの人は、子どもに「会いたい」とか、「きみのこと、わかってる」とか「好きだから○○して」とか送らない。子どもにやさしいことを言って、だますのは、犯罪（法りつで、きんしされていること）になることもあるからだ。

子どもでも、大人でもSNSはあぶないものなんだよ。

「いやだな」をかいけつ！ 22ページ

11

「いやだな」をかいけつ！

SNSで友だちになって 写真を送った

「会おうよ」とか「きみのことが好き」とか、送ってくる人いるよね。

「自分はだいじょうぶ」「自分はにげられる」って、思うかもしれないけど、子どもをだましてわるいことをするチャンスを待っている大人がいるんだよ。

きみたちは、だまされないように気をつけないといけない。相手は子どものふりをした大人かもしれない。ずっとずっと、知らない人がきみの写真をもっているかもしれない。

知らない人とは会わない。自分のことをSNSにアップしない。自分のまわりの人の写真をかってにとったりしない。とった写真をSNSにアップしない。

「言うことをきかないと写真をばらまくぞ」と言われたら、それは犯罪だ。「どうしよう」ってまわりの人に、はなしてみようよ。

22

まわりにはなすひとがいなかったら
でんわではなしてみない？

24時間子供SOSダイヤル 文部科学省

0120-0-78310 お金はかかりません。24時間いつでも電話できるよ

どんなところ？
いじめでこまったり、友だちのことでふあんやなやみがあったりしたらひとりでなやまずいつでもすぐ電話で相談してください。

子どもの人権110番 法務省

0120-007-110 お金はかかりません

げつようびからきんようびの
朝8時30分から夕方5時15分まで電話できるよ
メールでも相談できるよ！子どもの人権SOS-eメール（法務省）

どんなところ？
先生や親にははなしにくいけど、このままではどうしていいかわからない、だれも気づいてくれない…。
まよわず電話してください。「まわりでこんなことでこまっている人がいる」という相談でもいいです。

はなしてみるのは大事なこと！
たすけてもらうことは
はずかしくないよ

23

手記　事件から20年

公益社団法人被害者支援センターとちぎ　自助グループ　証
小佐々　洌子

夫が殺害されてから令和3年10月31日で20年が過ぎたところです。市役所の職場から退庁したのは職場の人たちもきちんと見ていたのですが、その日、帰宅しませんでした。帰って来ない夫の携帯に電話をかけ続けたのですが、呼び出し音だけで夫が出ることは一度もありませんでした。翌朝、職場近くの田んぼの中にカバンや本、自転車が散乱していたのですが、夫の姿はどこにもありません。「一体何があったの？」想像もつきません。ただ、夫にとって、とんでもない事態が起きたのかもしれないとは理解できました。その後、私たち家族は夫を探し続け、情報提供を得ようと、市役所と一緒にチラシを作り配布もしましたが、有力な情報はほとんどありませんでした。それでも時々、見知らぬ方からの電話を受けると、夫の情報かも、と期待をします。しかし、その大部分は夫の居場所を教えるかわりに金銭を要求するものでした。丁寧にお断りすると「もう生きていないよ。」と言われてガチャリと電話を切られたこともあります。人の不幸に付け込んで……と、悔しい思いを何度もしたものです。

約1年3か月後に殺害されていると警察から告げられた時は辛くて、悲しくて、私は臥せってしまいましたが、変わり果てた姿でも、やっと、帰ってきてくれるとほっとしたのも事実です。それから20年、夫の遺体はまだ戻ってきません。正確な遺棄場所さえ分かりません。殺害を依頼した主犯は市内の廃棄物処理運搬業者で、悔しいことに逮捕される前に自ら命を絶ってしまいました。そして、殺害の実行犯3人は、元暴力団関係者で、夫の殺害の報酬として1500万円近くのお金を受け取っているそうです。この両者を仲介した者は主犯業者の下請をしていた人物です。主犯以外の4人のうち2人はすでに刑務所内で病気により死亡し、残りの2人はそれぞれ令和2年の12月に満期出所、令和3年の6月に満期1か月前の仮出所で、すでに、社会に戻っています。仮出所の加害者には1か月という短い期間でしたが、保護観察官を通して夫の遺棄場所を尋ねてもらいました。しかし、この人物は仲介しただけなので、遺棄場所は知らないという返事で、非常にがっかりしました。もう、私のなすすべはなく、夫を家に連れ帰る希望も絶たれてしまいました。加害者側は長い期間、束縛を強いられた生活ではあったかもしれませんが、今では自由の身になって自分たちの犯した罪など忘れて、生きていることでしょう。法的には当たり前のことで当然と分かっていても、私の理性は受け入れることが出来ずに悔しい気持ちが増すばかりです。夫は永遠に我が家に戻れない確率が高くなってしまいました。

夫がいなくなってからの20年、家族には嫌なことばかりの連続です。二次被害に悩まされ、事実でない風評被害にも家族で涙を流し、息子と娘は仕事を失い、生活基盤を無くした不安におののき、深く心を閉ざしたままで、人間不信は今でも続いています。また、家族三人三様に色々な病気に悩まされ、「精神的なものが原因でしょう。」と、医師に言われてもどうすることも出来ず、ただただ、病気と上手に付き合うしかありませんでした。犯罪被害者としての過酷な運命は想像を絶するものです。それでも生きていくことを諦めてしまったら、一番悲しむのはやはり夫でしょうから、何とか生きていくしかすべがありません。

夫を失ってから20年、すでにいないことにも十分慣れてきたつもりでも夫婦二人で、家にある『さつき』の盆栽を手入れしようと話をしていたので、花が咲くたびに、「約束違反でしょう。」とつい、仏前で愚痴をこぼしてしまいます。手入れ不足で枯らした鉢も沢山ありますが、それでも６月になって色とりどりの花を見ると「今年も日光や晃山、暁天がきれいに咲いたわよ。」と、得意になって報告しています。ただ、私の年令を考えると、あと何年伝えられるか、少し疑問ですが、夫の分も『さつき』に囲まれて過ごせたら、喜んでくれるだろうと勝手に思っています。私は夫が犯罪に巻き込まれるなんて、考えたこともありませんでしたが、当事者になって、初めて誰にでも起こりうることだと気づきました。だからこそ、どうしても皆さんにお願いしたいことがあります。私たち一人ひとりが犯罪の加害者にも被害者にもならないように心がけることです。簡単なようで難しいことだと思います。人に対する優しさ、思いやり、ご自分を含めて人の命を大切にすること。いろいろあるかもしれません。他人事と思わずもっともっと真剣に考えてみてください。

それでもなお、犯罪被害に遭ってしまったら・・・・・。ひとりで悩んだり、解決しようとしないで下さい。被害者支援センターがあることを思い出してみてください。

私は平成18年からセンターと関わらせていただき、電話相談や広報活動をこの３月まで続けてきました。被害者は悲しいこと、辛いこと、嫌なことなど、沢山の問題を抱え込んでいます。その一部分でも吐き出すことができれば、心が少し軽くなり、ほんのわずかでも前を向けると思います。

支援センターは被害者の皆さんと一緒に歩んでくださるところです。

私はセンターの活動を続けたからこそ、少しずつ被害回復に繋がったと思っています。

夫はこれからも冷たい雪の下で眠ることになることでしょう。私は命の続く限り、帰りを待ち続けます。

基礎資料

犯罪被害者等施策に関する基礎資料

1. 犯罪被害者等基本法（平成16年法律第161号）

安全で安心して暮らせる社会を実現することは、国民すべての願いであるとともに、国の重要な責務であり、我が国においては、犯罪等を抑止するためのたゆみない努力が重ねられてきた。

しかしながら、近年、様々な犯罪等が跡を絶たず、それらに巻き込まれた犯罪被害者等の多くは、これまでその権利が尊重されてきたとは言い難いばかりか、十分な支援を受けられず、社会において孤立することを余儀なくされてきた。さらに、犯罪等による直接的な被害にとどまらず、その後も副次的な被害に苦しめられることも少なくなかった。

もとより、犯罪等による被害について第一義的責任を負うのは、加害者である。しかしながら、犯罪等を抑止し、安全で安心して暮らせる社会の実現を図る責務を有する我々もまた、犯罪被害者等の声に耳を傾けなければならない。国民の誰もが犯罪被害者等となる可能性が高まっている今こそ、犯罪被害者等の視点に立った施策を講じ、その権利利益の保護が図られる社会の実現に向けた新たな一歩を踏み出さなければならない。

ここに、犯罪被害者等のための施策の基本理念を明らかにしてその方向を示し、国、地方公共団体及びその他の関係機関並びに民間の団体等の連携の下、犯罪被害者等のための施策を総合的かつ計画的に推進するため、この法律を制定する。

第一章　総則

（目的）

第一条　この法律は、犯罪被害者等のための施策に関し、基本理念を定め、並びに国、地方公共団体及び国民の責務を明らかにするとともに、犯罪被害者等のための施策の基本となる事項を定めること等により、犯罪被害者等のための施策を総合的かつ計画的に推進し、もって犯罪被害者等の権利利益の保護を図ることを目的とする。

（定義）

第二条　この法律において「犯罪等」とは、犯罪及びこれに準ずる心身に有害な影響を及ぼす行為をいう。

2　この法律において「犯罪被害者等」とは、犯罪等により害を被った者及びその家族又は遺族をいう。

3　この法律において「犯罪被害者等のための施策」とは、犯罪被害者等が、その受けた被害を回復し、又は軽減し、再び平穏な生活を営むことができるよう支援し、及び犯罪被害者等がその被害に係る刑事に関する手続に適切に関与することができるようにするための施策をいう。

（基本理念）

第三条　すべて犯罪被害者等は、個人の尊厳が重んぜられ、その尊厳にふさわしい処遇を保障される権利を有する。

2　犯罪被害者等のための施策は、被害の状況及び原因、犯罪被害者等が置かれている状況その他の事情に応じて適切に講ぜられるものとする。

3　犯罪被害者等のための施策は、犯罪被害者等が、被害を受けたときから再び平穏な生活を営むことができるようになるまでの間、必要な支援等を途切れることなく受けることができるよう、講ぜられるものとする。

（国の責務）

第四条　国は、前条の基本理念（次条において「基本理念」という。）にのっとり、犯罪被害者等のための施策を総合的に策定し、及び実施する責務を有する。

（地方公共団体の責務）

第五条　地方公共団体は、基本理念にのっとり、犯罪被害者等の支援等に関し、国との適切な役割分担を踏まえて、その地方公共団体の地域の状況に応じた施策を策定し、及び実施する責務を有する。

（国民の責務）

第六条　国民は、犯罪被害者等の名誉又は生活の平穏を害することのないよう十分配慮するとともに、国及び地方公共団体が実施する犯罪被害者等のための施策に協力するよう努めなければならない。

（連携協力）

第七条　国、地方公共団体、日本司法支援センター（総合法律支援法（平成十六年法律第七十四号）第十三条に規定する日本司法支援センターをいう。）その他の関係機関、犯罪被害者等の援助を行う民間の団体その他の関係する者は、犯罪被害者等のための施策が円滑に実施されるよう、相互に連携を図りながら協力しなければならない。

（犯罪被害者等基本計画）

第八条　政府は、犯罪被害者等のための施策の総合的かつ計画的な推進を図るため、犯罪被害者等のための施策に関する基本的な計画（以下「犯罪被害者等基本計画」という。）を定めなければならない。

2　犯罪被害者等基本計画は、次に掲げる事項について定めるものとする。

一　総合的かつ長期的に講ずべき犯罪被害者等のための施策の大綱

二　前号に掲げるもののほか、犯罪被害者等のための施策を総合的かつ計画的に推進するために必要な事項

3　内閣総理大臣は、犯罪被害者等基本計画の案につき閣議の決定を求めなければならない。

4　内閣総理大臣は、前項の規定による閣議の決定があったときは、遅滞なく、犯罪被害者等基本計画を公表しなければならない。

5　前二項の規定は、犯罪被害者等基本計画の変更について準用する。

（法制上の措置等）

第九条　政府は、この法律の目的を達成するため、必要な法制上又は財政上の措置その他の措置を講じなければならない。

（年次報告）

第十条　政府は、毎年、国会に、政府が講じた犯罪被害者等のための施策についての報告を提出しなければならない。

第二章　基本的施策

（相談及び情報の提供等）

第十一条　国及び地方公共団体は、犯罪被害者等が日常生活又は社会生活を円滑に営むことができるようにするため、犯罪被害者等が直面している各般の問題について相談に応じ、必要な情報の提供及び助言を行い、犯罪被害者等の援助に精通している者を紹介する等必要な施策を講ずるものとする。

（損害賠償の請求についての援助等）

第十二条　国及び地方公共団体は、犯罪等による被害に係る損害賠償の請求の適切かつ円滑な実現を図るため、犯罪被害者等の行う損害賠償の請求についての援助、当該損害賠償の請求についてその被害に係る刑事に関する手続との有機的な連携を図るための制度の拡充等必要な施策を講ずるものとする。

（給付金の支給に係る制度の充実等）

第十三条　国及び地方公共団体は、犯罪被害者等が受けた被害による経済的負担の軽減を図るため、犯罪被害者等に対する給付金の支給に係る制度の充実等必要な施策を講ずるものとする。

（保健医療サービス及び福祉サービスの提供）

第十四条　国及び地方公共団体は、犯罪被害者等が心理的外傷その他犯罪等により心身に受けた影響から回復できるようにするため、その心身の状況等に応じた適切な保健医療サービス及び福祉サービスが提供されるよう必要な施策を講ずるものとする。

（安全の確保）

第十五条　国及び地方公共団体は、犯罪被害者等が更なる犯罪等により被害を受けることを防止し、その安全を確保するため、一時保護、施設への入所による保護、防犯に係る指導、犯罪被害者等がその被害に係る刑事に関する手続に証人等として関与する場合における特別の措置、犯罪被害者等に係る個人情報の適切な取扱いの確保等必要な施策を講ずるものとする。

（居住の安定）

第十六条　国及び地方公共団体は、犯罪等により従前の住居に居住することが困難となった犯罪被害者等の居住の安定を図るため、公営住宅（公営住宅法（昭和二十六年法律第百九十三号）第二条第二号に規定する公営住宅をいう。）への入居における特別の配慮等必要な施策を講ずるものとする。

（雇用の安定）

第十七条　国及び地方公共団体は、犯罪被害者等の雇用の安定を図るため、犯罪被害者等が置かれている状況について事業主の理解を深める等必要な施策を講ずるものとする。

（刑事に関する手続への参加の機会を拡充するための制度の整備等）

第十八条　国及び地方公共団体は、犯罪被害者等がその被害に係る刑事に関する手続に適切に関与することができるようにするため、刑事に関する手続の進捗状況等に関する情報の提供、刑事に関する手続への参加の機会を拡充するため

の制度の整備等必要な施策を講ずるものとする。

（保護、捜査、公判等の過程における配慮等）

第十九条　国及び地方公共団体は、犯罪被害者等の保護、その被害に係る刑事事件の捜査又は公判等の過程において、名誉又は生活の平穏その他犯罪被害者等の人権に十分な配慮がなされ、犯罪被害者等の負担が軽減されるよう、犯罪被害者等の心身の状況、その置かれている環境等に関する理解を深めるための訓練及び啓発、専門的知識又は技能を有する職員の配置、必要な施設の整備等必要な施策を講ずるものとする。

（国民の理解の増進）

第二十条　国及び地方公共団体は、教育活動、広報活動等を通じて、犯罪被害者等が置かれている状況、犯罪被害者等の名誉又は生活の平穏への配慮の重要性等について国民の理解を深めるよう必要な施策を講ずるものとする。

（調査研究の推進等）

第二十一条　国及び地方公共団体は、犯罪被害者等に対し専門的知識に基づく適切な支援を行うことができるようにするため、心理的外傷その他犯罪被害者等が犯罪等により心身に受ける影響及び犯罪被害者等の心身の健康を回復させるための方法等に関する調査研究の推進並びに国の内外の情報の収集、整理及び活用、犯罪被害者等の支援に係る人材の養成及び資質の向上等必要な施策を講ずるものとする。

（民間の団体に対する援助）

第二十二条　国及び地方公共団体は、犯罪被害者等に対して行われる各般の支援において犯罪被害者等の援助を行う民間の団体が果たす役割の重要性にかんがみ、その活動の促進を図るため、財政上及び税制上の措置、情報の提供等必要な施策を講ずるものとする。

（意見の反映及び透明性の確保）

第二十三条　国及び地方公共団体は、犯罪被害者等のための施策の適正な策定及び実施に資するため、犯罪被害者等の意見を施策に反映し、当該施策の策定の過程の透明性を確保するための制度を整備する等必要な施策を講ずるものとする。

第三章　犯罪被害者等施策推進会議

（設置及び所掌事務）

第二十四条　内閣府に、特別の機関として、犯罪被害者等施策推進会議（以下「会議」という。）を置く。

2　会議は、次に掲げる事務をつかさどる。

一　犯罪被害者等基本計画の案を作成すること。

二　前号に掲げるもののほか、犯罪被害者等のための施策に関する重要事項について審議するとともに、犯罪被害者等のための施策の実施を推進し、並びにその実施の状況を検証し、評価し、及び監視し、並びに当該施策の在り方に関し関係行政機関に意見を述べること。

（組織）

第二十五条　会議は、会長及び委員十人以内をもって組織する。

（会長）

第二十六条　会長は、内閣総理大臣をもって充てる。

2　会長は、会務を総理する。

3　会長に事故があるときは、あらかじめその指名する委員がその職務を代理する。

（委員）

第二十七条　委員は、次に掲げる者をもって充てる。

一　国家公安委員会委員長

二　国家公安委員会委員長以外の国務大臣のうちから、内閣総理大臣が指定する者

三　犯罪被害者等の支援等に関し優れた識見を有する者のうちから、内閣総理大臣が任命する者

2　前項第三号の委員は、非常勤とする。

（委員の任期）

第二十八条　前条第一項第三号の委員の任期は、二年とする。ただし、補欠の委員の任期は、前任者の残任期間とする。

2　前条第一項第三号の委員は、再任されることができる。

（資料提出の要求等）

第二十九条　会議は、その所掌事務を遂行するために必要があると認めるときは、関係行政機関の長に対し、資料の提出、意見の開陳、説明その他必要な協力を求めることができる。

2　会議は、その所掌事務を遂行するために特に必要があると認めるときは、前項に規定する者以外の者に対しても、必要な協力を依頼することができる。

（政令への委任）

第三十条　この章に定めるもののほか、会議の組織及び運営に関し必要な事項は、政令で定める。

2．犯罪被害者等施策推進会議令（平成17年政令第68号）

（専門委員）

第一条　犯罪被害者等施策推進会議（以下「会議」という。）に、専門の事項を調査させるため必要があるときは、専門委員を置くことができる。

2　専門委員は、関係行政機関の職員及び犯罪被害者等の支援等に関し優れた識見を有する者のうちから、内閣総理大臣が任命する。

3　専門委員は、当該専門の事項に関する調査が終了したときは、解任されるものとする。

4　専門委員は、非常勤とする。

（庶務）

第二条　会議の庶務は、警察庁長官官房教養厚生課において処理する。

（雑則）

第三条　この政令に定めるもののほか、議事の手続その他会議の運営に関し必要な事項は、会長が会議に諮って定める。

3．第４次犯罪被害者等基本計画（令和３年３月30日閣議決定）

はじめに

平成16年12月に犯罪被害者等基本法（平成16年法律第161号。以下「基本法」という。）が制定され、我が国は、犯罪被害者等の視点に立った施策を講じ、その権利利益の保護が図られる社会の実現に向けた新たな一歩を踏み出した。

基本法に基づき、「犯罪被害者等基本計画」（平成17年12月27日閣議決定。以下「第１次基本計画」という。)、「第２次犯罪被害者等基本計画」（平成23年３月25日閣議決定。以下「第２次基本計画」という。）及び「第３次犯罪被害者等基本計画」（平成28年４月１日閣議決定。以下「第３次基本計画」という。）がそれぞれ策定され、これらの計画の下で、犯罪被害者等のための施策は大きく進展した。

例えば、第１次基本計画及び第２次基本計画の下で、犯罪被害給付制度の拡充、損害賠償命令制度の創設、被害者参加制度の創設・拡充等が図られた。また、第３次基本計画の下で、重傷病給付金の給付期間の延長、仮給付金の額の制限の見直し、幼い遺児がいる場合における遺族給付金の額の引上げ及び親族間犯罪における減額・不支給事由の見直しを内容とする犯罪被害給付制度の一層の拡充が行われたほか、平成30年７月までに、カウンセリング費用の公費負担制度が全国で整備された。さらに、同年10月までに、性犯罪・性暴力被害者のためのワンストップ支援センター（被害直後からの医療的支援、法的支援、相談を通じた心理的支援等を総合的に行うために設置された組織。以下単に「ワンストップ支援センター」という。）が全ての都道府県に設置された。加えて、平成31年４月までに、犯罪被害者等に適切な情報提供等を行う総合的対応窓口が全ての地方公共団体に設置された。

しかしながら、犯罪被害者等は今もなお多くの問題を抱えており、犯罪被害者等やその援助を行う民間の団体等からは、犯罪被害者等に対する中長期的な支援の充実をはじめ、依然として多岐にわたる意見・要望が寄せられている。

また、性犯罪・性暴力、児童虐待等が深刻な社会問題となる中、自ら被害を訴えることが困難で、支援の手が十分に行き届いていない犯罪被害者等の声なき声にも耳を傾けなければならない。

さらに、被害の形態、犯罪被害者等の属性、犯罪被害者等が直面している困難な状況等も多岐にわたるため、犯罪被害者等の個々の事情に一層配慮した支援が求められている。

犯罪被害者等が一日も早く被害から回復し、社会の中で再び平穏な生活を営むことができるようにするためには、犯罪被害者等一人一人に寄り添ったきめ細かな充実した支援が必要であり、国、地方公共団体及びその他の関係機関並びに民間の団体等が緊密に連携・協力し、取組の一層の強化を図っていかなければならない。

そして、このような取組をより実効的に行うためには、犯罪被害者等に対する国民各層の理解・関心を深め、犯罪被害者等を社会全体で支えていく気運を一層醸成する必要がある。

令和2年からの新型コロナウイルス感染症の感染拡大、近時のデジタル化の進展等により、社会生活は大きな変化を遂げている。犯罪被害者等のための施策は、こうした社会生活の変化に対応しつつ、一層の充実が図られる必要があり、デジタル技術その他の新たな手法等も取り入れながら、着実に推進されなければならない。

今般、第3次基本計画の計画期間が令和3年3月末で終了することから、犯罪被害者等の権利利益の保護が一層図られる社会の実現を目指し、「第4次犯罪被害者等基本計画」(以下「第4次基本計画」という。)を策定することとする。

Ⅰ　第4次基本計画の策定方針及び計画期間

1　第4次基本計画の策定方針

第4次基本計画の策定に当たっては、犯罪被害者等やその支援に携わる者をはじめ、広く国民各層から第3次基本計画の見直しに関する意見・要望を募集するとともに、犯罪被害者団体、犯罪被害者等の援助を行う民間の団体等から個別に意見・要望を聴取したところ、148名・75団体から合計で約530項目の意見・要望が寄せられた。そして、当該意見・要望を踏まえ、第4次基本計画の策定に向けて重点的に検討すべき論点を抽出し、第3次基本計画に盛り込まれている施策の一層の充実も含め、第4次基本計画に盛り込むべき施策について議論を重ねた。

なお、第4次基本計画における「犯罪被害者等」とは、基本法第2条第2項に規定される定義のとおり、犯罪等により害を被った者及びその家族又は遺族をいい、加害者の別、害を被ることとなった犯罪等の種別、故意犯・過失犯の別、事件の起訴・不起訴及び解決・未解決の別、犯罪被害者等の国籍の別、犯罪等の被害を受けた場所等による限定は一切付されていない。当然ながら、個々の施策の対象となる者については、施策ごとに適切に設定されるべきものである。

2　計画期間

第4次基本計画に盛り込まれた施策については、その進捗状況、犯罪被害者等を取り巻く環境の変化等を踏まえ、一定の期間で適切に見直しを行う必要があることから、計画期間は、令和3年4月1日から令和8年3月31日までの5か年とする。

Ⅱ　基本方針

第4次基本計画においても、第1次基本計画から第3次基本計画までと同様、基本法第3条の基本理念等を踏まえ、犯罪被害者等が直面している困難な状況を打開し、その権利利益の保護を図るという目的を達成するため、個々の施策の策定・実施に関し、次の4つの基本方針を定めることとする。

〔4つの基本方針〕

① 尊厳にふさわしい処遇を権利として保障すること。

基本法第3条第1項は、「すべて犯罪被害者等は、個人の尊厳が重んぜられ、その尊厳にふさわしい処遇を保障される権利を有する。」と規定している。

犯罪被害者等は我々の隣人である。また、社会に生きる誰もが犯罪等の被害に遭い、犯罪被害者等になり得る立場にある。したがって、犯罪被害者等のための施策は、例外的な存在としての犯罪被害者等に対する一方的な恩恵的措置ではなく、社会のかけがえのない一員として当然に保障されるべき犯罪被害者等の権利利益の保護を図るためのものであり、犯罪被害者等が、その尊厳が尊重され、その尊厳にふさわしい処遇を保障される権利を有していることを視点に据え実施されなければならない。

② 個々の事情に応じて適切に行われること。

基本法第３条第２項は、「犯罪被害者等のための施策は、被害の状況及び原因、犯罪被害者等が置かれている状況その他の事情に応じて適切に講ぜられるものとする。」と規定している。

犯罪被害者等のための施策は、犯罪被害者等が直面している困難な状況を打開し、その権利利益の保護を図るために実施されるものであることから、犯罪被害者等の具体的事情を正確に把握し、その変化にも十分留意しながら、個々の事情に応じて適切に実施されなければならない。

また、自ら被害を訴えることが困難なため被害が潜在化しやすい犯罪被害者等や、自己が直接の犯罪被害者ではないものの、兄弟姉妹が被害に遭ったこと等により心身に悪影響を受けるおそれがある子供等のニーズを正確に把握し、適切に実施されなければならない。

③ 途切れることなく行われること。

基本法第３条第３項は、「犯罪被害者等のための施策は、犯罪被害者等が、被害を受けたときから再び平穏な生活を営むことができるようになるまでの間、必要な支援等を途切れることなく受けることができるよう、講ぜられるものとする。」と規定している。

犯罪被害者等のための施策は、犯罪被害者等が現に直面する困難な状況を打開することに加え、犯罪被害者等が再び平穏な生活を営むことができるようになることを見据えて実施されるべきであり、そのためには、犯罪被害者等支援を目的とした制度以外の制度や民間の取組等も十分活用し、犯罪被害者等の生活再建を支援するという中長期的な視点が必要である。その上で、犯罪被害者等のための施策は、全ての犯罪被害者等が必要な時に必要な場所で適切に支援を受けることができるよう、途切れることなく実施されなければならない。

④ 国民の総意を形成しながら展開されること。

基本法第６条は、「国民は、犯罪被害者等の名誉又は生活の平穏を害することのないよう十分配慮するとともに、国及び地方公共団体が実施する犯罪被害者等のための施策に協力するよう努めなければならない。」と規定している。

犯罪被害者等のための施策は、犯罪被害者等が、その名誉又は生活の平穏を害されることなく共に地域で生きていくことができるようにするため、犯罪被害者等のための施策に協力するという国民の総意を形成する観点から、国民の信頼が損なわれることのないよう適切に実施されなければならない。

Ⅲ 重点課題

第４次基本計画においても、第１次基本計画から第３次基本計画までと同様、犯罪被害者等やその支援に携わる者等からの意見・要望等を踏まえ、大局的な課題として、次の５つの重点課題を掲げることとする。

なお、個々の施策の実施に当たっては、各重点課題に対する当該施策の位置付けを明確に認識し、関係府省庁の施策が横断的かつ総合的に推進・展開されるよう努める必要がある。

〔５つの重点課題〕

① 損害回復・経済的支援等への取組

犯罪被害者等は、犯罪等により、生命を奪われ、家族を失い、傷害を負わされ、財産を奪われるといった様々な被害を受けるほか、高額な医療費の負担や収入の途絶等により、経済的に困窮することが少なくない。また、自宅が事件現場となったこと、加害者から逃れる必要があること等の理由から住居を移す必要が生じることや、犯罪等による被害や刑事に関する手続等に伴う負担についての雇用主等の無理解等の理由から、雇用関係の維持に困難を来すことも少なくない。

もとより、犯罪等により生じた損害について、第一義的責任を負うのは加害者であるが、犯罪被害者等からは、加害者の損害賠償責任が果たされず、十分な賠償を受けることができないことに対する不満の声が寄せられている。したがって、犯罪被害者等が直面している経済的な困難を打開するため、加害者の損害賠償責任の実現に向けて必要な検討等を行うとともに、犯罪被害者等支援を目的とした制度以外の制度や民間の取組等の活用推進も含め、犯罪被害者等の損害を回復し、犯罪被害者等を経済的に支援するための取組を行わなければならない。

② 精神的・身体的被害の回復・防止への取組

犯罪被害者等の多くは、犯罪等により、その生命・身体に重大な被害を受ける。また、多くの場合、犯罪等により直接生じる精神的・身体的・財産的被害のみならず、自らやその家族が犯罪行為等の対象となったという事実からも精神的被害を受ける。さらに、再被害を受けたことに伴う恐怖・不安又は将来再被害を受けることに対する恐怖・不安を抱く場合や、捜査・公判の過程、医療、福祉等の場で配慮に欠ける対応を受けたことにより、いわゆる二次的被害を受ける場合もある。

したがって、犯罪被害者等が受ける精神的・身体的被害を回復・軽減し、又は未然に防止するための取組を行わなければならない。

特に、性犯罪・性暴力は、個人の尊厳を著しく踏みにじる行為であり、その心身に長期にわたり重大な悪影響を及ぼすことから、ワンストップ支援センターの体制強化等により、支援を一層充実させる必要がある。

また、児童虐待、ストーカー事案及び配偶者等からの暴力事案は、繰り返し行われて被害が深刻化することが少なくなく、生命・身体に重大な危害が及ぶ場合もあることから、被害を防止するための対策を強化するとともに、相談につながりやすく、安全が確保され、適切に支援を受けることができるようにするための取組の一層の充実を図る必要がある。

③ 刑事手続への関与拡充への取組

事件の正当な解決は、犯罪被害者等の被害の回復に不可欠であり、また、解決に至る過程に犯罪被害者等が関与することは、その精神的被害の回復に資する面もある。したがって、刑事に関する手続や少年保護事件に関する手続が、国家・社会の秩序維持、個人の人権の保障、少年の健全育成等の様々な考量困難な要請に応えるものでなければならないことを前提としつつ、「事件の当事者」である犯罪被害者等が、これらの手続に適切に関与することができるよう、その機会を拡充するための取組を行わなければならない。

また、刑の執行段階等や保護観察における加害者処遇に関し、犯罪被害者等やその支援に携わる者等から、犯罪被害者等に対する一層の情報提供や犯罪被害者等の心情等の加害者処遇への一層の反映を求める声が寄せられていることを踏まえ、加害者処遇における犯罪被害者等の立場や心情等への配慮等を一層充実させる必要がある。

④ 支援等のための体制整備への取組

被害直後から様々な困難な状況に直面する犯罪被害者等が再び平穏な生活を営むことができるようになるためには、全ての犯罪被害者等が、必要な時に必要な場所で情報の入手や相談を行うことができ、専門的な知識・技能に裏付けられたきめ細かな支援を受けることができるよう、地方公共団体や犯罪被害者等の援助を行う民間の団体等と共に、継ぎ目のない支援体制を構築していく必要がある。

また、犯罪被害者等は、被害直後から、医療・福祉、住宅、雇用等の生活全般にわたる支援を必要としている。さらに、犯罪被害者等が被害から回復するためには時に長い時間を要し、その間、犯罪被害者等のニーズは変化していく。加えて、犯罪被害者等を取り巻く環境の変化等により、必要な支援の内容も変わり得る。したがって、犯罪被害者等を中長期的に支援するため、必要な体制整備への取組が行われなければならない。

その上で、単一の関係機関・団体等の取組による支援には限界があることから、犯罪被害者等に対し継ぎ目のない中長期的な支援を実施するためには、国、地方公共団体及びその他の関係機関並びに犯罪被害者等の援助を行う民間の団体等が相互に連携・協力し、被害直後から様々な関係機関・団体等が協働して、重層的な支援を行うことができる体制を構築していく必要がある。

また、犯罪被害者等がいつでも適切な支援を受けることができるよう、国による犯罪被害者等施策のほか、地方公共団体や犯罪被害者等の援助を行う民間の団体等による取組等についても、適切に周知する必要がある。

⑤ 国民の理解の増進と配慮・協力の確保への取組

犯罪被害者等のための施策の効果は、国民の理解・協力がなければ十分に発揮されない。犯罪被害者等は、地域社会において配慮・尊重され、支えられることで初めて平穏な生活を回復することができることから、犯罪被害者等のための施策の実施と国民の理解・協力は車の両輪である。

したがって、インターネットやＳＮＳ（ソーシャル・ネットワーキング・サービス）の普及にも配意しつつ、様々な機会や媒体を通じ、教育活動、広報啓発活動等を継続的に行うなどして、犯罪被害者等が置かれている状況、犯罪被害者等の名誉又は生活の平穏への配慮の重要性等に関する国民の理解・共感を深め、犯罪被害者等への配慮・尊重と犯罪被害者等のための施策への国民の協力を確保するための取組を推進しなければならない。

Ⅳ　推進体制

第４次基本計画においても、第１次基本計画から第３次基本計画までと同様、犯罪被害者等のための施策が全体として効果的・効率的に実施されるよう、基本法第７条、第８条第５項において準用する同条第３項及び第４項、第10条並びに第23条の規定に基づく事項並びに基本法第24条第２項に規定する犯罪被害者等施策推進会議の所掌事務に関連する事項について、具体的施策を掲げ、推進体制を整備することとする。

〔基本法に基づく事項等〕

① 国の行政機関相互の連携・協力
② 国と地方公共団体との連携・協力
③ 国とその他様々な関係機関・団体等との連携・協力
④ 犯罪被害者等の意見の施策への適切な反映
⑤ 施策の策定過程の透明性の確保
⑥ 施策の実施状況の検証・評価・監視等
⑦ 年次報告等によるフォローアップの実施
⑧ 犯罪被害者等基本計画（以下「基本計画」という。）の見直し

〔今後講じていく施策〕

(1) 国の行政機関相互の連携・協力

犯罪被害者等施策推進会議を活用し、関係府省庁間で重要事項の審議等を行い、必要な施策を実施する。また、関係府省庁等の間での随時の連絡調整を一層緊密に行い、犯罪被害者等施策推進会議及び警察庁において、犯罪被害者等のための施策以外の施策に係る中長期的方針等も踏まえ、各種施策と連携した犯罪被害者等のための施策の総合的な推進を図る。

平成28年４月に犯罪被害者等のための施策に係る業務が内閣府から国家公安委員会（警察庁）に移管されたことを受け、施策の実施に当たっては、現場に近いところで犯罪被害者等と密接に関わり、各種施策を実施している国家公安委員会（警察庁）において、よりきめ細かな取組の推進を図り、関係府省庁が一層連携・協力し、犯罪被害者等のための施策を強力に推進する。

(2) 国と地方公共団体との連携・協力

警察庁において、都道府県・政令指定都市犯罪被害者等施策主管課室長会議等を活用し、国と地方公共団体との連携・協力を確保し、国と地方公共団体との適切な役割分担を踏まえながら犯罪被害者等のための施策を実施することができるよう、地方公共団体の担当部局との情報共有等を図る。

(3) 国とその他様々な関係機関・団体等との連携・協力

関係府省庁において、行政機関以外の国の機関、犯罪被害者団体、犯罪被害者等の援助を行う民間の団体、事業者団体等の様々な関係機関・団体等と連携・協力し、犯罪被害者等のための施策を実施する。

(4) 犯罪被害者等の意見の施策への適切な反映

警察庁において、犯罪被害者団体、犯罪被害者等の援助を行う民間の団体等から定期的に意見を聴取する機会を設けるとともに、様々な媒体を通じて、広く犯罪被害者等から意見を募集する。

なお、これらの意見については、関係府省庁において、適切に施策に反映させるよう努める。

(5) 施策の策定過程の透明性の確保

警察庁において、犯罪被害者等施策推進会議の議事録等の迅速な公開に努めるとともに、犯罪被害者等施策に関するウェブサイトを、犯罪被害者等のための施策に関する情報提供窓口として適切に運用する。

(6) 施策の実施状況の検証・評価・監視等

犯罪被害者等施策推進会議において、基本計画の推進による効果、犯罪被害者等のための施策の実施状況に関する検証・評価を行い、関係府省庁における効果的かつ適切な施策の実施を推進するとともに、施策の検討・策定・実施状況について、適時適切に監視を行う。

また、当該検証等の結果を勘案して必要があると認めるときは、施策の在り方に関し、関係行政機関に意見を述べる。

(7) 年次報告等によるフォローアップの実施

警察庁において、定期的に必要な調査を実施し、犯罪被害者等のための施策の進捗状況を点検するとともに、点検結果に基づき、犯罪被害者等施策推進会議が行う施策の実施状況の監視と連携し、施策の一層の推進を図る。当該点検においては、施策の進捗状況の定量的な把握に努め、これが困難な場合も可能な限り定性的に把握する。また、警察庁において、年次報告等を通じて点検結果を公表する。

(8) 基本計画の見直し

犯罪被害者等施策推進会議において、犯罪被害者等のニーズ、犯罪被害者等を取り巻く環境の変化、犯罪被害者等のための施策の進捗状況等を踏まえ、必要に応じ、基本計画の見直しを行う。

V 重点課題に係る具体的施策

第1 損害回復・経済的支援等への取組

1 損害賠償の請求についての援助等（基本法第12条関係）

(1) 日本司法支援センターによる支援

【施策番号1】

ア 日本司法支援センターが運用する民事法律扶助制度の活用により、弁護士費用及び損害賠償請求費用の負担軽減を図る。【法務省】

【施策番号2】

イ 日本司法支援センターにおいて、犯罪被害者等支援の窓口となる犯罪被害者等への情報提供を担当する職員に対し、犯罪被害者等の心情等への理解を深め、その心情等を適切に聴取できるよう研修を実施する。また、引き続き、弁護士会等と連携し、犯罪被害者等支援の経験や理解のある弁護士の確保に努めるとともに、犯罪被害者等の個別の状況に応じた必要なサービスが提供できるよう、弁護士の紹介体制の整備に努める。【法務省】

(2) 損害賠償請求制度等に関する情報提供の充実

【施策番号3】

警察庁及び法務省において連携し、損害賠償請求制度その他の犯罪被害者等の保護・支援のための制度の概要を紹介した冊子・パンフレット等について内容の一層の充実を図るとともに、当該制度を周知する。【警察庁、法務省】（再掲：第4－1（220））

(3) 刑事和解等の制度の周知徹底

【施策番号4】

法務省において、刑事和解、公判記録の閲覧・謄写、不起訴記録の弾力的開示等の制度について周知徹底を図る。【法務省】

(4) 保険金支払の適正化等

【施策番号5】

ア 一般財団法人自賠責保険・共済紛争処理機構における調停、国土交通省による保険会社に対する立入検査、国土交通大臣による適正な支払を行うことの指示等により、自賠責保険金の支払の適正化を図る。【国土交通省】

【施策番号6】

イ 金融庁において、犯罪被害者等に直接保険金等が支払われる場合も含め、契約に基づく保険金等の支払が適切に行われるよう、「保険会社向けの総合的な監督指針」（平成17年8月12日策定）等に基づき、各保険会社における保険金等支払管理態勢について検証し、保険会社側に問題があると認められる業務・運営については、適切に対応する。【金融庁】

【施策番号7】

ウ 公益財団法人日弁連交通事故相談センターにおける弁護士による自賠責保険に係る自動車事故の損害賠償の支払に関する無料の法律相談・示談のあっせん等により、適切な損害賠償が受けられるよう支援を行う。【国土交通省】

【施策番号8】

エ 国土交通省において、ひき逃げや無保険車等の事故による犯罪被害者等に対しては、政府保障事業において、加害者に代わって

直接その損害を塡補することにより、適切な支援を行う。【国土交通省】

(5) 受刑者の作業報奨金を損害賠償に充当することが可能である旨の周知

【施策番号９】

法務省において、受刑者に対し、受刑中の者が作業報奨金を犯罪被害者等に対する損害賠償に充当することが法令上可能である旨を引き続き周知する。【法務省】

(6) 暴力団犯罪による被害の回復の支援

【施策番号10】

警察において、都道府県暴力追放運動推進センターや弁護士会の民事介入暴力対策委員会等と連携し、暴力団犯罪による被害の回復を支援する。【警察庁】

(7) 加害者の損害賠償責任の実現に向けた調査等の実施

【施策番号11】

ア　警察庁において、関係府省庁等と連携し、犯罪被害者等が損害賠償を受けることができない状況について実態把握のための調査を実施し、その結果に応じて必要な検討を行う。【警察庁】

【施策番号12】

イ　法務省において、令和元年５月に成立した民事執行法及び国際的な子の奪取の民事上の側面に関する条約の実施に関する法律の一部を改正する法律（令和元年法律第２号）の附帯決議を踏まえ、関係府省庁等と連携し、公的機関による犯罪被害者等の損害賠償請求権の履行の確保に関する諸外国における先進的な法制度や運用状況に関する調査研究を実施し、その結果に応じて必要な検討を行う。【法務省】

2　給付金の支給に係る制度の充実等（基本法第13条関係）

(1) 犯罪被害給付制度の運用改善

【施策番号13】

警察庁において、仮給付制度の効果的な運用その他の犯罪被害給付制度の運用改善、同制度の関係職員への周知徹底、犯罪被害者等への教示等について都道府県警察を指導するとともに、犯罪被害者等給付金の早期支給に努める。【警察庁】

(2) 性犯罪被害者の医療費の負担軽減

【施策番号14】

警察庁において、都道府県警察に対し、緊急避妊、人工妊娠中絶及び性感染症等の検査に要する費用、初診料、診断書料等の性犯罪被害者の医療費の公費負担に要する経費を補助する。また、緊急避妊等の公費負担制度ができる限り全国的に同水準で運用され、性犯罪被害者の負担軽減に効果的なものとなるようにするとともに、性犯罪の被害に伴う精神疾患についても犯罪被害給付制度の対象となることの周知も含め、各種支援施策の効果的な広報に努めるよう、都道府県警察を指導する。【警察庁】

(3) カウンセリング等心理療法の費用の負担軽減等

【施策番号15】

警察庁において、公認心理師、臨床心理士等の資格を有する部内カウンセラーの確実かつ十分な配置に努めるよう、都道府県警察を指導する。また、警察庁において、カウンセリング費用の公費負担制度ができる限り全国的に同水準で運用されるよう、都道府県警察を指導するとともに、警察において、同制度の周知に努める。【警察庁】

(4) 司法解剖後の遺体搬送費等に対する措置

【施策番号16】

都道府県警察において、司法解剖後の遺体搬送費及び遺体修復費の公費負担制度の積極的な活用を図る。【警察庁】

(5) 地方公共団体による見舞金制度等の導入促進等

【施策番号17】

警察庁において、地方公共団体に対し、犯罪被害者等に対する見舞金等の支給制度や生活資金等の貸付制度の導入を要請する。また、犯罪被害者白書や警察庁ウェブサイト等を通じて、これらの制度を導入している地方公共団体について、国民に情報提供を行う。【警察庁】

⑹　預保納付金の活用

【施策番号 18】

振り込め詐欺等の被害金を原資としている預保納付金については、振り込め詐欺被害の減少に伴い減少が見込まれるところではあるが、そうした状況の中でも、引き続き、犯罪被害者等の子供への奨学金事業及び犯罪被害者等支援団体への助成事業を実施する。【金融庁、財務省、警察庁】（再掲：第４－３（244））

⑺　海外での犯罪被害者等に対する経済的支援

【施策番号 19】

警察庁において、国外犯罪被害弔慰金等支給制度の適切な運用が図られるよう、都道府県警察を指導するとともに、警察及び外務省において、同制度の周知に努める。【警察庁、外務省】

３　居住の安定（基本法第 16 条関係）

⑴　公営住宅への優先入居等

【施策番号 20】

ア　国土交通省において、地域の実情等を踏まえた地方公共団体による公営住宅への優先入居や目的外使用の取扱いの推進を図る。【国土交通省】

【施策番号 21】

イ　国土交通省において、公営住宅への入居に関し、都道府県営住宅における広域的な対応や市区町村営住宅を管理する市区町村を含む地方公共団体間の緊密な連携を地方公共団体に対して要請していることについて、会議等の場を活用して周知する。【国土交通省】

【施策番号 22】

ウ　公営住宅の管理主体から、独立行政法人都市再生機構の賃貸住宅の借上げ要請があった場合は、柔軟に対応する。【国土交通省】

【施策番号 23】

エ　国土交通省において、犯罪被害者等の円滑な入居の促進を図るため、居住支援協議会及び居住支援法人の制度を周知するとともに、居住支援協議会及び居住支援法人による犯罪被害者等への住居のマッチング・入居支援等の取組を支援する。【国土交通省】

【施策番号 24】

オ　国土交通省において、関係機関と連携し、公営住宅への入居に関する犯罪被害者等への情報提供を行う。【国土交通省】

⑵　被害直後及び中期的な居住場所の確保

【施策番号 25】

ア　厚生労働省において、児童相談所及び婦人相談所による一時保護や婦人保護施設及び民間シェルター等への一時保護委託の適正な運用に努める。【厚生労働省】（再掲：第２－２（90））

【施策番号 26】

イ　厚生労働省において、「児童虐待防止対策の抜本的強化について」（平成 31 年３月 19 日児童虐待防止対策に関する関係閣僚会議決定）等に基づき、児童相談所の一時保護所において個別対応ができる職員体制の強化や環境整備を推進する。【厚生労働省】（再掲：第２－２（91））

【施策番号 27】

ウ　厚生労働省において、婦人相談所における被害女性の安全の確保や心理的ケアが十分に行われるよう、婦人相談所の体制を整備し、夜間・休日を含む緊急時についても、適正かつ効果的な一時保護を実施する。【厚生労働省】

【施策番号 28】

エ　厚生労働省において、一時保護から地域における自立した生活へとつながるよう、婦人保護施設及び母子生活支援施設の機能強化等により、入所者に対する生活支援の充実に努める。また、婦人保護施設において、性暴力被害者に対する心理的ケアや自立支援を推進するとともに、婦人保護施設の利用に関する分かりやすいパンフレットの作成等により、婦人保護施設への理解を広め、その利用促進を図る。【厚生労働省】

【施策番号 29】

オ　警察庁において、都道府県警察に対し、自宅が犯罪行為の現場となり、破壊されるなど、居住が困難で、かつ、自ら居住する場所を確保できない場合等に犯罪被害者等が利用できる緊急避難場所の確保に要する経費及び自宅が犯罪行為の現場となった場合におけるハウスクリーニングに要する経費を補助するとともに、これらの施策が犯罪被害者等の負担軽減に効果的なものとなるよう、都道府県警察を指導する。【警察庁】

【施策番号 30】

カ　警察庁において、犯罪被害者等にとって身近な公的機関である地方公共団体において居住場所の確保や被害直後からの生活支援に関する取組が適切になされるよう、地方公共団体に対する啓発・情報提供を行う。【警察庁】

(3)　性犯罪被害者等に対する自立支援及び定着支援

【施策番号 31】

厚生労働省において、地方公共団体やＤＶシェルターを運営する特定非営利活動法人等が、性犯罪被害者その他の相談者に対し、生活相談や行政機関への同行支援等の自立支援、ＤＶシェルター等を退所した者に対する家庭訪問や社会生活の場（地域活動の場、職場等）への同行、職員による相談対応・助言等、地域生活に定着させるための継続的な支援を一体的に行うために必要な協力を行う。【厚生労働省】

4　雇用の安定（基本法第 17 条関係）

(1)　事業主等の理解の増進

厚生労働省において、犯罪被害者等に対する十分な理解に基づき、次の施策を実施する。

【施策番号 32】

ア　母子家庭の母等及び父子家庭の父に対するトライアル雇用事業の適正な運用に努める。【厚生労働省】

【施策番号 33】

イ　公共職業安定所における事業主に対する配置や労働条件等の雇用管理全般に関するきめ細かな相談援助の適正な実施に努める。【厚生労働省】

【施策番号 34】

ウ　公共職業安定所における求職者に対するきめ細かな就職支援の適正な実施に努める。【厚生労働省】

(2)　個別労働紛争解決制度の周知徹底等

【施策番号 35】

ア　厚生労働省において、犯罪被害者等に係る個別労働紛争の解決に当たって、個別労働紛争解決制度について周知徹底を図るとともに、同制度の適正な運用に努める。【厚生労働省】

【施策番号 36】

イ　厚生労働省において、事業主との間で生じた労働問題に関し、犯罪被害者等への情報提供、相談対応等を行う公的相談窓口として、労働問題に関するあらゆる分野の相談に専門の相談員がワンストップで対応する総合労働相談コーナーについて周知徹底を図るとともに、その積極的な活用を図る。【厚生労働省】

(3)　犯罪被害者等の精神的・身体的被害からの回復等のための休暇制度の周知・啓発

【施策番号 37】

犯罪被害者等の精神的・身体的被害からの回復等のための休暇制度についていまだ十分な認知がなされていない状況にあることから、厚生労働省において、企業向け・労働者向けのアンケートによる実態把握を行うとともに、リーフレットや厚生労働省のウェブサイト等により、経済団体や労働団体をはじめ事業主や被雇用者等に対し、あらゆる機会を通じて、犯罪被害者等が置かれている状況や被害からの回復等のための休暇制度等について周知・啓発する。【厚生労働省】

第２　精神的・身体的被害の回復・防止への取組

1　保健医療サービス及び福祉サービスの提供（基本法第 14 条関係）

(1)　「ＰＴＳＤ対策専門研修」の内容の充実等

【施策番号 38】

厚生労働省において、医師、保健師、精神保健福祉士等の医療従事者等を対象に、「ＰＴＳＤ（心的外傷後ストレス障害）対策専門研修」

を実施する。性犯罪被害者を含む犯罪被害者等への適切な対応・治療を行うために必要な、司法を含めた専門的知識と治療に関する内容の充実を図り、犯罪被害者等の精神的被害や犯罪被害者等施策等に関する知識の普及・啓発を推進する。【厚生労働省】

⑵ ＰＴＳＤ等の治療に対応できる医療機関に関する情報提供

【施策番号 39】

厚生労働省において、病院等の医療機関の医療機能に関する情報を住民・患者に対して提供する医療機能情報提供制度を運用している。同制度においては、ＰＴＳＤ等の疾病の治療に対応できる医療機関を検索することが可能となっており、引き続き同制度の周知に努める。【厚生労働省】

⑶ 医療現場における自立支援医療制度の周知

【施策番号 40】

ＰＴＳＤ等の治療に係る自立支援医療（精神通院医療）制度については、厚生労働省において、厚生労働省社会・援護局障害保健福祉部精神・障害保健課長通知（平成 28 年 4 月 28 日障精発 0428 第 1 号）により、犯罪被害者等が適切に同制度を利用できるよう、既に都道府県・指定都市等に周知依頼を行っているところであるが、再度周知徹底を依頼するなど、引き続き周知する。【厚生労働省】

⑷ 犯罪被害者等への適切な対応に資する医学教育の推進

【施策番号 41】

文部科学省において、医学部関係者が参加する各種会議での要請や「医学教育モデル・コア・カリキュラム」[*1] 等を通じて、医学部においてＰＴＳＤ等の精神的被害に関する知識・診断技能及び犯罪被害者等への理解を深めるための教育を推進する。また、厚生労働省において、臨床研修の到達目標等を通じて、精神疾患への初期対応と治療の実情に関する医学部卒業生の理解促進を図る。【文部科学省、厚生労働省】

⑸ 犯罪被害者等支援業務に関する精神保健福祉センターの職員の理解促進

【施策番号 42】

精神保健福祉センターにおいて犯罪被害者等に対する心の健康回復のための支援が適切に行われるよう、厚生労働省において、同センターの職員が犯罪被害者等支援に関する研修を受講するよう促すなどして、犯罪被害者等支援業務に関する同センターの職員の理解促進を図る。【厚生労働省】

⑹ 地域格差のない迅速かつ適切な救急医療の提供

【施策番号 43】

厚生労働省において、地域の格差なく迅速かつ適切な救急医療が提供されるよう、初期救急、二次救急及び三次救急の救急医療体制の整備を図るとともに、総務省と連携し、メディカルコントロール体制[*2] の充実強化を図る。【厚生労働省】

⑺ 救急医療における精神的ケアのための体制の確保

【施策番号 44】

厚生労働省において、救急医療における犯罪被害者等の精神的ケアに対応するため、救急医療体制における精神科医との連携体制の確保を図る。【厚生労働省】

⑻ 自動車事故による重度後遺障害者に対する医療の充実等

【施策番号 45】

国土交通省及び独立行政法人自動車事故対策機構において、自動車事故による重度後遺障害者が質の高い治療・看護・リハビリテーションを受けられる機会の充実等を図るため、療護施設の充実やリハビリテーションの機会の確保に向けた取組を推進する。また、自動車事故による重度後遺障害者に対する介護料の支給等を推進するとともに、相談・情報提供等の介護料受給者への支援の充実・強化を図るほか、在宅で療養生活を送る自動車事故による後遺障害者の介護が様々な理由により困難となる場合に備えた環境整備を推進する。【国土交通省】

⑼　高次脳機能障害者への支援の充実

【施策番号 46】

厚生労働省において、令和２年度から厚生労働科学研究費補助金で実施している「高次脳機能障害の診断方法と診断基準に資する研究」等を踏まえ、引き続き、患者・家族からの相談への対応や高次脳機能障害者への支援の普及啓発等を行う「高次脳機能障害支援普及事業」の実施を支援する。【厚生労働省】

⑽　子供の被害者等に対応できる思春期精神保健の専門家の養成

【施策番号 47】

厚生労働省において、医師、看護師、保健師、精神保健福祉士、公認心理師、臨床心理士、児童相談員等を対象に、家庭内暴力や児童虐待等の児童思春期における様々な精神保健に関する問題への対応を習得するための「思春期精神保健研修」を実施する。【厚生労働省】

⑾　被害少年等のための治療等の専門家の養成、体制整備及び施設の増強に資する施策の実施

【施策番号 48】

厚生労働省において、虐待を受けた子供の児童養護施設等への入所が増加していることを受け、平成 23 年度には児童養護施設等に心理療法担当職員及び個別対応職員の配置を義務化しており、引き続き適切な援助体制を確保する。具体的には、児童虐待が発生した場合の子供の安全を確保するための初期対応が迅速・確実に行われるよう、「児童虐待防止対策体制総合強化プラン」（平成 30 年 12 月 18 日児童虐待防止対策に関する関係府省庁連絡会議決定）や令和元年６月に成立した児童虐待防止対策の強化を図るための児童福祉法等の一部を改正する法律（令和元年法律第 46 号）による改正後の児童福祉法（昭和 22 年法律第 164 号）等に基づき、児童福祉司（指導及び教育を行う児童福祉司スーパーバイザーを含む。）、児童心理司、保健師、弁護士、医師等の配置を支援する。【厚生労働省】

⑿　里親制度の充実

【施策番号 49】

厚生労働省において、被害少年等の保護に資するよう、里親支援機関事業による里親の支援等により、里親制度の充実を図る。【厚生労働省】

⒀　児童虐待への夜間・休日対応の充実等

【施策番号 50】

ア　厚生労働省において、児童相談所が夜間・休日を含めいつでも虐待通告等の緊急の相談に対応できるよう、その体制整備に努める。【厚生労働省】

【施策番号 51】

イ　厚生労働省において、虐待を受けた児童に対する医療ケアの重要性に鑑み、地域の医療機関との連携・協力体制の充実に努める。【厚生労働省】

⒁　被害少年等の保護に関する学校及び児童相談所等の連携の充実

【施策番号 52】

文部科学省及び厚生労働省において、被害少年等の保護に関し、要保護児童対策地域協議会を活用するなど、学校と児童相談所等の被害少年等の保護に資する関係機関との連携の充実を図る。【文部科学省、厚生労働省】

⒂　被害少年等に対する学校における教育相談体制の充実等

【施策番号 53】

ア　文部科学省において、被害少年等を含む児童生徒の相談等に適切に対応できるよう、現在の配置状況も踏まえ、スクールカウンセラーやスクールソーシャルワーカーの配置時間の充実等、学校における専門スタッフとしてふさわしい配置条件の実現を目指すとともに、勤務体制や環境等の工夫等、学校においてスクールカウンセラーやスクールソーシャルワーカーを機能させるための取組や、犯罪等の被害に関する研修等を通じた資質の向上を図ることにより、学校における教育相談体制の充実を図る。【文部科学省】

【施策番号 54】

イ　文部科学省において、被害少年等である児童生徒に対する心理的ケアについても、大学の教職課程におけるカウンセリングに関する教育及び教職員に対するカウンセリングに関する研修内容に含めるなど、その内容の充実を図るよう促す。【文部科学省】

⒃　被害少年の精神的被害を回復するための継続的支援の推進

【施策番号 55】

警察において、被害少年の精神的被害を回復するため、保護者の同意を得た上で、カウンセリングの実施、関係機関又は犯罪被害者等早期援助団体をはじめとする民間被害者支援団体への紹介等の支援を継続的に推進する。【警察庁】

⒄　警察における性犯罪被害者に対するカウンセリングの充実

【施策番号 56】

警察庁において、性犯罪被害者の精神的被害の回復に資するため、公認心理師、臨床心理士等の資格を有する部内カウンセラーが効果的に活用され、警察によるカウンセリング費用の公費負担制度が効果的に運用されるよう、都道府県警察を指導するとともに、都道府県警察における部内カウンセラーの配置状況や同制度の措置状況を毎年公表する。【警察庁】

⒅　性犯罪被害者等に対する緊急避妊に関する情報提供

【施策番号 57】

厚生労働省において、性犯罪被害者を含め、緊急避妊を必要とする者がその方法等に関する情報を得られるよう、保健所や女性健康支援センター等による情報提供を行う。【厚生労働省】（再掲：第４－１（177））

⒆　性犯罪被害者への対応における看護師等の活用

【施策番号 58】

厚生労働省において、内閣府、警察庁及び文部科学省の協力を得て、医療機関に対し、性犯罪被害者への対応に関する専門的知識・技能を備えた看護師、助産師等の活用について啓発を推進する。【厚生労働省】（再掲：第４－１（178））

⒇　ワンストップ支援センターの体制強化

ワンストップ支援センターの体制を強化するため、次の施策を推進する。

【施策番号 59】

ア　内閣府において、関係省庁と連携し、ワンストップ支援センターについて、24 時間 365 日対応化や拠点となる病院の整備促進、コーディネーターの配置・常勤化等の地域連携体制の確立、専門性を高めるなどの人材の育成や運営体制確保、支援員の適切な処遇等、運営の安定化及び質の向上を図る。また、全国共通短縮番号「＃ 8891（はやくワンストップ）」を周知するとともに、夜間・休日においても相談を受け付けるコールセンターの設置及び地域での緊急事案への対応体制の整備、各都道府県の実情に応じた被害者支援センターの増設等、相談につながりやすい体制整備を図る。さらに、全国共通短縮番号について、運用の在り方を検討する。【内閣府】（再掲：第４－１（172））

【施策番号 60】

イ　警察庁において、地方公共団体における犯罪被害者等施策の担当部局に対し、ワンストップ支援センターに関する情報提供等を行うほか、内閣府及び厚生労働省と連携し、地域における性犯罪・性暴力被害者支援の充実のため、ワンストップ支援センターにおける取組事例を含めた資料の提供に努める。【警察庁】（再掲：第４－１（173））

【施策番号 61】

ウ　厚生労働省において、都道府県等の協力を得て、犯罪被害者支援団体、医師をはじめとする医療関係者等から、ワンストップ支援センターの開設に向けた相談があった場合には、協力が可能な医療機関の情報を収集し、当該犯罪被害者支援団体等に提供する。【厚生労働省】（再掲:第４－１（174））

【施策番号 62】

エ　厚生労働省において、医療機能情報提供制度の充実を図るとともに、同制度によりワンストップ支援センターを施設内に設置している医療機関を検索することができる旨を周知する。【厚生労働省】（再掲：第４－１（175））

【施策番号 63】

オ　前記施策のほか、関係府省庁において、障害者や男性等を含む様々な性犯罪・性暴力被害者への適切な対応や支援を行うことができるよう、性犯罪・性暴力被害者の支援体制の充実のための施策を検討する。【内閣府、警察庁、厚生労働省】（再掲：第４－１（176））

⑵1　犯罪被害者等に関する専門的な知識・技能を有する専門職の養成等

【施策番号 64】

ア　警察庁において、公益財団法人日本臨床心理士資格認定協会及び一般社団法人日本臨床心理士会に働き掛け、犯罪被害者等に関する専門的な知識・技能を有する臨床心理士の養成及び研修の実施を促進する。【警察庁】

【施策番号 65】

イ　警察庁及び厚生労働省が連携し、公益社団法人日本社会福祉士会、公益社団法人日本精神保健福祉士協会及び公益社団法人日本看護協会に働き掛け、犯罪被害者等に関する専門的な知識･技能を有する社会福祉士、精神保健福祉士及び看護師の養成及び研修の実施を促進する。【警察庁、厚生労働省】

【施策番号 66】

ウ　警察庁、文部科学省及び厚生労働省が連携し、一般社団法人日本公認心理師協会及び一般社団法人公認心理師の会に働き掛け、犯罪被害者等に関する専門的な知識・技能を有する公認心理師の養成及び研修の実施を促進する。【警察庁、文部科学省、厚生労働省】

【施策番号 67】

エ　前記施策のほか、警察庁において、関係府省庁と連携し、関係機関・団体における犯罪被害者等に関する専門的な知識・技能を有する専門職の養成及び研修の実施に必要な協力を行う。【警察庁】

⑵2　法科大学院における教育による犯罪被害者等への理解の向上の促進

【施策番号 68】

文部科学省において、各法科大学院が、自らの教育理念に基づき多様で特色のある教育を展開する中で、犯罪被害者等に対する理解の向上を含め、真に国民の期待と信頼に応え得る法曹の養成に努めるよう促す。【文部科学省】

⑵3　犯罪被害者等に対する医療機関の医療機能に関する情報の提供

【施策番号 69】

厚生労働省において、犯罪被害者等が利用しやすいよう、医療機関の医療機能に関する情報をウェブサイト上で提供するとともに、関係機関において当該情報を共有し、適時適切に犯罪被害者等に提供する。【厚生労働省】

⑵4　犯罪被害者等の受診情報等の適正な取扱い

【施策番号 70】

ア　厚生労働省において、犯罪被害者等の受診情報が医療機関や保険者から流出することのないよう、個人情報の保護に関する法律（平成 15 年法律第 57 号）に基づき、医療機関や保険者に適切に対応する。また､「診療情報の提供等に関する指針」（平成 15 年９月 12 日付け厚生労働省医政局長通知）に基づき、引き続き医療機関等に適切な対応を求める。さらに、医療安全支援センターにおいて、個人情報の取扱いを含めた医療に関する苦情・相談のあった医療機関の管理者に対し、必要に応じて助言を行う。【厚生労働省】

【施策番号 71】

イ　金融庁において、犯罪被害者等の保健医療に関する情報をはじめとする個人情報の取扱いに関し、損害保険会社に問題があると認められる場合には、保険業法（平成７年法律第 105 号）に基づき、当該保険会社に対する検査・監督において適切に対応する。【金融庁】

2　安全の確保（基本法第15条関係）

(1)　判決確定、保護処分決定後の加害者に関する情報の犯罪被害者等への提供の適正な運用及び拡充の検討

【施策番号72】

法務省において、加害者の処遇状況等に関する事項の情報提供について、被害者等通知制度を引き続き適切に運用するとともに、犯罪被害者等への情報提供の在り方について、同制度の運用状況や加害者の改善更生への影響、個人のプライバシーの問題等を総合的に考慮しつつ検討を行い、３年以内を目途に結論を出し、必要な施策を実施する。【法務省】

(2)　医療観察制度における加害者の処遇段階等に関する情報提供の適正な運用

【施策番号73】

法務省において、医療観察制度における犯罪被害者等に対する加害者の処遇段階等に関する情報提供制度に基づき、医療観察制度における加害者の処遇段階等に関する犯罪被害者等の要望に応じた情報提供について、一層円滑かつ適正な運用に努める。また、犯罪被害者等への情報提供の在り方について、情報提供制度の運用状況、医療観察制度の対象となる加害者の社会復帰の促進や個人情報の保護等を総合的に考慮しつつ検討を行う。【法務省】

(3)　更生保護における犯罪被害者等施策の周知

【施策番号74】

法務省において、心情等伝達制度等を利用した犯罪被害者等の体験談等を法務省ウェブサイトに掲載するなどして、更生保護における犯罪被害者等施策の広報や関係機関・団体等に対する周知に努める。【法務省】

(4)　被害者等通知制度の周知

【施策番号75】

検察庁において、検察官等が犯罪被害者等の事情聴取等を行ったときは、被害者等通知制度に基づく通知の希望の有無を確認するとともに、パンフレット「犯罪被害者の方々へ」を配布するなどして、同制度の周知に努める。また、法務省において、少年審判後の同制度に関するリーフレットを関係機関に配布するなどして、同制度の周知に努める。【法務省】

(5)　加害者に関する情報提供の適正な運用

【施策番号76】

法務省において、再被害防止のため、警察の要請に応じ、刑事施設、地方更生保護委員会及び保護観察所が警察に対して行う受刑者の釈放予定、帰住予定地、仮釈放中の特異動向等の情報提供や、再度の加害行為のおそれを覚知した検察官、刑事施設、地方更生保護委員会及び保護観察所による警察への連絡について、関係者への周知徹底を図り、引き続き、円滑かつ適正な運用に努める。【警察庁、法務省】

(6)　警察における再被害防止措置の推進

【施策番号77】

ア　警察において、13歳未満の子供を被害者とした強制わいせつ等の暴力的性犯罪で服役して出所した者の再犯防止を図るため、法務省から情報提供を受け、定期的な所在確認を実施する。また、必要に応じて当該出所者の同意を得て面談を行うとともに、関係機関・団体との連携強化に努める。【警察庁】

【施策番号78】

イ　警察において、同一の加害者により再び危害を加えられるおそれのある犯罪被害者等を再被害防止対象者として指定するとともに、当該加害者を収容している刑事施設等と緊密に連携し、防犯指導・警戒等の再被害防止措置を推進する。また、関係機関と連携し、犯罪被害者等の個人情報の保護に配慮した上で、事案に応じた柔軟な対応に努める。【警察庁】

(7)　警察における保護対策の推進

【施策番号79】

警察において、暴力団等による危害を未然に防止するため、暴力団等から危害を受けるおそれのある者を保護対象者として指定し、危害を受けるおそれの程度に応じ、その危害を防止するための必要な措置を講ずるなど、警察組織の総合力を発揮した保護対策を推進

する。【警察庁】

⑻　保釈に関する犯罪被害者等に対する安全への配慮の充実

【施策番号80】

加害者の保釈申請がなされた場合には、法務省において、事案に応じ、改めて犯罪被害者等に連絡して事情聴取を行うなどして、裁判所に提出する検察官意見に犯罪被害者等の意見を適切に反映させるとともに、保釈申請の結果を犯罪被害者等に連絡するなど、犯罪被害者等の安全確保に一層配慮するよう努める。【法務省】（再掲：第３－１（134））

⑼　再被害の防止に向けた関係機関の連携の強化

【施策番号81】

ア　警察庁及び厚生労働省において、配偶者等からの暴力事案の被害者、人身取引（性的サービスや労働の強要等）事犯の被害者、児童虐待の被害児童等の保護に関する警察、婦人相談所、児童相談所等の連携について、犯罪被害者等の意見・要望を踏まえ、一層の強化を図る。【警察庁、厚生労働省】

【施策番号82】

イ　警察庁及び文部科学省において、警察と学校等関係機関の通報連絡体制や要保護児童対策地域協議会の活用、加害少年やその保護者に対する指導等の一層の充実を図り、再被害の防止に努める。【警察庁、文部科学省】

⑽　犯罪被害者等に関する情報の保護

【施策番号83】

ア　法務省において、証拠開示の際に証人等の住居等が関係者に知られることのないように求める制度や、性犯罪等の事件の公開の法廷では氏名、住所その他被害者の特定につながる事項を明らかにしない制度について周知徹底を図るとともに、訴訟関係者への注意喚起を含め、これらの制度の一層適正な運用に努めるよう、検察官等の意識の向上を図る。また、証人への付添い、遮へい等の犯罪被害者等の保護のための措置について周知徹底を図り、一層適正な運用に努める。さらに、更生保護官署においても、保管する犯罪被害者等の個人情報を適切に管理するよう周知徹底を図る。【法務省】

【施策番号84】

イ　法務省において、検察官が、ストーカー事案について、所要の捜査を遂げた上、事案に応じた適切な処分を行うとともに、捜査・公判の各段階において、犯罪被害者等に関する情報の保護に配慮するなど、適切な対応に努める。【法務省】

【施策番号85】

ウ　日本司法支援センターにおいて、常勤弁護士を含む職員に対し、犯罪被害者等の個人情報の取扱いに十分留意するよう指導を行う。【法務省】

【施策番号86】

エ　総務省において、引き続き、市区町村における「ドメスティック・バイオレンス、ストーカー行為等、児童虐待及びこれらに準ずる行為の被害者の保護のための住民基本台帳事務における支援措置」制度及び「ドメスティック・バイオレンス及びストーカー行為等の被害者に係る選挙人名簿の抄本の閲覧に関する厳格な取扱いについて」（平成29年９月29日付け総務省自治行政局選挙部選挙課長通知）について、厳格な運用により犯罪被害者等に係る情報の保護の徹底がなされるよう、必要に応じて手続を周知する。【総務省】

【施策番号87】

オ　法務省において、引き続き、市区町村における「ＤＶ被害者等の住所等の記載がある届書等に関する戸籍法第48条第２項に基づく届書等の記載事項証明書等の取扱いについて」（平成24年３月23日付け法務省民事局民事第一課補佐官（戸籍担当）事務連絡）に基づく手続、法務局における「配偶者からの暴力の防止及び被害者の保護等に関する法律第１条第２項に規定する被害者が登記義務者又は登記権利者とならないが、添付情報に当該被害者の現住所が記載されている場合における閲覧の方法について」（平成27年３月31日付け法務省民事局民事第二課長通知）等に基づく取組及び「ＤＶ被害者から供託物払渡請求書の住所等の秘匿に係る申出があった場合における措置について」（平成25年9月20日付け法務省民事局商事課長通知）に基づく手続を周知するとともに、厳格な運用により犯罪被害者等に係る情報の管理の徹底を図る。【法務省】

【施策番号88】

カ　国土交通省において、引き続き、運輸支局等における登録自動車の「登録事項等証明書の交付請求に係る配偶者からの暴力、ストーカー行為等、児童虐待及びこれらに準ずる行為の被害者の保護のための取扱いについて」（平成26年7月11日付け国土交通省自動車局自動車情報課長通知）や、軽自動車検査協会における「検査記録事項等証明書交付請求に係る配偶者からの暴力、ストーカー行為等、児童虐待及びこれらに準ずる行為の被害者の保護のための取扱いについて」（平成27年1月26日付け国土交通省自動車局整備課長通知）に基づく手続を周知するとともに、厳格な運用により犯罪被害者等に係る情報の管理の徹底を図る。【国土交通省】

【施策番号89】

キ　警察による被害者の実名発表・匿名発表については、犯罪被害者等の匿名発表を望む意見と、マスコミによる報道の自由、国民の知る権利を理由とする実名発表に対する要望を踏まえ、プライバシーの保護、発表することの公益性等の事情を総合的に勘案しつつ、個別具体的な案件ごとに適切な発表内容となるよう配慮する。【警察庁】（再掲：第5－1（274））

⑾　一時保護場所の環境改善等

【施策番号90】

厚生労働省において、児童相談所及び婦人相談所による一時保護や婦人保護施設及び民間シェルター等への一時保護委託の適正な運用に努める。【厚生労働省】（再掲:第1－3（25））

⑿　被害直後及び中期的な居住場所の確保

【施策番号91】

厚生労働省において、「児童虐待防止対策の抜本的強化について」等に基づき、児童相談所の一時保護所において個別対応ができる職員体制の強化や環境整備を推進する。【厚生労働省】（再掲：第1　3（26））

⒀　児童虐待の防止及び早期発見・早期対応のための体制整備等

【施策番号92】

ア　内閣府及び厚生労働省において、配偶者等からの暴力事案がその子供にも悪影響を及ぼすことに鑑み、子供に対する精神的ケア等の支援の充実を図るとともに、配偶者暴力相談支援センター等の配偶者等からの暴力事案への対応機関と児童相談所等の児童虐待への対応機関との連携・協力を推進する。【内閣府、厚生労働省】

【施策番号93】

イ　警察において、児童虐待の早期発見等に資する教育訓練を徹底し、児童虐待に関する職員の専門的知識・技能の向上に努めるとともに、都道府県警察本部に、児童相談所等の関係機関との連携や児童虐待への専門的な対応に関する警察職員に対する指導等の業務を担う「児童虐待対策官」を設置するなど、児童虐待への対応の強化を図る。【警察庁】

【施策番号94】

ウ　法務省において、法的問題の解決が必要な児童虐待及び児童虐待を伴う配偶者等からの暴力事案について、日本司法支援センターの法律相談援助等の利用を促進する。【法務省】

【施策番号95】

エ　文部科学省において、学校教育関係者等の職務上虐待を受けている子供を発見しやすい立場にある者が児童虐待に適切に対応できるよう、学校・教育委員会等に対し、早期発見・早期対応のための体制整備や的確な対応を促す。具体的には、教職員が児童相談所等への通告義務を負うことの周知徹底を図るとともに、教育機関等から福祉部門への定期的な情報提供、教師用研修教材の活用や児童相談所職員との合同研修への参加等を促す。【文部科学省】

【施策番号 96】

オ　文部科学省において、地域における児童虐待の未然防止等に資するよう、子育ての悩みや不安を抱えながらも、自ら学びや相談の場等にアクセスすることが困難な家庭等に配慮しつつ、地域の多様な人材を活用した家庭教育支援チーム等による保護者に対する学習機会や情報の提供、相談対応等、地域の実情に応じた家庭教育支援の取組を推進する。【文部科学省】

【施策番号 97】

カ　厚生労働省において、児童虐待の未然防止及び早期発見・早期対応に資するよう、児童相談所・市区町村の体制の強化、児童相談所を中心とした様々な関係機関の連携及び体罰等によらない子育てを推進するとともに、全国の好事例を収集し、周知徹底を図る。【厚生労働省】

【施策番号 98】

キ　厚生労働省において、「児童虐待防止対策の抜本的強化について」に基づき、配偶者等からの暴力事案の被害者等に同伴する児童に対する支援の充実を図るため、婦人相談所に児童相談所等の関係機関と連携するコーディネーターを配置する。また、婦人相談所の一時保護所及び婦人保護施設に学習指導員を配置するなど、当該同伴児童が適切に教育を受けることができる体制を整備する。さらに、当該同伴児童を適切な環境で保護できるようにするため、心理的ケアや個別対応を含めた体制整備を促進する。【厚生労働省】

⒁　児童虐待防止のための児童の死亡事例等の検証の実施

【施策番号 99】

厚生労働省において、児童虐待防止のため、社会保障審議会児童部会の下に設置された「児童虐待等要保護事例の検証に関する専門委員会」の下で児童の死亡事例等の検証を実施する。【厚生労働省】

⒂　再被害の防止に資する教育の実施等

【施策番号 100】

ア　内閣府において、配偶者等からの暴力事案の被害者に対する支援の一環として、加害者の暴力を抑止するための地域社会内でのプログラムについて、試行実施を進めるとともに、地方公共団体において民間の団体と連携してプログラムを実施するためのガイドラインを策定するなど、本格実施に向けた検討を行う。【内閣府】

【施策番号 101】

イ　法務省において、矯正施設の被収容者を対象に実施している「被害者の視点を取り入れた教育」について、犯罪被害者等や犯罪被害者支援団体の意向等に配慮し、犯罪被害者等の心情等への理解を深めさせ、謝罪や被害弁償等の具体的な行動を促すための指導を含めた改善指導・矯正教育等の一層の充実に努めるとともに、指導効果の検証について、その在り方も含め検討を行う。また、家庭裁判所、検察庁等から矯正施設に送付される資料の中に犯罪被害者等の心情等が記載されている場合には、同資料を被収容者に対する指導に有効活用するよう努める。【法務省】（再掲：第３－１（154））

⒃　再被害の防止に資する適切な加害者処遇

【施策番号 102】

ア　地方更生保護委員会又は保護観察所において、事案に応じ、犯罪被害者等の安全確保に必要な仮釈放者及び保護観察付執行猶予者の特別遵守事項の適切な設定に努めるとともに、保護観察所において、当該事項を遵守させるための加害者に対する指導監督を徹底する。【法務省】

【施策番号 103】

イ　ストーカー事案や配偶者等からの暴力事案等の加害者として刑事施設に収容され仮釈放された者及び保護観察付執行猶予となった者については、犯罪被害者等との接触の禁止等の特別遵守事項を適切に設定することや、その遵守状況を的確に把握し、指導監督することが必要であることから、保護観察所及び警察が緊密かつ継続的に連

基礎資料

携し、当該者の特異動向等を双方で迅速に把握して、必要な措置を講ずる。【警察庁、法務省】

【施策番号 104】

ウ　法務省において、犯罪被害者等の意向等に配慮し、謝罪及び被害弁償に向けた保護観察処遇における効果的なしょく罪指導を徹底する。【法務省】

⒄　再被害防止のための安全確保方策の検討

【施策番号 105】

内閣府、警察庁及び法務省が連携し、ストーカー事案や配偶者等からの暴力事案をはじめ、犯罪被害者等が同一の加害者から再被害を受けている実態やそのおそれ等を把握した上で、他の関係省庁の協力も得て、犯罪被害者等の安全確保方策について検討する。【内閣府、警察庁、法務省】

3　保護、捜査、公判等の過程における配慮等（基本法第 19 条関係）

⑴　職員等に対する研修の充実等

【施策番号 106】

ア　内閣府において、ワンストップ支援センターの相談員、行政職員及び医療関係者に対する研修を引き続き実施するとともに、センター長やコーディネーターに対する研修の令和３年度からの実施を検討する。また、支援に関する基礎知識をオンラインで学ぶことができるよう、オンライン研修教材の開発・提供を進める。【内閣府】

【施策番号 107】

イ　警察において、犯罪被害者等への適切な対応を確実に行うため、採用時及び上位の階級又は職に昇任した際に行われる教育、専門的知識を必要とする職務に従事する実務担当者に対する教育、犯罪被害者、遺族等による講演、警察本部の犯罪被害者支援担当課による各警察署に対する巡回教育、犯罪被害者等支援の体験記の配布、犯罪被害者等早期援助団体をはじめとする民間被害者支援団体等との連携要領についての教育、性犯罪被害者への支援要領についての教育等の充実を図り、職員の対応の改善を進めるとともに、二次的被害の防止に努める。【警察庁】

【施策番号 108】

ウ　警察において、配偶者等からの暴力事案に的確に対処することができるよう、同事案に対処する警察官に対して必要な教育を行う。【警察庁】

【施策番号 109】

エ　警察において、被害児童の聴取に関する警察官の技能の一層の向上を図るため、事情聴取場面を設定したロールプレイング方式の実践的な研修を導入するなど、被害児童の負担軽減に配意しつつ信用性の高い供述を確保するための聴取方法に関する効果的な研修の実施に努める。【警察庁】

【施策番号 110】

オ　警察において、性犯罪被害者の心情に配慮した捜査及び支援を推進するため、性犯罪の捜査及び支援に従事する警察官等を対象に、専門的知見を有する講師を招いて講義を行うなど、男性や性的マイノリティが被害を受けた場合の対応を含め、警察学校等における研修を実施する。【警察庁】

【施策番号 111】

カ　警察において、障害者の特性を踏まえた捜査及び支援を推進するため、捜査及び支援に従事する警察官等を対象に、専門的知見を有する講師を招いて講義を行うなど、警察学校等における研修を実施する。【警察庁】

【施策番号 112】

キ　法務省において、二次的被害の防止の重要性も踏まえ、検察官及び検察事務官に対する各種研修の機会における「犯罪被害者支援」等のテーマによる講義の実施、犯罪被害者等早期援助団体への検察官の派遣、矯正施設職員に対する犯罪被害者団体等の関係者を招いた講義等の実施、更生保護官署職員に対する犯罪被害者等支援の実務家による講義等の実施、全国の地方検察庁に配置されている被害者支援員を対象とした研修における犯罪被害者等に関する諸問題についての講義等の実施等、職員の犯罪被害者等への適切な対応を確実にするための

教育・研修等の充実を図り、職員の対応の向上に努める。【法務省】（再掲：第４－２(235)）

【施策番号 113】

ク　法務省において、検察幹部が犯罪被害者等の心情等への理解を深めることに資するセミナーを実施するとともに、積極的に検察官に市民感覚を学ばせつつ、幅広い視野、見識等をかん養させることを目的として、公益的活動を行う民間の団体や民間企業に一定期間派遣する研修を実施するなどして、職員の対応の向上に努める。【法務省】

【施策番号 114】

ケ　法務省において、検察官に対する研修の中で、児童や女性の犯罪被害者等と接する上での留意点等を熟知した専門家等による講義を行い、児童及び女性に対する配慮に関する科目の内容の一層の充実を図る。【法務省】（再掲：第３－１(149)、第４－２(236)）

【施策番号 115】

コ　法務省において、副検事に対する研修の中で、交通事件の留意点等を熟知した専門家等による講義を行うとともに、犯罪被害者等の立場等への理解を深めるための機会を設けるなど、交通事件に関する科目の内容の一層の充実を図る。【法務省】（再掲：第３－１（148））

【施策番号 116】

サ　法務省において、犯罪被害者等からの事情聴取に当たり、可能な限り、そのプライバシー、名誉、心身の状況、社会的立場等に十分配慮するよう、検察官等の意識の向上を図る。【法務省】

【施策番号 117】

シ　日本司法支援センターにおける犯罪被害者等支援の窓口となる犯罪被害者等への情報提供を担当する職員及び常勤弁護士に対し、犯罪被害者等の実情に配慮した二次的被害防止のための方策等に関する研修を実施する。【法務省】

【施策番号 118】

ス　厚生労働省において、民生委員・児童委員が、犯罪被害者等を含め、地域住民に対する適切な相談支援を行うことができるよう、その資質の向上のための研修の実施を支援する。【厚生労働省】

【施策番号 119】

セ　厚生労働省において、公的シェルターにおける犯罪被害者等への適切な対応を確実にするための研修及び啓発の充実を図る。また、婦人保護施設における性犯罪被害者支援の現状についての実態を把握しつつ、全国婦人保護施設長等研究協議会や全国婦人保護施設等指導員研究協議会の場を活用して職員の専門的な資質の向上を図るとともに、都道府県が実施する婦人相談所や婦人保護施設の職員、婦人相談員等を対象とした研修を促進する。【厚生労働省】

⑵　女性警察官の配置等

【施策番号 120】

警察において、警察本部や警察署の性犯罪捜査を担当する係への女性警察官の配置及び職員の実務能力の向上、事情聴取時における相談室や被害者支援用車両の活用並びに産婦人科医会や犯罪被害者等早期援助団体をはじめとする民間被害者支援団体、ワンストップ支援センター等とのネットワークの構築による連携強化等に努め、性犯罪被害者の心情に配慮した対応を図る。【警察庁】

⑶　被害児童からの事情聴取における配慮

【施策番号 121】

警察庁、法務省及び厚生労働省において、警察、検察庁、児童相談所等の関係機関が被害児童からの事情聴取に先立って協議を行い、関係機関の代表者が聴取を行う取組を実施するほか、被害児童からの事情聴取に際しては、場所・回数・方法等に配慮するなどの取組を進める。【警察庁、法務省、厚生労働省】

⑷　ビデオリンク等の措置の適正な運用

【施策番号 122】

法務省において、ビデオリンク等の犯罪被害者等の保護のための措置について周知徹底を図り、一層適正に運用されるよう努める。【法務省】

⑸　警察における犯罪被害者等のための施設等の改善

【施策番号 123】

警察において、被害者用事情聴取室や被害者支援用車両の活用を図るとともに、これらの施設等の改善に努める。【警察庁】

⑹　検察庁における犯罪被害者等のための待合室の設置

【施策番号 124】

法務省において、庁舎の建て替えを予定している検察庁については、建て替え時に被害者専用待合室を設置し、それ以外の検察庁については、スペースの有無、設置場所等を勘案しつつ、被害者専用待合室の設置について検討を行う。【法務省】

第３　刑事手続への関与拡充への取組

１　刑事に関する手続への参加の機会を拡充するための制度の整備等（基本法第 18 条関係）

⑴　迅速・確実な被害の届出の受理

【施策番号 125】

犯罪被害者等からの被害の届出に対しては、警察において、その内容が明白な虚偽又は著しく合理性を欠くものである場合を除き、迅速・確実に受理する。【警察庁】

⑵　告訴への適切な対応

【施策番号 126】

犯罪の不成立が明白であるような告訴や根拠が必ずしも十分とは認められないような告訴については、告訴人に対してその旨を説明し、告訴状の補正や疎明資料の追加を促すなどの措置を執る場合もあり、直ちに告訴を受理することが必ずしも相当とは言い難い場合もあるが、警察庁及び法務省において、引き続き、告訴について可能な限り迅速な対応が行われるよう努める。【警察庁、法務省】

⑶　医療機関等における性犯罪被害者からの証拠資料の採取等の促進

【施策番号 127】

ア　警察において、当初は警察への届出をちゅうちょした性犯罪被害者が、後日警察への届出意思を有するに至った場合に備え、医療機関等において性犯罪被害者の身体等から証拠資料を採取しておくため、協力を得られた医療機関等に性犯罪証拠採取キットを整備する取組を進める。また、証拠資料の保管に当たっては、性犯罪被害者のプライバシーの保護に配慮する。【警察庁】

【施策番号 128】

イ　警察において、産婦人科医会等とのネットワークを活用するなどして、性犯罪被害者からの証拠資料の採取の方法を医師等に教示するとともに、捜査に支障のない範囲で、医療機関等で採取した証拠資料の鑑定状況に関する情報を提供する。【警察庁】

⑷　冒頭陳述等の内容を記載した書面交付の周知徹底及び適正な運用

【施策番号 129】

法務省において、冒頭陳述等の内容を記載した書面を犯罪被害者等に交付することについて周知徹底を図り、一層適正に運用されるよう努める。【法務省】

⑸　公判記録の閲覧・謄写制度の周知及び閲覧請求への適切な対応

【施策番号 130】

法務省において、犯罪被害者等から刑事事件の訴訟記録の閲覧・謄写の申出があり、相当と認められるときは、刑事事件の係属中であっても閲覧・謄写が可能である旨をパンフレット等により周知する。また、刑事確定記録の閲覧に際して、犯罪被害者等に対し、被告人や証人等の住所を開示するか否かについては、裁判の公正を担保する必要性と一般公開により生じるおそれのある弊害等を比較衡量してその許否を判断すべきものであるところ、犯罪被害者等保護の要請に配慮しつつ、適切な対応に努める。【法務省】

⑹　犯罪被害者等と検察官の意思疎通の充実

【施策番号 131】

ア　法務省において、犯罪被害者等の意見等をより適切に把握し刑事裁判に適切に反映させるため、犯罪被害者等と検察官の意思疎通の一層の充実を図り、被害状況等の供述調書等による証拠化並びに犯罪被害者等の証人尋問及び意見陳述の活用等により、被害状況等の的確な立証に努める。【法務省】

【施策番号 132】

イ　法務省において、犯罪被害者等の意向に応じ、適宜の時期に、検察官が刑事裁判の公判前整理手続等の経過及び結果について必要な説明を行うとともに、被害者参加人等が公判前整理手続の傍聴を特に希望する場合において、検察官が相当と認めるときは、当該希望の事実を裁判所に伝えるなどの必要な配慮を行うよう努める。また、犯罪被害者等が公判傍聴を希望する場合は、その機会が可能な限り得られるよう、公判期日の指定に当たっては、検察官が犯罪被害者等と十分なコミュニケーションを取り、必要に応じて犯罪被害者等の意向を裁判所に伝えるよう努める。【法務省】

⑺　国民に分かりやすい訴訟活動

【施策番号 133】

法務省において、検察官による視覚的な工夫を取り入れた国民に分かりやすい訴訟活動を行うよう努める。【法務省】

⑻　保釈に関する犯罪被害者等に対する安全への配慮の充実

【施策番号 134】

加害者の保釈申請がなされた場合には、法務省において、事案に応じ、改めて犯罪被害者等に連絡して事情聴取を行うなどして、裁判所に提出する検察官意見に犯罪被害者等の意見を適切に反映させるとともに、保釈申請の結果を犯罪被害者等に連絡するなど、犯罪被害者等の安全確保に一層配慮するよう努める。【法務省】（再掲：第２－２（80））

⑼　上訴に関する犯罪被害者等からの意見聴取等

【施策番号 135】

法務省において、検察官が、被害者のある犯罪について、判決に対する上訴の可否を検討する際、事案の内容等を勘案しつつ、犯罪被害者等から意見聴取等を行うなど、適切な対応に努める。【法務省】

⑽　少年保護事件に関する意見聴取等に関する各種制度の周知

【施策番号 136】

法務省において、少年保護事件に関する意見聴取、記録の閲覧・謄写及び審判結果等の通知に関する各種制度について周知する。【法務省】

⑾　少年審判の傍聴制度の周知

【施策番号 137】

法務省において、少年法の一部を改正する法律（平成20年法律第71号）により導入された、一定の重大事件の被害者等が少年審判を傍聴することができる制度等について、パンフレット等により周知する。【法務省】

⑿　日本司法支援センターにおける支援に関する情報提供の充実

【施策番号 138】

日本司法支援センターにおいて、同センターが実施する犯罪被害者等支援の業務内容について、様々な広報媒体を連動させた広報活動に加え、ＳＮＳ等のメディア媒体を活用した広報活動を実施する。【法務省】（再掲：第４－１（206））

⒀　刑事に関する手続等に関する情報提供の充実

【施策番号 139】

ア　警察庁及び法務省において連携し、犯罪被害者等の意見・要望を踏まえ、刑事に関する手続及び少年保護事件の手続並びに犯罪被害者等のための制度等について分かりやすく解説したパンフレット等の内容の充実を図り、パンフレットの配布方法等の工夫も含め、犯罪被害者等への早期提供に努める。【警察庁、法務省】（再掲：第４－１（221））

【施策番号140】

イ　警察において、都道府県の実情に応じて作成・配布している外国語版の「被害者の手引」について、内容の充実及び見直しを図るとともに、その確実な配布やウェブサイトにおける紹介に努める。【警察庁】（再掲：第４－１（219））

【施策番号141】

ウ　法務省において、犯罪被害者等に対し、その保護・支援のための制度を更に周知するため、外国語によるパンフレットやウェブサイトの作成等による情報提供を行う。【法務省】（再掲：第４－１（222））

⒁　刑事に関する手続等に関する情報提供の充実及び司法解剖に関する遺族への適切な説明等

【施策番号142】

警察庁及び法務省において連携し、検視及び司法解剖に関し、パンフレットの配布等の工夫も含め、遺族の心情に配慮した適切な説明に努める。また、法務省において、警察庁、法医学関係機関等の協力を得て、司法解剖後の臓器等が司法解剖実施機関等で長期間保管される場合があることに関し、遺族の理解と協力を得るため、適切な説明等が行われるよう努める。さらに、警察庁及び法務省において、法医学関係機関等と調整の上、遺族に対する死者の臓器等の適切な返還手続等について検討を行う。【警察庁、法務省】

⒂　犯罪被害者等の意向を踏まえた証拠物件の適正な返却又は処分の推進

【施策番号143】

警察において、証拠物件が滅失、毀損、変質、変形、混合又は散逸することのないよう留意し、その証拠価値の保全に努めるとともに、検察庁と連携し、捜査上留置の必要がなくなった証拠物件については、当該物件の還付方法について犯罪被害者等と協議し、その意向を踏まえた上で返却又は処分するよう努める。【警察庁】

⒃　証拠品の適正な処分等

【施策番号144】

法務省において、被害者の遺族又は家族の心情を踏まえ、捜査・公判に及ぼす影響等にも配慮しつつ、証拠品の還付等を行うとともに、必要に応じ、還付の時期及び方法等について説明を行っているところであり、引き続きその適正な運用に努める。【法務省】

⒄　捜査に関する適切な情報提供等

【施策番号145】

ア　警察において、捜査への支障等を勘案しつつ、被害者連絡制度等の周知徹底・活用を図り、犯罪被害者等の要望に応じて捜査状況等の情報を提供するよう努める。また、必要に応じ、犯罪被害者等早期援助団体をはじめとする民間被害者支援団体等との連携を図る。【警察庁】

【施策番号146】

イ　法務省において、捜査への支障等を勘案しつつ、犯罪被害者等に対し、適時適切に捜査状況等の情報を提供するよう努める。【法務省】

⒅　適正かつ緻密な交通事故事件捜査の一層の推進等

【施策番号147】

警察において、重大・悪質な交通事故事件等については、捜査経験の豊富な交通事故事件捜査統括官及び交通事故の科学的解析に関する研修を積んだ交通事故鑑識官が事故現場に赴いて客観的証拠の収集等の捜査指揮を行うなど、適正かつ緻密な交通事故事件捜査を推進するとともに、捜査員に対する各種研修の充実に努めるなど、交通事故被害者等の心情に配慮した取組を一層推進する。【警察庁】

⒆　交通事件に関する講義の充実

【施策番号148】

法務省において、副検事に対する研修の中で、交通事件の留意点等を熟知した専門家等による講義を行うとともに、犯罪被害者等の立場等への理解を深めるための機会を設けるなど、交通事件に関する科目の内容の一層の

充実を図る。【法務省】（再掲：第２－３（115））

⒇　検察官に対する児童及び女性の犯罪被害者等への配慮に関する研修の充実

【施策番号149】

法務省において、検察官に対する研修の中で、児童や女性の犯罪被害者等と接する上での留意点等を熟知した専門家等による講義を行い、児童及び女性に対する配慮に関する科目の内容の一層の充実を図る。【法務省】（再掲：第２－３（114）、第４－２（236））

㉑　不起訴事案等に関する適切な情報提供

【施策番号150】

ア　法務省において、不起訴記録を保存する各検察庁に対し、不起訴記録の弾力的開示について引き続き周知徹底を図る。また、不起訴記録の開示対象の拡大についても、被害者保護の要請に配慮しつつ、引き続き適切な対応に努める。【法務省】

【施策番号151】

イ　法務省において、不起訴処分について、犯罪被害者等の要望に応じ、検察官が、捜査への支障等を勘案しつつ、事前又は事後に、処分の内容及び理由について十分な説明を行うよう努める。【法務省】

㉒　検察審査会の起訴議決に拘束力を認める制度の運用への協力

【施策番号152】

法務省において、刑事訴訟法等の一部を改正する法律（平成16年法律第62号）による改正後の検察審査会法（昭和23年法律第147号）で導入された、一定の場合に検察審査会の起訴議決に拘束力を認める制度について、公訴権の実行に関し民意を反映させてその適正を図るという趣旨の実現に向け、引き続き必要な協力を行う。【法務省】

㉓　受刑者と犯罪被害者等との面会・信書の発受の適切な運用

【施策番号153】

法務省において、受刑者と犯罪被害者等との面会・信書の発受が、犯罪被害者等の要望に応じ、法令に基づいて引き続き適切に運用されるよう努める。【法務省】

㉔　加害者処遇における犯罪被害者等への配慮の充実

【施策番号154】

ア　法務省において、矯正施設の被収容者を対象に実施している「被害者の視点を取り入れた教育」について、犯罪被害者等や犯罪被害者支援団体の意向等に配慮し、犯罪被害者等の心情等への理解を深めさせ、謝罪や被害弁償等の具体的な行動を促すための指導を含めた改善指導・矯正教育等の一層の充実に努めるとともに、指導効果の検証について、その在り方も含め検討を行う。また、家庭裁判所、検察庁等から矯正施設に送付される資料の中に犯罪被害者等の心情等が記載されている場合には、同資料を被収容者に対する指導に有効活用するよう努める。【法務省】（再掲：第２－２（101））

【施策番号155】

イ　法務省において、保護処分の執行に資するため、少年の精神的・身体的状況、家庭環境、施設内での行動及び処遇の経過等に関する必要な記載がなされている少年簿について、関係機関と連携し、犯罪被害者等に関する事項について必要な情報を収集し、適切に記載するよう努める。【法務省】

【施策番号156】

ウ　法務省において、法制審議会からの諮問第103号に対する答申を踏まえ、刑の執行段階等における犯罪被害者等の心情等の聴取・伝達制度について検討を行い、必要な施策を実施する。実施に当たっては、刑事施設の長等と地方更生保護委員会及び保護観察所の長との連携が図られるよう努める。【法務省】

【施策番号157】

エ　法務省において、保護観察対象者の問題性に応じた専門的処遇プログラムの内容等の充実を図るとともに、当該プログラムの受講を保護観察における特別遵守事項として設定するなどして、当該プログラムを適切に実施する。また、保護観察対象者に対し、再び罪を犯さない決意を固めさせ、犯罪被害者等の意向等に配慮しながら誠実に対応するよう促すため、しょく罪指導を適切に実施する。【法務省】

【施策番号158】

オ　法務省において、「更生保護の犯罪被害者等施策の在り方を考える検討会」報告書を踏まえ、犯罪被害者等による心情等伝達制度へのアクセスの向上、しょく罪指導プログラムの充実化等について検討を行い、3年以内を目途に結論を出し、必要な施策を実施する。【法務省】

⑵5 犯罪被害者等の視点に立った保護観察処遇の充実

法務省において、法制審議会からの諮問第103号に対する答申を踏まえ、更生保護における犯罪被害者等の思いに応えるための制度等として、次の事項について法整備その他の措置を講ずる。

【施策番号159】

ア　地方更生保護委員会及び保護観察所の長が保護観察等の措置を執るに当たっては、当該措置の内容に応じ、犯罪被害者等の被害に関する心情、犯罪被害者等が置かれている状況その他の事情を考慮するものとする。【法務省】

【施策番号160】

イ　犯罪被害者等の被害に関する心情、犯罪被害者等が置かれている状況その他の事情を理解し、その被害を回復すべき責任を自覚するための保護観察対象者に対する指導に関する事実について保護観察官又は保護司に申告し、又は当該事実に関する資料を提示することを、保護観察における遵守事項の類型に加える。【法務省】

【施策番号161】

ウ　仮釈放等の許否の判断に当たって、犯罪被害者等の申出により地方更生保護委員会が聴取を行う意見等の内容に、生活環境の調整及び仮釈放等の期間中の保護観察に関する意見が含まれることを明らかにする。【法務省】

【施策番号162】

エ　具体的な賠償計画を立て、犯罪被害者等に対して慰謝の措置を講ずることについて生活行動指針として設定し、これに即して行動するよう、保護観察対象者に対し指導を行う運用について検討を行い、当該指導の充実を図る。【法務省】

⑵6 犯罪被害者等の意見を踏まえた仮釈放等審理の実施

【施策番号163】

地方更生保護委員会において、仮釈放等の許否の判断に当たって、犯罪被害者等の申出により聴取した意見等を考慮し、必要に応じて保護観察中の特別遵守事項に反映させているところ、仮釈放等の審理において、犯罪被害者等の意見が一層しんしゃくされるよう努める。【法務省】

⑵7 更生保護官署職員に対する研修等の充実

【施策番号164】

法務省において、仮釈放等の許否を判断する地方更生保護委員会の委員を対象とした研修について、犯罪被害者等の意見を仮釈放等の審理に適切に反映させるための講義を実施しているところ、犯罪被害者等の心情や犯罪被害者等が置かれている状況に一層配慮した仮釈放等の審理がなされるよう、引き続き研修内容の充実に努める。【法務省】

⑵8 矯正施設職員に対する研修等の充実

【施策番号165】

法務省において、矯正施設の新規採用職員や初級幹部要員を対象とする研修について、「犯罪被害者の視点」等のテーマによる講義を引き続き実施するとともに、上級幹部要員を対象とする研修について、犯罪被害者団体等の関係者を講師として招くなど、犯罪被害者等の心情、犯罪被害者等が置かれている状況等について理解を深められるよう、引き続き研修内容の充実に努める。【法務省】

第４　支援等のための体制整備への取組

1　相談及び情報の提供等（基本法第11条関係）

(1)　地方公共団体における総合的かつ計画的な犯罪被害者等支援の促進

【施策番号166】

警察において、地方公共団体における犯罪被害者等の視点に立った総合的かつ計画的な犯罪被害者等支援に資するよう、犯罪被害者等支援を目的とした条例等の犯罪被害者等支援のための実効的な事項を盛り込んだ条例の制定又は計画・指針の策定状況について適切に情報提供を行うとともに、地方公共団体における条例の制定等に向けた検討、条例の施行状況の検証及び評価等に資する協力を行う。【警察庁】

(2)　地方公共団体における総合的対応窓口等の周知の促進

【施策番号167】

警察庁において、地方公共団体に対し、犯罪被害者等施策の担当部局及び総合的対応窓口の担当部局を定期的に確認する。また、国民に対して地方公共団体における総合的対応窓口や支援施策を周知するため、犯罪被害者等施策に関するウェブサイト、ポスター、リーフレット、ＳＮＳ等を活用した広報の充実に努める。さらに、犯罪被害者等支援に関するウェブサイトの充実等により、犯罪被害者等を含む地域住民に総合的対応窓口等の相談機関や各種制度等を周知するよう、地方公共団体に対して要請する。【警察庁】

(3)　地方公共団体における総合的対応窓口等の充実の促進

【施策番号168】

警察庁において、地方公共団体に対し、都道府県・政令指定都市犯罪被害者等施策主管課室長会議の開催、地方公共団体の職員を対象とする研修、「犯罪被害者等施策情報メールマガジン」の発信等を通じて、総合的対応窓口等における好事例や犯罪被害者等支援の先進的・意欲的な取組事例等を提供するとともに、総合的対応窓口等の相談窓口機能の充実を要請する。【警察庁】

(4)　地方公共団体における専門職の活用及び連携・協力の一層の充実・強化

【施策番号169】

警察庁において、地方公共団体に対し、犯罪被害者等の生活支援を効果的に行うため、犯罪被害者等支援における社会福祉士、精神保健福祉士、公認心理師、臨床心理士等の専門職の活用を働き掛ける。また、犯罪被害者等を早期に専門職の支援につなげるため、地方公共団体における総合的対応窓口と関係機関・団体との連携・協力の一層の充実・強化を要請する。【警察庁】

(5)　地方公共団体間の連携・協力の充実・強化等

【施策番号170】

警察庁において、都道府県における市区町村の連携・協力の充実・強化を図るため、都道府県による市区町村の犯罪被害者等支援担当者を集めた研修の実施等に協力する。また、地方公共団体をまたいだ連携・協力が必要な事案に備えて、地方公共団体における犯罪被害者等支援に関するコンタクト・ポイントを一覧にまとめた資料を整備し、地方公共団体間の情報共有を促進する。【警察庁】

(6)　犯罪被害者等施策に携わる地方公共団体の職員等の育成及び意識の向上

【施策番号171】

警察庁において、地方公共団体の職員等の育成及び意識の向上を図るため、犯罪被害者等やその援助に精通した有識者を招き、関係府省庁及び地方公共団体の職員等を対象とする「犯罪被害者等施策講演会」を開催する。また、都道府県・政令指定都市犯罪被害者等施策主管課室長会議等を通じて、犯罪被害者等支援に関する最新の情報を提供するとともに、地方公共団体における先進的・意欲的な取組事例を含め、犯罪被害者等支援に関する資料の提供に努める。【警察庁】

(7) ワンストップ支援センターの体制強化

ワンストップ支援センターの体制を強化するため、次の施策を推進する。

【施策番号172】

ア 内閣府において、関係省庁と連携し、ワンストップ支援センターについて、24時間365日対応化や拠点となる病院の整備促進、コーディネーターの配置・常勤化等の地域連携体制の確立、専門性を高めるなどの人材の育成や運営体制確保、支援員の適切な処遇等、運営の安定化及び質の向上を図る。また、全国共通短縮番号「＃8891（はやくワンストップ）」を周知するとともに、夜間・休日においても相談を受け付けるコールセンターの設置及び地域での緊急事案への対応体制の整備、各都道府県の実情に応じた被害者支援センターの増設等、相談につながりやすい体制整備を図る。さらに、全国共通短縮番号について、運用の在り方を検討する。【内閣府】（再掲：第２－１（59））

【施策番号173】

イ 警察庁において、地方公共団体における犯罪被害者等施策の担当部局に対し、ワンストップ支援センターに関する情報提供等を行うほか、内閣府及び厚生労働省と連携し、地域における性犯罪・性暴力被害者支援の充実のため、ワンストップ支援センターにおける取組事例を含めた資料の提供に努める。【警察庁】（再掲：第２－１（60））

【施策番号174】

ウ 厚生労働省において、都道府県等の協力を得て、犯罪被害者支援団体、医師をはじめとする医療関係者等から、ワンストップ支援センターの開設に向けた相談があった場合には、協力が可能な医療機関の情報を収集し、当該犯罪被害者支援団体等に提供する。【厚生労働省】（再掲：第２－１（61））

【施策番号175】

エ 厚生労働省において、医療機能情報提供制度の充実を図るとともに、同制度によりワンストップ支援センターを施設内に設置している医療機関を検索することができる旨を周知する。【厚生労働省】（再掲：第２－１（62））

【施策番号176】

オ 前記施策のほか、関係府省庁において、障害者や男性等を含む様々な性犯罪・性暴力被害者への適切な対応や支援を行うことができるよう、性犯罪・性暴力被害者の支援体制の充実のための施策を検討する。【内閣府、警察庁、厚生労働省】（再掲：第２－１（63））

(8) 性犯罪被害者等に対する緊急避妊に関する情報提供

【施策番号177】

厚生労働省において、性犯罪被害者を含め、緊急避妊を必要とする者がその方法等に関する情報を得られるよう、保健所や女性健康支援センター等による情報提供を行う。【厚生労働省】（再掲：第２－１（57））

(9) 性犯罪被害者への対応における看護師等の活用

【施策番号178】

厚生労働省において、内閣府、警察庁及び文部科学省の協力を得て、医療機関に対し、性犯罪被害者への対応に関する専門的知識・技能を備えた看護師、助産師等の活用について啓発を推進する。【厚生労働省】（再掲：第２－１（58））

(10) 性犯罪の被害に遭った児童生徒への対応の充実

【施策番号179】

文部科学省において、性犯罪の被害に遭った児童生徒及びその保護者の相談等に対し、学級担任、生徒指導担当教員、養護教諭、スクールカウンセラー等が連携し、適切な対応ができるよう、学校内の教育相談体制の充実を図るとともに、関係機関との積極的な連携を促進する。また、24時間子供ＳＯＳダイヤルやワンストップ支援センターについて、教育委員会等を通じて児童生徒や保護者に周知する。【文部科学省】

⑾　地方公共団体における配偶者等からの暴力事案の被害者の支援に係る取組の充実

【施策番号 180】

内閣府において、都道府県及び市区町村内の関係部局その他関係機関の連携強化を通じ、配偶者等からの暴力事案の被害者の支援に係る取組の充実を図る。【内閣府】

⑿　コーディネーターとしての役割を果たせる民間支援員の養成への支援等

【施策番号 181】

警察庁において、民間被害者支援団体に対し、犯罪被害者等支援のための制度を所管する関係府省庁の協力を得て、同団体が行う研修内容に関する助言や研修に対する講師派遣等の協力を行い、性犯罪被害者を含めた犯罪被害者等に対する支援全般（必要な支援についての相談・情報提供、適切な関係機関・団体への橋渡し等）を管理するコーディネーターとしての役割を果たす民間支援員の育成を支援する。また、地域における犯罪被害者等支援体制の整備を促進するため、地方公共団体の職員や民間支援員が参加できる研修の実施に努める。【警察庁】（再掲：第４－２（239））

⒀　警察と関係機関・団体等との連携・協力の充実・強化及び情報提供の充実

【施策番号 182】

警察において、犯罪被害者等支援に関係する機関・団体等との連携・協力を充実・強化し、それらの関係機関・団体等の犯罪被害者等支援のための制度等を犯罪被害者等に説明できるよう努めるとともに、犯罪被害者等支援のための制度を所管する関係府省庁の協力を得て、当該機関・団体等及び府省庁に係る制度に関する案内書、申込書等を常備し、これを必要とする犯罪被害者等に提供するよう努める。【警察庁】

⒁　被害者支援連絡協議会及び被害者支援地域ネットワークにおける連携の推進

【施策番号 183】

警察において、法務省、文部科学省、厚生労働省及び国土交通省の協力を得て、地方公共団体、地方検察庁、弁護士会、医師会、社会福祉士会、精神保健福祉士協会、公認心理師関連団体、臨床心理士会、犯罪被害者等の援助を行う民間の団体等から成る、警察本部や警察署単位で設置している被害者支援連絡協議会及び被害者支援地域ネットワークについて、メンバー間の連携及び相互の協力を強化し、生活再建、医療、裁判等多岐にわたる分野について、死傷者が多数に及ぶ事案等を想定した実践的なシミュレーション訓練の実施等を通じて、具体的な事案に応じた対応力の向上を図る。【警察庁】

⒂　警察における相談体制の充実等

【施策番号 184】

ア　警察において、全国統一の警察相談専用電話「＃9110」番、性犯罪被害相談、少年相談等の個別の相談窓口で、犯罪被害者等の住所地や実名・匿名の別を問わず相談に応じるとともに、犯罪被害者等の要望に応じ、警察本部又は警察署の被害者支援連絡協議会等のネットワークに参画する関係機関・団体に関する情報提供等や、他の警察本部又は警察署のネットワークの活用にも配慮する。また、被害者本人からの申告が期待しにくく潜在化しやすい犯罪を早期に認知して検挙に結び付けるため、暴力団が関与する犯罪、少年福祉犯罪、児童虐待、人身取引（性的サービスや労働の強要等）事犯等に関する通報を匿名で受け付け、有効な通報を行った者に対して情報料を支払う「匿名通報ダイヤル」の適切な運用を推進する。このほか、交通事故被害者等からの相談に応じ、保険請求・損害賠償請求制度の概要の説明や各種相談窓口の紹介等を行うとともに、死亡事故等の遺族等から、当該事故等の加害者に対する意見聴取等の期日等や行政処分の結果について問合せがあった場合には必要な情報を提供するなど、適切な対応に努める。【警察庁】

【施策番号 185】

イ　警察において、性犯罪被害相談について、相談者の希望する性別の職員が対応するとともに、執務時間外においては当直勤務中

の職員が対応した上で担当者に引き継ぐなど、適切な運用を推進する。【警察庁】

⒃ 警察における被害少年等が相談しやすい環境の整備

【施策番号 186】

警察において、被害少年が早期に適切な支援を受けることができるよう、都道府県警察のウェブサイトやＳＮＳ等への相談窓口の掲載のほか、非行防止教室等の様々な機会を活用するなどして、被害少年やその保護者に対する効果的な周知・広報を行うとともに、少年サポートセンターの警察施設外への設置や少年相談室の整備、少年相談専用電話のフリーダイヤル化、電子メールによる相談窓口の開設等、被害少年等が相談しやすい環境の整備を図る。【警察庁】

⒄ 指定被害者支援要員制度の活用

【施策番号 187】

警察において、法務省、文部科学省、厚生労働省及び国土交通省の協力を得て、あらかじめ指定された警察職員（指定被害者支援要員）が、事件発生直後から犯罪被害者等への付添い、指導、助言、情報提供等を行うほか、被害者支援連絡協議会等のネットワークを活用しつつ、部外のカウンセラー、弁護士会、関係機関又は犯罪被害者等の援助を行う民間の団体等の紹介を実施するなどする指定被害者支援要員制度の積極的な活用を図る。また、指定被害者支援要員に対し、犯罪被害者等支援において必要な知識等についての研修、教育等の充実に努める。【警察庁】

⒅ 交通事故相談活動の推進

【施策番号 188】

国土交通省において、交通事故相談活動に携わる地方公共団体の交通事故相談員に対し、各種研修や実務必携の発刊を通じた能力向上を図るなど、交通事故被害者等の救済のため、地方公共団体の交通事故相談所の活動を推進する。【国土交通省】

⒆ 公共交通事故の被害者等への支援

【施策番号 189】

国土交通省において、公共交通事故被害者支援室を設置し、①公共交通事故が発生した場合の情報提供のための窓口機能、②事故発生後から被害者等が再び平穏な生活を営むことができるようになるまでの中長期にわたるコーディネーション機能等を担い、公共交通事故の被害者等への支援を行っている。引き続き、外部の関係機関とのネットワークの構築、公共交通事業者による被害者等支援計画作成の促進等、公共交通事故の被害者等への支援を着実に進める。【国土交通省】

⒇ 婦人相談所等の職員に対する研修の促進

【施策番号 190】

厚生労働省において、配偶者等からの暴力を受けた女性の人権、配偶者等からの暴力の特性等に関する婦人相談所等の職員の理解を深めるため、専門的な研修の実施を促進する。【厚生労働省】

㉑ ストーカー事案への対策の推進

【施策番号 191】

内閣府において、被害者等の支援ニーズに応じ、切れ目なく適切に効果的な支援を行うことができるよう、支援に携わる人材の育成を図るなど、ストーカー事案への対策を推進する。【内閣府】

㉒ ストーカー事案への適切な対応

【施策番号 192】

警察において、「ストーカー総合対策」（平成 27 年 3 月 20 日ストーカー総合対策関係省庁会議決定・平成 29 年 4 月 24 日改訂）を踏まえ、関係府省庁と連携し、各種対策（被害者等からの相談対応の充実、被害者情報の保護の徹底、被害者等の適切な避難等に係る支援の推進、調査研究及び広報啓発活動等の推進、加害者対策の推進並びに支援を図るための措置）を行い、関係機関・団体等と連携し、被害者等の安全確保を最優先とした組織による迅速・的確な対応を推進する。【警察庁】

⑶ 人身取引被害者の保護の推進

【施策番号193】

人身取引（性的サービスや労働の強要等）対策については、関係閣僚から成る「人身取引対策推進会議」を随時開催するとともに、「人身取引対策行動計画2014」（平成26年12月16日犯罪対策閣僚会議決定）に基づき、国民に対する情報提供、被害者への支援を含む各種施策を推進する。【内閣官房】

⒁ ＳＮＳを含むインターネット上の誹謗中傷等に関する相談体制の充実及び誹謗中傷等を行わないための広報啓発活動の強化

【施策番号194】

総務省において、関係府省庁と連携し、ＳＮＳを含むインターネット上の誹謗中傷等に関する犯罪被害者等からの相談に適切に対応できるよう体制の充実に努めるとともに、誹謗中傷等を行わないための広報啓発活動を強化する。【総務省】（再掲：第５－１（264））

⒂ 検察庁の犯罪被害者等支援活動における福祉・心理関係の専門機関等との連携強化

【施策番号195】

法務省において、検察庁における犯罪被害者等支援活動に際し、刑事手続に関する専門的な法的知識や捜査・公判の実務経験に基づき、犯罪被害者等の立場を理解し適切に対応するとともに、福祉・心理関係の専門機関等との連携強化を図る。【法務省】

⒃ 検察庁における被害者支援員と関係機関・団体等との連携・協力の充実・強化及び情報提供の充実

【施策番号196】

法務省において、被害者支援員と犯罪被害者等支援に関係する機関・団体等との連携・協力の充実・強化を図ることにより、検察庁の相談窓口を求める犯罪被害者等に対し、被害者支援員の連絡先等の必要な情報をより分かりやすく提供するよう努める。また、犯罪被害者等支援のための制度を所管する関係府省庁の協力を得て、当該機関・団体等及び府省庁に係る制度に関する案内書、申込書等を、必要とする犯罪被害者等に提供するなど、より多くの情報を提供できるよう努める。【法務省】

⒄ 更生保護官署における被害者担当保護司との協働及び関係機関・団体等との連携・協力による支援の充実

【施策番号197】

法務省において、保護観察所の被害者担当の保護観察官及び被害者担当保護司の協働態勢の下、犯罪被害者等の悩みや不安を傾聴し、そのニーズに応じ、適切な関係機関・団体等への紹介を行うなどしているところ、今後も関係機関・団体等との連携・協力を強化するなどし、支援内容の充実を図る。【法務省】

⒅ 被害者担当の保護観察官及び被害者担当保護司に対する研修等の充実

【施策番号198】

法務省において、被害者担当の保護観察官及び保護観察所に配置されている被害者担当保護司に対し、犯罪被害者等の心情や犯罪被害者等が置かれている状況等への理解を深めるとともに、適切な対応を確実に行うことを目的として、様々な犯罪被害者等やその支援に携わる実務家による講義等の研修を実施しているところ、引き続き、研修内容の充実により被害者担当の保護観察官及び被害者担当保護司のスキルアップを図り、二次的被害の防止を徹底するとともに、犯罪被害者等施策の適正な実施に努める。【法務省】

⒆ 犯罪被害者等の意見を踏まえた運用改善や制度改正についての検討

【施策番号199】

法務省において、「更生保護の犯罪被害者等施策の在り方を考える検討会」報告書を踏まえ、犯罪被害者等の意見を踏まえた運用改善や制度改正について検討を行い、３年以内を目途に結論を出し、必要な施策を実施する。【法務省】

⑶⓪ 犯罪被害者等の相談窓口の周知と研修体制の充実

【施策番号 200】

法務省において、人権擁護機関が実施する人権相談や人権侵犯事件の調査救済制度について引き続き周知する。また、「子どもの人権110番」、「子どもの人権ＳＯＳミニレター」、「女性の人権ホットライン」、「ＳＮＳを利用した人権相談」及び「インターネット人権相談受付窓口」等の人権擁護機関の取組について、その趣旨や内容を周知するため、広報活動の一層の充実を図る。さらに、人権相談に際しては、犯罪被害者等の相談者が置かれた立場を十分に理解し、適切な対応をとることができるよう、研修の一層の充実に努める。加えて、法務大臣により委嘱された民間ボランティアである人権擁護委員に対し、新任委員に対する委嘱時研修をはじめとする各種研修を通じて、犯罪被害を含む人権問題全般に適切に対応できるよう、引き続き適切かつ十分な研修等の実施に努める。【法務省】

⑶① 犯罪被害者である子供等の支援

【施策番号 201】

法務省において、子供、女性、高齢者、障害のある人等からの相談により、人権が侵害されている疑いのある事案を認知した場合には、関係機関と連携して人権侵犯事件として調査を実施し、事案に応じた適切な措置を講ずる。【法務省】

⑶② 高齢者や障害のある人等からの人権相談への対応の充実

【施策番号 202】

法務省において、老人福祉施設や障害者支援施設等の社会福祉施設における特設の人権相談所を開設するなど、引き続き、高齢者や障害のある人及び高齢者や障害のある人と身近に接する機会の多い者からの人権相談への対応の充実に努める。【法務省】

⑶③ 日本司法支援センターによる支援

【施策番号 203】

ア 日本司法支援センターにおいて、犯罪被害者等の心情に配慮しつつ、その置かれた状況を適切に聴取すること等により、個別の状況に応じた最適な法制度や相談窓口等を紹介できるよう努めるとともに、弁護士会等と連携し、犯罪被害者等支援に精通している弁護士の紹介体制の整備に努める。【法務省】

【施策番号 204】

イ 日本司法支援センターにおいて、地方事務所ごとに被害者支援連絡協議会やその分科会等に参加し、意見交換・意見聴取を行うなどして、関係機関・団体との連携・協力の維持・強化を図り、犯罪被害者等の特性や相談内容に応じて最適な専門機関・団体等を紹介するコーディネーターとしての役割を果たすよう努める。【法務省】

【施策番号 205】

ウ 日本司法支援センターにおいて、被害を受けた時からの時間的経過の長短を問わず、情報等の提供を通じた支援を行う。【法務省】

【施策番号 206】

エ 日本司法支援センターにおいて、同センターが実施する犯罪被害者等支援の業務内容について、様々な広報媒体を連動させた広報活動に加え、ＳＮＳ等のメディア媒体を活用した広報活動を実施する。【法務省】（再掲：第３－１（138））

【施策番号 207】

オ 日本司法支援センターにおいて、認知機能が十分でないために弁護士等の法的サービスの提供を自発的に求めることが期待できない高齢者・障害者に対し、その生活再建に資するよう、民事法律扶助制度による法的支援を適切に行う。【法務省】

【施策番号 208】

カ 日本司法支援センターにおいて、深刻な被害に発展するおそれの大きいストーカー事案、配偶者等からの暴力事案及び児童虐待の被害者を対象とした事前の資力審査を要しない法的支援を適切に行う。【法務省】

⑶4 弁護士による犯罪被害者支援に対する経済的援助に関する検討

【施策番号 209】

法務省において、弁護士による犯罪被害者支援に対する経済的援助に関し、対象となる犯罪被害者や弁護士活動の範囲、支援の在り方等について、見直しの要否も含めて検討を行う。【法務省】

⑶5 地域包括支援センターによる支援

【施策番号 210】

地域包括支援センターにおいて、高齢者虐待への対応を含む権利擁護業務の実施を推進する。【厚生労働省】

⑶6 学校内における連携及び相談体制の充実

【施策番号 211】

ア 文部科学省において、学級担任、生徒指導担当教員、教育相談担当教員、保健主事、養護教諭、スクールカウンセラー等が連携し、犯罪被害に遭った児童生徒、その兄弟姉妹である児童生徒及びその保護者の相談等に学校で継続的かつ適切に対応できるよう、必要に応じて学校の教員の加配を行うとともに、スクールカウンセラーやスクールソーシャルワーカー等の配置等による教育相談体制の充実等に取り組む。また、教職員が犯罪被害に遭った児童生徒及びその兄弟姉妹である児童生徒の相談等に的確に対応できるよう、犯罪等の被害に関する研修等を通じて教職員の理解を深め、指導力の向上に努める。【文部科学省】（再掲：第４－２（237））

【施策番号 212】

イ 文部科学省において、虐待を受けた子供への対応、健康相談の進め方等についてまとめた参考資料等を活用しつつ、養護教諭の資質向上のための研修の充実を図る。【文部科学省】

⑶7 教育委員会と関係機関・団体等との連携・協力の充実・強化及び学校における相談窓口機能の充実

【施策番号 213】

文部科学省において、学校で児童生徒が犯罪被害者となる重大事件が発生した場合に、当該児童生徒の相談等の窓口として学校が有効に機能するよう支援するため、教育委員会が、警察署、児童相談所、保健所、弁護士会、医師会、犯罪被害者等早期援助団体等の関係機関・団体等との連携・協力を充実・強化する。また、犯罪被害者等支援のための制度を所管する関係府省庁の協力を得て、当該機関・団体等及び府省庁に係る制度に関する案内書、申込書等を常備し、これを必要とする児童生徒等に提供するなどして、児童生徒及びその保護者等への対応等を促進する。この場合において、加害者が教職員・児童生徒等当該学校の内部の者であった場合は、犯罪被害者となった児童生徒の状況に鑑み、既存の常時利用可能な相談体制を活用しつつ、必要に応じて柔軟に対応するなど、当該児童生徒等にとって相談しやすいと考えられる適切な者が相談等の窓口になるよう十分配慮する。さらに、教育委員会が、心理学、教育学等に関する知識を有する専門職員や臨床心理の専門家等を教育支援センターや教育相談所等に配置し、相談窓口を設けるとともに、児童生徒及びその保護者等に対し、少年サポートセンター、児童相談所、福祉事務所、保健所等の地域の関係機関の情報提供を促進する。【文部科学省】

⑶8 犯罪被害に遭った児童生徒等が不登校となった場合における継続的支援の促進

【施策番号 214】

文部科学省において、犯罪被害に遭った児童生徒又はその兄弟姉妹である児童生徒が不登校となった場合、当該児童生徒の個別の状況に応じ、教育委員会が設置する教育支援センターによるカウンセリングや学習指導等を通じた学校復帰等のための継続的な支援を促進する。【文部科学省】

⑼ 医療機関等と関係機関・団体等との連携・協力の充実・強化及び医療機関等における情報提供等の充実

【施策番号 215】

ア 厚生労働省において、医療機関と犯罪被害者等支援に関係する機関・団体等との連携・協力の充実・強化や、医療機関における犯罪被害者等の支援等に関する情報提供の適切な実施を促進する。【厚生労働省】

【施策番号 216】

イ 厚生労働省において、精神保健福祉センター、保健所等と犯罪被害者等支援に関係する機関・団体等との連携・協力を充実・強化し、当該機関・団体等の制度に関する案内書、申込書等を常備し、これを必要とする犯罪被害者等に提供するなどして、精神保健福祉センター、保健所等における犯罪被害者等の支援等に関する情報提供、相談等の適切な実施を促進する。【厚生労働省】

⑽ 都道府県警察に対する犯罪被害者等への情報提供等の支援に関する指導及び好事例の勧奨

【施策番号 217】

警察庁において、情報提供をはじめとする基本的な犯罪被害者等施策が確実に実施されるよう、都道府県警察を指導するとともに、好事例を紹介することにより同様の取組を勧奨する。【警察庁】

⑾ 「被害者の手引」の内容の充実等

【施策番号 218】

ア 警察において、刑事手続の概要、犯罪被害者等のための制度、犯罪被害者等支援に関係する機関・団体等の連絡先等を記載したパンフレット「被害者の手引」について、関係機関による犯罪被害者等施策の紹介を含めた内容の充実・見直しを図りつつ、その確実な配布を一層徹底するとともに、それらの情報をウェブサイト上で紹介する。【警察庁】

【施策番号 219】

イ 警察において、都道府県の実情に応じて作成・配布している外国語版の「被害者の手引」について、内容の充実及び見直しを図るとともに、その確実な配布やウェブサイトにおける紹介に努める。【警察庁】（再掲：第３－１（140））

⑿ 犯罪被害者等の保護・支援のための制度の周知

【施策番号 220】

警察庁及び法務省において連携し、損害賠償請求制度その他の犯罪被害者等の保護・支援のための制度の概要を紹介した冊子・パンフレット等について内容の一層の充実を図るとともに、当該制度を周知する。【警察庁、法務省】（再掲：第１－１（３））

⒀ 刑事に関する手続等に関する情報提供の充実

【施策番号 221】

ア 警察庁及び法務省において連携し、犯罪被害者等の意見・要望を踏まえ、刑事に関する手続及び少年保護事件の手続並びに犯罪被害者等のための制度等について分かりやすく解説したパンフレット等の内容の充実を図り、パンフレットの配布方法等の工夫も含め、犯罪被害者等への早期提供に努める。【警察庁、法務省】（再掲：第３－１（139））

【施策番号 222】

イ 法務省において、犯罪被害者等に対し、その保護・支援のための制度を更に周知するため、外国語によるパンフレットやウェブサイトの作成等による情報提供を行う。【法務省】（再掲：第３－１（141））

⒁ 性犯罪被害者による情報入手の利便性の向上

【施策番号 223】

警察において、都道府県警察の性犯罪被害相談電話につながる全国共通番号「＃8103（ハートさん）」に関する広報、性犯罪被害者に対する「被害者の手引」の交付等に加え、性犯罪被害者の要望を踏まえ、性犯罪被害者による情報入手の利便性の向上に努める。また、事件化を望まない性犯罪被害者に対しても、当該被害者の同意を得て連絡先や相談内容等を犯罪被害者等早期援助団体に提供するなど、性犯罪被害者が早期に同団体による支援を受けやすくなるよう一層努める。【警察庁】

⑷⑸　自助グループの紹介等

【施策番号 224】

警察において、犯罪被害者等の援助を行う民間の団体との連携を図りつつ、犯罪被害者等の要望を踏まえ、犯罪被害者等に対し、自助グループの紹介等を行う。【警察庁】

⑷⑹　犯罪被害者等施策に関するウェブサイトの充実

【施策番号 225】

警察庁において、関係府省庁の協力を得て、犯罪被害者等施策に関するウェブサイトを活用し、関係法令、相談機関等に関する情報その他必要な情報の更新や英文による情報提供を行うなど、その充実を図る。【警察庁】

⑷⑺　海外における邦人の犯罪被害者等に対する情報提供等

【施策番号 226】

外務省において、海外で邦人が犯罪等の被害に遭った場合、当該邦人等の要請に応じて、在外公館（大使館、総領事館等）を通じ、現地の弁護士や通訳・翻訳者等に関する情報提供を行うとともに、可能な範囲で支援を行うよう努める。また、警察において、外務省と連携し、海外における邦人の犯罪被害に関する情報収集に努めるとともに、必要に応じて民間被害者支援団体と連携し、日本国内の遺族等や帰国する犯罪被害者等への支援に努める。【警察庁、外務省】

⑷⑻　被害が潜在化しやすい犯罪被害者等に対する相談体制の充実及び理解の促進

【施策番号 227】

関係府省庁において、性犯罪被害者、犯罪被害に遭った児童及び障害者をはじめ、被害が潜在化しやすい犯罪被害者等からの相談に適切に対応できるよう体制の充実に努めるとともに、研修やシンポジウム等の様々な機会を通じて、被害が潜在化しやすい犯罪被害者等が置かれている状況等を周知し、その理解促進を図り、犯罪被害者等を社会全体で支える気運の醸成に努める。【内閣府、警察庁、総務省、法務省、文部科学省、厚生労働省、国土交通省】（再掲：第５－１（261））

2　調査研究の推進等（基本法第21条関係）

⑴　犯罪被害者等の状況把握等のための調査の実施

【施策番号 228】

警察庁において、法務省及び厚生労働省並びに犯罪被害者等の援助を行う民間の団体等の協力を得て、被害が潜在化しやすい犯罪被害者等をはじめ、犯罪被害者等が置かれている状況等を把握するための調査を実施する。【警察庁】

⑵　配偶者等からの暴力等の被害者への支援実態等の調査の実施

【施策番号 229】

内閣府において、配偶者等からの暴力や性犯罪等の被害者への支援実態等を把握するための調査を実施する。【内閣府】

⑶　法務省における犯罪被害の動向・犯罪被害者等施策に関する調査の実施

【施策番号 230】

法務省において、性犯罪被害者、障害者等の犯罪被害者の特性に応じた被害実態の調査・分析を実施する方向での検討も含め、犯罪被害の動向及び犯罪被害者等施策に関する調査を実施する。【法務省】

⑷　犯罪被害者等のメンタルヘルスに関する調査研究の実施

【施策番号 231】

厚生労働省において、メンタルヘルスに係る実態調査や、メンタルヘルスの回復に資するストレス関連障害の治療技法の研究等、犯罪被害者等の心の健康づくりを推進するための調査研究を実施し、高度な犯罪被害者等支援を行うことができる専門家の育成や地域における犯罪被害者等への対応の向上に活用する。【厚生労働省】

⑸　児童虐待防止対策に関する調査研究の実施

【施策番号 232】

厚生労働省において、児童虐待防止対策に関

する必要な調査研究を実施する。【厚生労働省】

(6) 警察における犯罪被害者等支援に携わる職員等への研修の充実

【施策番号 233】

警察において、①採用時及び上位の階級又は職に昇任した際に行われる犯罪被害者等支援に関する基礎的な研修、②被害者支援担当部署に配置された職員に対する犯罪被害者等支援の実践的技能を修得させるための公認心理師・臨床心理士によるロールプレイング方式による演習等を含む専門的な研修、③カウンセリング業務に従事する職員等に対する基礎的な教育及び実践的・専門的な教育等の充実を図る。【警察庁】

(7) 被害少年の継続的な支援を行う警察職員の技能修得

【施策番号 234】

警察において、被害少年の継続的な支援を行う少年補導職員及び少年相談専門職員について、講習・研修等により、カウンセリングの技法等必要な専門技術等を修得させるよう努めるとともに、専門的能力を備えた職員の配置に努める。【警察庁】

(8) 法務省における犯罪被害者等支援に関する研修の充実等

【施策番号 235】

ア　法務省において、二次的被害の防止の重要性も踏まえ、検察官及び検察事務官に対する各種研修の機会における「犯罪被害者支援」等のテーマによる講義の実施、犯罪被害者等早期援助団体への検察官の派遣、矯正施設職員に対する犯罪被害者団体等の関係者を招いた講義等の実施、更生保護官署職員に対する犯罪被害者等支援の実務家による講義等の実施、全国の地方検察庁に配置されている被害者支援員を対象とした研修における犯罪被害者等に関する諸問題についての講義等の実施等、職員の犯罪被害者等への適切な対応を確実にするための教育・研修等の充実を図り、職員の対応の向上に努める。【法務省】（再掲：第2－3（112））

【施策番号 236】

イ　法務省において、検察官に対する研修の中で、児童や女性の犯罪被害者等と接する上での留意点等を熟知した専門家等による講義を行い、児童及び女性に対する配慮に関する科目の内容の一層の充実を図る。【法務省】（再掲：第2－3（114）、第3－1（149））

(9) 学校における相談対応能力の向上等

【施策番号 237】

文部科学省において、学級担任、生徒指導担当教員、教育相談担当教員、保健主事、養護教諭、スクールカウンセラー等が連携し、犯罪被害に遭った児童生徒、その兄弟姉妹である児童生徒及びその保護者の相談等に学校で継続的かつ適切に対応できるよう、必要に応じて学校の教員の加配を行うとともに、スクールカウンセラーやスクールソーシャルワーカー等の配置等による教育相談体制の充実等に取り組む。また、教職員が犯罪被害に遭った児童生徒及びその兄弟姉妹である児童生徒の相談等に的確に対応できるよう、犯罪等の被害に関する研修等を通じて教職員の理解を深め、指導力の向上に努める。【文部科学省】（再掲：第4－1（211））

(10) 虐待を受けた子供の保護等に携わる者の研修の充実

【施策番号 238】

厚生労働省において、虐待を受けた子供の保護及び自立支援を専門的知識に基づき適切に行うことができるよう、児童相談所及び児童福祉施設等関係機関の職員、市区町村の職員及び保健機関等の職員の資質の向上等を図るための研修の充実を図る。【厚生労働省】

(11) コーディネーターとしての役割を果たせる民間支援員の養成への支援等

【施策番号 239】

警察庁において、民間被害者支援団体に対し、犯罪被害者等支援のための制度を所管する関係府省庁の協力を得て、同団体が行う研修内容に関する助言や研修に対する講師派遣等の協力を行い、性犯罪被害者を含めた犯罪被害者等に対する支援全般（必要な支援についての相談・情報提供、適切な関係機関・団体への橋渡し等）を管理するコーディネーターとしての役割を果たす民間支援員の育成を支援する。また、地域における犯罪被害者等支援体制の整備を促進するため、地方公共団体の職員や民間支援員が参加できる研修の実施に努める。【警察庁】（再掲：第４－１（181））

⑿　民間の団体の研修に対する支援

【施策番号 240】

警察、法務省、文部科学省、厚生労働省及び国土交通省において、犯罪被害者等の援助を行う民間の団体に対し、同団体が実施するボランティア等の養成、研修への講師の派遣等の支援に努める。【警察庁、法務省、文部科学省、厚生労働省、国土交通省】

⒀　日本司法支援センターが蓄積した情報やノウハウの提供

【施策番号 241】

日本司法支援センターにおいて、犯罪被害者支援業務を通じて蓄積した情報やノウハウを、研修や講習を通じて犯罪被害者等への支援に携わる関係者に提供する。【法務省】

３　民間の団体に対する援助（基本法第 22 条関係）

⑴　民間の団体に対する支援の充実

【施策番号 242】

ア　警察及び厚生労働省において、犯罪被害者等の援助を行う民間の団体に対する財政援助の充実に努めるとともに、これらの団体の活動に関する広報、犯罪被害者等の援助に携わる民間の者の研修に関する講師の手配・派遣、会場借上げ等の支援を行う。また、警察庁において、民間の団体における財政基盤確立の好事例に関する情報提供に努める。【警察庁、厚生労働省】

【施策番号 243】

イ　法務省、文部科学省及び国土交通省において、犯罪被害者等の援助を行う民間の団体の活動に関する広報、犯罪被害者等の援助に携わる民間の者の研修に関する講師の手配・派遣、会場借上げ等の支援を行う。【法務省、文部科学省、国土交通省】

⑵　預保納付金の活用

【施策番号 244】

振り込め詐欺等の被害金を原資としている預保納付金については、振り込め詐欺被害の減少に伴い減少が見込まれるところではあるが、そうした状況の中でも、引き続き、犯罪被害者等の子供への奨学金事業及び犯罪被害者等支援団体への助成事業を実施する。【金融庁、財務省、警察庁】（再掲：第１－２（18））

⑶　犯罪被害者等の援助を行う民間の団体の活動への支援等

【施策番号 245】

警察庁において、犯罪被害者等の援助を行う民間の団体が開催するシンポジウムや講演会について、その意義や趣旨に賛同できるものにあっては、その効果の波及性等も踏まえつつ後援する。また、シンポジウム等の開催について、地方公共団体をはじめとする公的機関に対して周知するとともに、ＳＮＳ等の様々な媒体を活用して広く一般に広報するなどして、民間の団体の活動を支援する。さらに、関係府省庁及び地方公共団体向けに配信している「犯罪被害者等施策情報メールマガジン」を、希望する民間の団体に対しても配信するなど、関係府省庁や民間の団体等における犯罪被害者等のための新たな制度や取組について情報提供を行う。加えて、地方公共団体に対し、犯罪被害者等の援助を行う民間の団体との連携・協力の充実・強化を働き掛け、地域における途切れることのない支援を促進する。【警察庁】

⑷　犯罪被害者等の援助を行う民間の団体に関する広報等

【施策番号 246】

警察庁において、内閣府、総務省、法務省、文部科学省、厚生労働省及び国土交通省の協力を得て、政府広報等とも連携し、ＳＮＳ等の様々な広報媒体を通じて、犯罪被害者等が置かれている状況や当該状況を踏まえた施策の重要性、犯罪被害者等の援助を行う民間の

団体の意義・活動等について広報する。【警察庁】（再掲：第5－1（269））

⑸ 寄附税制の活用促進と特定非営利活動促進法の円滑な施行

【施策番号 247】

特定非営利活動促進法（平成10年法律第7号）を所管する内閣府において、令和2年度税制改正をはじめとする累次の税制改正により拡充されている特定非営利活動法人に関する寄附税制の活用促進や同法の円滑な施行に努める。また、犯罪被害者等の援助を行う特定非営利活動法人等も含め、全国の特定非営利活動法人の情報を検索できるウェブサイトの管理・運用を行うなど、市民活動に関する情報提供に努める。【内閣府】

⑹ 警察における民間の団体との連携・協力の強化

【施策番号 248】

警察において、内閣府、総務省、法務省、文部科学省、厚生労働省及び国土交通省並びに地方公共団体の主体的な協力を得て、公益社団法人全国被害者支援ネットワークをはじめとする犯罪被害者等の援助を行う民間の団体との連携の一層の強化を図るとともに、これらの団体による支援の充実を図るための指導・助言を行う。【警察庁】

⑺ 犯罪被害者等早期援助団体に対する指導

【施策番号 249】

都道府県公安委員会において、必要に応じ、犯罪被害者等早期援助団体に対し、改善命令をはじめとする指導を行う。また、その他の民間被害者支援団体に対しても、適切な支援活動が行われるよう、その運営及び活動に協力する。【警察庁】

第5 国民の理解の増進と配慮・協力の確保への取組

1 国民の理解の増進（基本法第20条関係）

⑴ 学校における生命のかけがえのなさ等に関する教育の推進

【施策番号 250】

文部科学省において、引き続き、学習指導要領に基づき、生命の尊さについて理解し、かけがえのない生命を尊重するための教育を推進する。【文部科学省】

⑵ 学校における犯罪被害者等の人権問題を含めた人権教育の推進

【施策番号 251】

文部科学省において、人権教育及び人権啓発の推進に関する法律（平成12年法律第147号）に基づき、犯罪被害者等の人権問題も含め、学校教育及び社会教育における人権教育の一層の推進に努める。【文部科学省】

⑶ 学校における犯罪被害者等に関する学習の充実

【施策番号 252】

文部科学省において、警察等の関係機関と連携し、非行防止教室等における犯罪被害者等に関する学習の充実を図る。【文部科学省】

⑷ 子供への暴力抑止のための参加型学習への取組

【施策番号 253】

文部科学省において、子供がいじめ・虐待・暴力行為等の被害に遭ったことを認識し、かつその対応について主体的に学ぶことができるようにするため、教育委員会に対し、地域の実情に応じた取組がなされるよう促す。【文部科学省】

⑸ 性犯罪・性暴力対策に関する教育の推進

【施策番号 254】

文部科学省において、「性犯罪・性暴力対策の強化の方針」（令和2年6月11日性犯罪・性暴力対策強化のための関係府省会議決定）に基づき、生命の尊さを学び生命を大切にする教育、自分や相手、一人一人を尊重する教育を一層推進するとともに、性犯罪・性暴力の加害者・被害者・傍観者にならないよう、幼児期からの子供の発達段階に配慮した教育の充実を図る。【文部科学省】

⑹　家庭における生命の教育への支援の推進

【施策番号 255】

文部科学省において、各地域で実施している、生命の大切さを実感させる意義等を学ぶ保護者向け学習プログラムをはじめとした様々な家庭教育に関する情報をウェブサイトを通じて提供するなど、地域における家庭教育支援を推進する。【文部科学省】

⑺　犯罪被害者等による講演会の実施

【施策番号 256】

警察において、教育委員会等の関係機関と連携し、講演会「命の大切さを学ぶ教室」や「「大切な命を守る」全国中学・高校生作文コンクール」の開催による犯罪被害者等への配慮・協力への意識のかん養等に努める。また、広く国民の参加を募り犯罪被害者等による講演会を実施するなど、様々な機会を利用して、「社会全体で被害者を支え、被害者も加害者も出さない街づくり」に向けた気運の醸成に努める。【警察庁、文部科学省】

⑻　生命・身体・自由等の尊重を自覚させる法教育の普及・啓発

【施策番号 257】

法務省において、学校教育を中心として法教育の普及・啓発を促進し、法や司法によって自らを守り、他者を等しく尊重する理念を体得させることを通じ、他者の生命・身体・自由等を傷つけてはならないことを自覚させることにもつながるよう、文部科学省、最高裁判所、日本弁護士連合会等の協力を得て、法教育推進協議会を通じた取組の推進に努める。【法務省】

⑼　犯罪被害者週間に合わせた集中的な広報啓発活動の実施

【施策番号 258】

警察庁において、内閣府、総務省、法務省、文部科学省、厚生労働省及び国土交通省の協力を得て、「犯罪被害者週間」（毎年 11 月 25 日から 12 月１日まで）を設定し、当該週間に合わせて広報啓発活動を集中的に実施する。また、犯罪被害者等の参加・協力を得て、地方公共団体に対し、当該週間を中心に犯罪被害者等への理解の増進を図るための広報啓発活動を実施するよう要請する。【警察庁】

⑽　犯罪被害者等支援に関わりの深い者に対する積極的な広報啓発活動の実施

【施策番号 259】

警察庁において、関係府省庁のほか、犯罪被害者等支援に関わりの深い医療、福祉、教育及び法曹関係の職能団体等の協力を得て、当該団体等に属する者に対し、犯罪被害者等が置かれている状況や犯罪被害者等支援の重要性等に関する広報啓発活動を積極的に実施し、その理解の増進を図り、社会全体で犯罪被害者等を支える気運の醸成を図る。【警察庁】

⑾　国民に対する効果的な広報啓発活動の実施

【施策番号 260】

警察庁において、広く国民各層に犯罪被害者等支援に対する関心を持ってもらうため、シンボルマーク等の普及やウェブサイト・ＳＮＳ等の活用といった広報の手法や媒体の多様化に努め、効果的な広報を行う。また、犯罪被害者等支援に関する標語を広く募集するなど、国民が犯罪被害者等支援について考える機会を提供し、その理解促進を図る。さらに、犯罪被害者等が置かれている状況や犯罪被害者等支援の重要性等についての理解・関心を深めるため、学校や民間企業等から幅広く協力を得るなどし、一層充実した啓発活動を推進する。【警察庁】

⑿　被害が潜在化しやすい犯罪被害者等に対する相談体制の充実及び理解の促進

【施策番号 261】

関係府省庁において、性犯罪被害者、犯罪被害に遭った児童及び障害者をはじめ、被害が潜在化しやすい犯罪被害者等からの相談に適切に対応できるよう体制の充実に努めるとともに、研修やシンポジウム等の様々な機会を通じて、被害が潜在化しやすい犯罪被害者等が置かれている状況等を周知し、その理解促進を図り、犯罪被害者等を社会全体で支える気運の醸成に努める。【内閣府、警察庁、総

務省、法務省、文部科学省、厚生労働省、国土交通省】（再掲：第４－１（227））

⒀ 犯罪被害者等支援のための情報提供

【施策番号 262】

内閣府において、配偶者等からの暴力事案等の被害者に対する支援情報等をウェブサイト等で提供する。【内閣府】

⒁ 若年層に対する広報啓発活動

【施策番号 263】

内閣府において、毎年４月の「若年層の性暴力被害予防月間」中に、ＳＮＳ等の若年層に届きやすい広報媒体を活用し、性暴力の加害者にも被害者にもならないための広報啓発活動を効果的に展開する。【内閣府】

⒂ ＳＮＳを含むインターネット上の誹謗中傷等に関する相談体制の充実及び誹謗中傷等を行わないための広報啓発活動の強化

【施策番号 264】

総務省において、関係府省庁と連携し、ＳＮＳを含むインターネット上の誹謗中傷等に関する犯罪被害者等からの相談に適切に対応できるよう体制の充実に努めるとともに、誹謗中傷等を行わないための広報啓発活動を強化する。【総務省】（再掲：第４－１（194））

⒃ 犯罪被害者等施策の関係する特定の期間における広報啓発活動の実施

【施策番号 265】

ア 内閣府において、毎年 11 月に実施している「女性に対する暴力をなくす運動」において、性犯罪を含む女性に対する暴力を根絶するため、関係省庁、地方公共団体、女性団体その他の関係機関・団体等と連携・協力し、広報啓発活動を実施する。【内閣府】

【施策番号 266】

イ 内閣府において、「全国交通安全運動」の期間を中心に、交通事故被害者等の理解と協力を得つつ、広報啓発活動が実施されるよう努める。【内閣府】

【施策番号 267】

ウ 法務省において、「人権週間」（毎年 12 月４日から同月 10 日まで）を中心に、様々な広報媒体を活用し、犯罪被害者等の人権問題に対する配慮と保護を求めるため、啓発冊子の配布等の広報啓発活動を実施する。【法務省】

【施策番号 268】

エ 厚生労働省において、体罰によらない子育てや児童虐待の範囲、現状及びその防止に向けた取組を広く国民に周知するため、様々な媒体を活用した広報活動を行うとともに、毎年 11 月の「児童虐待防止推進月間」に、ポスターの作成、全国フォーラムの開催等の集中的な広報啓発活動を実施する。【厚生労働省】

⒄ 様々な広報媒体を通じた犯罪被害者等施策に関する広報の実施

【施策番号 269】

ア 警察庁において、内閣府、総務省、法務省、文部科学省、厚生労働省及び国土交通省の協力を得て、政府広報等とも連携し、ＳＮＳ等の様々な広報媒体を通じて、犯罪被害者等が置かれている状況や当該状況を踏まえた施策の重要性、犯罪被害者等の援助を行う民間の団体の意義・活動等について広報する。【警察庁】（再掲：第４－３（246））

【施策番号 270】

イ 警察庁において、民間被害者支援団体等と連携し、報道発表、街頭キャンペーン、各種討論会の開催、各種会合での講話等を実施することにより、犯罪被害者等が置かれている状況や警察、関係機関、民間被害者支援団体等が取り組んでいる犯罪被害者等支援についての広報啓発活動を推進するよう、都道府県警察を指導する。【警察庁】

【施策番号 271】

ウ 警察庁において、広報啓発用のパンフレット「警察による犯罪被害者支援」の作成、ウェブサイト上での警察の犯罪被害者等施策の掲載等により、犯罪被害者等支援に関する国民の理解の増進に努める。【警察庁】

【施策番号 272】

エ 警察庁において、スマートフォン等からアクセス可能な媒体等の様々な広報媒体を

活用し、少年の犯罪被害の防止等に向けた情報提供に努める。【警察庁】

⒅　調査研究結果の公表等を通じた犯罪被害者等が置かれた状況についての国民の理解の増進

【施策番号 273】

関係府省庁において、諸外国における犯罪被害者等施策を含め、犯罪被害者等に関する調査研究を実施した場合には、当該調査研究の結果の公表等を通じ、犯罪被害者等が置かれている状況についての理解を増進するための広報啓発活動に活用する。【内閣府、警察庁、総務省、法務省、文部科学省、厚生労働省、国土交通省】

⒆　犯罪被害者等に関する情報の保護

【施策番号 274】

警察による被害者の実名発表・匿名発表については、犯罪被害者等の匿名発表を望む意見と、マスコミによる報道の自由、国民の知る権利を理由とする実名発表に対する要望を踏まえ、プライバシーの保護、発表することの公益性等の事情を総合的に勘案しつつ、個別具体的な案件ごとに適切な発表内容となるよう配慮する。【警察庁】（再掲：第２－２(89)）

⒇　犯罪被害者等の個人情報の保護に配慮した地域における犯罪発生状況等の情報提供の実施

【施策番号 275】

警察において、犯罪被害者等の個人情報の保護に十分配慮した上で、ウェブサイト等に性犯罪を含む身近な犯罪の発生状況を掲載するなどして、地域住民に対し、住民自らが積極的に防犯対策を講ずる契機となり得るような情報提供に努める。【警察庁】

(21)　交通事故被害者等の声を反映した国民の理解の増進

【施策番号 276】

ア　警察において、交通事故被害者等の手記を取りまとめた冊子・パンフレット等を作成し交通安全講習会で配布することや、交通安全の集い等で交通事故被害者等の講演を実施することを通じ、交通事故被害者等の現状や交通事故の惨状等に関する国民の理解の増進に努める。【警察庁】

【施策番号 277】

イ　警察において、都道府県警察等による運転者等に対する各種講習の中で、交通事故被害者等の切実な声が反映されたビデオ、手記等の活用や交通事故被害者等の講話等により、交通事故被害者等の声を反映した講習を実施する。【警察庁】

(22)　交通事故の実態及びその悲惨さについての理解の増進に資するデータの公表

【施策番号 278】

警察において、国民に対し、交通事故の実態やその悲惨さについての理解の増進が十分に図られるよう、事故類型、年齢層別等交通事故に関する様々なデータを公表し、その実態等について周知する。【警察庁】

(23)　交通事故統計データの充実

【施策番号 279】

警察庁において、交通事故被害者に関する統計データの犯罪被害者白書への掲載の充実を図る。【警察庁】

＊１　各大学のカリキュラム改革に資するよう、平成 13 年３月に文部科学省の「医学・歯学教育の在り方に関する調査研究協力者会議」において、全ての医学生が卒業までに最低限習得すべき教育内容をガイドラインとして示したもの。

＊２　救急現場から医療機関に搬送されるまでの間において救急救命士等が行う救急医療活動について、医師による指示・指導・助言、事後検証等を行い、その質を保障する体制。

4．犯罪被害者等施策の一層の推進について（令和５年６月６日犯罪被害者等施策推進会議決定）

犯罪被害者等基本法（平成16年法律第161号）の基本理念に基づき、犯罪被害者等が、被害原因や居住地域にかかわらず、その置かれている状況等に応じ、被害を受けたときから再び平穏な生活を営むことができるようになるまでの間、必要な支援を適時適切に途切れることなく受けることができるようにするため、以下の各取組を実施することとする。

1　犯罪被害給付制度の抜本的強化に関する検討

犯罪被害給付制度について、警察庁において、関係府省庁の協力を得つつ、民事訴訟における損害賠償額も見据えて、算定方法を見直すことによる給付水準の大幅な引上げや仮給付制度の運用改善に関して検討を行い、１年以内をめどに結論を出し、これらを踏まえて必要な施策を実施する。

2　犯罪被害者等支援弁護士制度の創設

犯罪被害者等支援弁護士制度について、法務省において、犯罪被害者等が弁護士による継続的かつ包括的な支援及びこれに対する経済的援助を受けることができるよう、同制度の導入に向けて速やかに具体的検討を行い、必要に応じ、関係機関等との調整を図るなどして、１年以内をめどに結論を出し、これらを踏まえて所要の法整備を含めた必要な施策を実施する。

3　国における司令塔機能の強化

犯罪被害者等施策の推進に関して、国家公安委員会・警察庁において、司令塔として総合的な調整を十分に行うこととし、実務を担う警察庁における体制を強化するほか、国家公安委員会委員長を議長とする関係府省庁連絡会議を開催し、同会議を活用するなどして各取組の検討状況を含めた犯罪被害者等施策の進捗状況を点検・検証・評価するなどし、犯罪被害者等施策の一層の推進を図る。

4　地方における途切れない支援の提供体制の強化

地方における途切れない支援を一元的に提供する体制の構築（ワンストップサービスの実現）に向け、警察庁において、関係府省庁の協力を得つつ、地方公共団体における総合的対応窓口等の機能強化や関係機関・団体との連携・協力の一層の充実について、国による人材面・財政面での支援を含め検討を行うとともに、より円滑な支援の実現に向け、ＤＸの活用に関しても検討を行い、１年以内をめどに結論を出し、これらを踏まえて必要な施策を実施する。

5　犯罪被害者等のための制度の拡充等

医療・生活・教育・納税の各分野にわたる各種社会保障・社会福祉等制度について、関係府省庁において、制度の内容に応じ、関係機関・団体に対し速やかに通知を発出するなどし、犯罪被害者等に配慮した取扱いを行うよう要請し、又は犯罪被害者等もこれらの制度を利用し得ることを周知する。

また、犯罪被害者等に対する質の担保された治療としてのカウンセリングの保険適用の改善については、中央社会保険医療協議会において、令和６年度診療報酬改定に向けた議論を行って結論を出し、これらを踏まえて必要な施策を実施する。

5．令和５年度犯罪被害者等施策関係予算額等調

(1) 総括表（５つの重点課題＋推進体制別）

（単位：百万円）

	令和３年度予算額	令和４年度当初予算額	令和５年度予算額	対前年度増△減額	令和３年度決算額
1．損害回復・経済的支援等への取組	2,924	2,925	3,028	103	2,347
2．精神的・身体的被害の回復・防止への取組	1,391	1,633	2,530	897	739
3．刑事手続への関与拡充への取組	20	23	123	100	0
4．支援等のための体制整備への取組	1,905	1,399	1,390	△９	1,188
5．国民の理解の増進と配慮・協力への取組	150	265	288	23	141
6．推進体制	9	9	9	0	5
総　計（再掲分を除く）	6,399	6,254	7,368	1,114	4,420

（※１）犯罪被害者等施策関係分として特掲することができない施策の予算額、決算額は含まれていない。
（※２）単位未満の数値は四捨五入により整理してあるので、合計と合致しないものがある。
（※３）「対前年度増△減額」は再掲分を含めた数であるが、「総計」はいずれも再掲分を除いた合計額であるため、「対前年度増△減額」の「総計」は、「対前年度増△減額」の合計と一致しない。

(2) 施策・事業一覧

（単位：百万円）

施策・事業	令和３年度予算額	令和４年度当初予算額	令和５年度予算額	対前年度増△減額	令和３年度決算額
総　計	6,399	6,254	7,368	1,114	4,420
【重点課題に係る具体的施策】					
1．損害回復・経済的支援等への取組	2,924	2,925	3,028	103	2,347
1　損害賠償制度の概要等を紹介した冊子・パンフレット【警察庁】					
(1)「被害者の手引」の作成・配布	1	1	1	0	—
(2) 広報用パンフレット・ポスター・リーフレットによる被害者対策施策の周知	11	11	11	0	—
2　犯罪被害者等給付金【警察庁】	1,010	1,011	1,156	145	888
3　犯罪被害給付制度裁定諸経費【警察庁】	8	8	8	0	—
4　国外犯罪被害弔慰金等【警察庁】	19	19	19	0	2
5　国外犯罪被害弔慰金等支給裁定諸経費【警察庁】	1	1	1	0	—
6　性犯罪被害者に対する緊急避妊等【警察庁】	61	61	61	0	—
7　司法解剖後の遺体搬送【警察庁】	33	33	33	0	—
8　司法解剖後の遺体修復【警察庁】	26	26	26	0	—
9　身体犯被害者の刑事手続における負担の軽減【警察庁】	28	28	28	0	—
10　犯罪被害者等に対する一時避難場所等の借上げ【警察庁】	17	17	25	8	—
11　ハウスクリーニングに要する経費【警察庁】	6	6	17	11	—
12　損害賠償請求についての援助等【法務省】	—	—	—	—	—
	（総合法律支援事業に係る運営費交付金				）
	15,191の内数	15,664の内数	16,623の内数		15,191の内数

施策・事業	令和３年度 予算額	令和４年度 当初予算額	令和５年度 予算額	対前年度増 △減額	令和３年度 決算額
13　刑事事件の証人等に対する給付制度【法務省】	1	1	1	0	0
14　婦人保護事業費負担金と婦人相談所運営費負担金の一部【厚生労働省】	—	—	—	—	—
	（956の内数	980の内数	1,015の内数		877の内数）
15　個別対応できる一時保護所の環境改善の一部【こども家庭庁】	—	—	—	—	—
	（次世代育成支援対策施設整備交付金				）
	13,967の内数	5,992の内数	6,652の内数		8,733の内数
16　トライアル雇用助成金事業の一部【厚生労働省】	—	—	—	—	—
	（1,315の内数	403の内数	449の内数		362の内数）
17　個別労働紛争対策事業の一部【厚生労働省】	—	—	—	—	—
	（3,293の内数	3,208の内数	3,101の内数		2,981の内数）
18　犯罪被害者等の精神的・身体的被害からの回復等のための休暇制度の周知・啓発【厚生労働省】	—	—	—	—	—
	（83の内数	78の内数	45の内数		37の内数）
19　自動車事故相談及び示談斡旋事業に要する経費の一部補助【国土交通省】	570	570	570	0	570
20　政府保障事業による保障金の支給【国土交通省】	1,110	1,110	1,044	△ 66	830
21　被害者救済対策事業に要する経費の一部補助【国土交通省】	23	23	27	4	19
22　居住支援法人等による入居支援等の取組への支援【国土交通省】	—	—	—	—	—
	（居住支援協議会等活動支援事業の一部				）
	1,519の内数	945の内数	1,050の内数		1,511の内数
23　司法解剖後の遺体修復費の負担・遺体搬送費の一部負担【国土交通省】	1	1	1	0	1
24　犯罪被害者等の刑事手続に要する経費の負担【国土交通省】	1	1	1	0	1
25　犯罪被害者等のためのリーフレットの作成・配布【国土交通省】	1	1	1	0	1
26　犯罪被害者等が出頭する場合の旅費の負担【国土交通省】	1	1	1	0	0
２．精神的・身体的被害の回復・防止への取組	1,391	1,633	2,530	897	739
1　児童虐待をはじめとする被害少年に対する支援【警察庁】	116	116	109	△ 7	—
2　再被害防止措置【警察庁】	1	1	1	0	—
3　保護対策の推進【警察庁】					
(1)　保護対策業務における民間警備の活用	24	24	24	0	6
(2)　保護対象者警戒資機材の整備	14	14	14	0	—
(3)　保護対象者居宅への警備用資機材借上げ等	11	11	11	0	—
(4)　保護対策用住居借上げ	1	1	1	0	—
4　ストーカー事案及び配偶者からの暴力事案の被害者等の安全確保【警察庁】					
(1)　ストーカー・DV 対策資機材の整備	17	34	17	△ 17	—
(2)　被害者等の一時避難等宿泊費	27	27	27	0	—
(3)　被害の未然防止のための学校等における知育・徳育活動	23	5	5	0	22
5　児童虐待防止対策実践塾等【警察庁】	6	6	6	0	—
6　児童虐待専科の実施【警察庁】	2	2	2	0	—

	施策・事業	令和３年度予算額	令和４年度当初予算額	令和５年度予算額	対前年度増△減額	令和３年度決算額
	7　犯罪被害者等のカウンセリング費用の公費負担制度【警察庁】	29	29	73	44	―
	8　職員等に対する研修の充実等【警察庁】					
	⑴　警察職員に対する研修（カウンセリング担当者専科）	2	1	1	0	―
	⑵　全国被害者支援担当課長会議等	4	4	4	0	―
	⑶　カウンセリング職員に対する専門研修	13	13	13	0	―
	⑷　性犯罪捜査に従事する警察職員に対する研修	4	5	5	0	―
	9　犯罪被害者等のための施設等の改善【警察庁】					
	⑴　警察施設外の相談会場借上げ	7	7	7	0	―
	⑵　犯罪被害者支援活動用携帯電話の整備	3	3	3	0	―
	⑶　犯罪被害者等の物品等の返還用袋の整備	1	1	1	0	―
	⑷　捜査における性犯罪証拠採取セットの整備	5	5	5	0	―
	10　コミュニティサイトに起因する性的搾取の防止に関する研究【警察庁】	2	1	0	△１	2
	11　反復被害の測定と予防対策に関する研究【警察庁】	0	2	2	0	0
新	12　予兆事案の通報促進方策に関する研究【警察庁】	0	0	1	1	0
	13　障害を有する被疑者・被害者に対する捜査面接に関する研究【警察庁】	0	2	3	1	0
	14　被害者等に対する情報提供【法務省】	26	24	25	1	―
	15　検察官等に対する研修の充実等【法務省】	64	78	67	△11	11
	16　犯罪被害者等のための対応強化【法務省】	1	1	1	0	1
	17　被害者の視点を取り入れた教育【法務省】	45	46	47	1	45
	18　犯罪被害者等に対する加害者情報の提供【法務省】	2	2	2	0	―
	19　スクールカウンセラー等活用事業の一部【文部科学省】	―	―	―	―	―
		（いじめ対策・不登校支援等総合推進事業の一部				）
		5,278の内数	5,581の内数	5,889の内数		5,274の内数
	20　生徒指導上の諸課題に対応するための指導者の養成を目的とした研修の一部【文部科学省】	―	―	―	―	―
		（独立行政法人教職員支援機構運営費交付金				）
		1,212の内数	1,223の内数	1,263の内数		1,212の内数
	21　地域における家庭教育支援基盤構築事業の一部【文部科学省】	―	―	―	―	―
		（地域における家庭教育支援基盤構築事業の一部				）
		75の内数	75の内数	75の内数		6,636の内数
	22　児童保護費負担金と児童保護医療費負担金の一部【こども家庭庁】	―	―	―	―	―
		135,564の内数	135,982の内数	139,242の内数		129,606の内数
	23　婦人保護事業費補助金の一部【厚生労働省】	―	―	―	―	―
		1,343の内数	1,591の内数	1,573の内数		1,148の内数
	24　婦人保護事業費負担金と婦人相談所運営費負担金の一部【厚生労働省】（1.14の再掲）	―	―	―	―	―
		956の内数	980の内数	1,015の内数		877の内数

基礎資料

施策・事業	令和３年度予算額	令和４年度当初予算額	令和５年度予算額	対前年度増△減額	令和３年度決算額
25　児童自立生活援助事業の一部【こども家庭庁】	—	—	—	—	—
	児童保護費負担金と児童保護医療費負担金				
	135,564の内数	135,982の内数	139,242の内数		129,606の内数
26　こころの健康づくり対策事業の一部【厚生労働省】	—	—	—	—	—
	ＰＴＳＤ・思春期精神保健対策事業				
	20の内数	20の内数	17の内数		17の内数
27　高次脳機能障害及びその関連障害に対する支援普及事業の一部（都道府県実施分）【厚生労働省】	—	—	—	—	—
	51,321の内数	51,821の内数	50,685の内数		51,288の内数
28　高次脳機能障害及びその関連障害に対する支援普及事業の一部（国立障害者リハビリテーションセンター実施分）【厚生労働省】	—	—	—	—	—
	11の内数	11の内数	11の内数		11の内数
29　こどもの心の診療ネットワーク事業の一部【こども家庭庁】					
	母子保健医療対策総合支援事業（統合補助金）				
	11,983の内数	11,421の内数	12,239の内数		5,213の内数
30　個別対応できる一時保護所の環境改善の一部【こども家庭庁】	—	—	—	—	—
	次世代育成支援対策施設整備交付金				
	13,967の内数	5,992の内数	6,652の内数		8,733の内数
31　夜間対応等の体制整備の一部【こども家庭庁】	—	—	—	—	—
	児童虐待・ＤＶ対策等総合支援事業		児童虐待防止対策等総合支援事業		児童虐待・ＤＶ対策等総合支援事業
	41,135の内数	21,247の内数	20,832の内数		21,955の内数
32　虐待対応のための協力医療機関の充実の一部【こども家庭庁】	—	—	—	—	—
	児童虐待・ＤＶ対策等総合支援事業		児童虐待防止対策等総合支援事業		児童虐待・ＤＶ対策等総合支援事業
	41,135の内数	21,247の内数	20,832の内数		21,955の内数
33　子どもを守る地域ネットワーク（要保護児童対策地域協議会）の機能強化【こども家庭庁】	—	—	—	—	—
	子ども・子育て支援交付金				
	167,284の内数	174,754の内数	184,670の内数		150,888の内数
	—	—	—	—	—
	児童虐待・ＤＶ対策等総合支援事業		児童虐待防止対策等総合支援事業		児童虐待・ＤＶ対策等総合支援事業
	41,135の内数	21,247の内数	20,832の内数		21,955の内数
34　専門里親の一部【こども家庭庁】	—	—	—	—	—
	児童保護費負担金と児童保護医療費負担金				
	135,564の内数	135,982の内数	139,242の内数		129,606の内数

施策・事業	令和３年度予算額	令和４年度当初予算額	令和５年度予算額	対前年度増△減額	令和３年度決算額
35　里親養育包括支援（フォスタリング）事業の一部【こども家庭庁】	—	—	—	—	—
	（児童虐待・ＤＶ対策等総合支援事業		児童虐待防止対策等総合支援事業		児童虐待・ＤＶ対策等総合支援事業）
	41,135の内数	21,247の内数	20,832の内数		21,955の内数
36　福祉事務所等関係機関とのネットワークの整備の一部【厚生労働省】	—	—	—	—	—
	（児童虐待・ＤＶ対策等総合支援事業		困難な問題を抱える女性支援推進等事業		児童虐待・ＤＶ対策等総合支援事業）
	21,323の内数	21,247の内数	2,250の内数		21,955の内数
37　婦人相談所等の職員への専門研修の実施の一部【厚生労働省】	—	—	—	—	—
	（児童虐待・ＤＶ対策等総合支援事業		困難な問題を抱える女性支援推進等事業		児童虐待・ＤＶ対策等総合支援事業）
	21,323の内数	21,247の内数	2,250の内数		21,955の内数
38　社会的養護自立支援事業の一部【こども家庭庁】	—	—	—	—	—
	（児童虐待・ＤＶ対策等総合支援事業		児童虐待防止対策等総合支援事業		児童虐待・ＤＶ対策等総合支援事業）
	41,135の内数	21,247の内数	20,832の内数		21,955の内数
39　交通事故による重度後遺障害者に対する医療の充実等【国土交通省】					
(1)　短期入院協力病院の受入体制の整備及び強化に要する経費の一部補助	157	201	301	100	42
(2)　短期入院に要する経費の一部補助	103	112	112	0	51
(3)　高次脳機能障害者の機能訓練を受け入れる事業所に対する受入体制の整備等に要する経費の一部補助	0	42	82	40	0
(4)　日常生活支援を受け入れる障害者支援施設等の受入体制の整備及び強化に要する経費の一部補助	324	0	0	0	216
(5)　介護者なき後の受け皿を整備するため、グループホーム等の新設及び介護人材確保や設備導入等に係る経費の一部補助	0	373	520	147	0
新　(6)　介護者なき後の受け皿を整備するため、居宅介護事業所等の新設及び介護人材確保や設備導入等に係る経費の一部補助	0	0	243	243	0
新　(7)　自動車事故被害者・遺族等団体における相談支援体制の確立に係る経費の一部補助	0	0	180	180	0
(8)　療護センターの設置・運営	—	—	—	—	—
	（独立行政法人自動車事故対策機構運営費交付金）				
	7,443の内数	7,638の内数	9,398の内数		7,443の内数
(9)　療護センターの施設整備	359	441	616	175	345
40　日本司法支援センター職員に対する研修の充実等【法務省】	—	—	—	—	—
	（総合法律支援事業に係る運営費交付金）				
	15,191の内数	15,664の内数	16,623の内数		15,191の内数

基礎資料

施策・事業	令和３年度予算額	令和４年度当初予算額	令和５年度予算額	対前年度増△減額	令和３年度決算額
3．刑事手続への関与拡充への取組	20	23	123	100	0
1　刑事に関する手続への参加の機会を拡充するための制度の整備等【法務省】	—	—	—	—	—
（総合法律支援事業に係る国選弁護人確保業務等委託費）	16,945の内数	16,792の内数	16,391の内数		16,246の内数
2　加害者に対する犯罪被害者等の心情の伝達【法務省】	1	1	1	0	—
3　仮釈放等審理における犯罪被害者等への対応の充実【法務省】	19	20	20	0	—
4　刑の執行段階等における被害者等の心情等の聴取・伝達制度の体制整備【法務省】	0	2	102	100	0
4．支援等の体制整備への取組	1,905	1,399	1,390	△ 9	1,188
1　都道府県担当者会議の開催【警察庁】	1	1	1	0	1
2　犯罪被害者等施策の総合的推進事業【警察庁】	12	12	9	△ 3	7
3　安心な社会を創るための匿名通報事業【警察庁】	17	17	17	0	16
4　交通事故相談活動の推進【国土交通省】	11	9	9	0	6
5　交通事故被害者サポート事業経費【警察庁】	10	10	10	0	8
6　公共交通における事故発生時の被害者支援のための施策【国土交通省】	5	4	5	1	2
7　DV 被害者等セーフティネット強化支援事業【内閣府】	694	392	331	△ 61	569
8　性犯罪被害者等支援体制整備促進事業【内閣府】	8	11	11	0	9
9　配偶者暴力加害者対応プログラムに関する調査研究【内閣府】	14	8	20	12	12
10　性犯罪・性暴力被害者支援のための交付金【内閣府】	481	455	481	26	352
11　性暴力被害者等相談体制整備事業経費【内閣府】	4	3	3	0	1
12　性犯罪・性暴力対策経費【内閣府】	131	0	0	0	129
13　性犯罪被害者相談電話番号の統一化に要する経費【警察庁】	12	12	12	0	—
14　男女間における暴力に関する調査経費【内閣府】	0	0	21	21	0
15　特定非営利活動法人等の活動促進【内閣府】	—	—	—	—	—
（市民活動推進事業）	145の内数	48の内数	115の内数		117の内数
16　ストーカー事案及び配偶者からの暴力事案への適切な対応【警察庁】					
(1)　ストーカー対策担当者専科	7	6	6	0	—
(2)　ストーカー事案の加害者に対する精神医学的・心理学的アプローチに関する地域精神科等医療との連携	12	12	12	0	—
(3)　ストーカー加害者に対する再発防止のための効果的な精神医学的・心理学的アプローチに関する調査研究	0	12	0	△ 12	0
17　警察のカウンセリングアドバイザー委嘱【警察庁】	23	23	23	0	—
18　民間団体への支援の充実【警察庁】					
(1)　民間被害者支援団体に対する活動支援	7	6	6	0	4
(2)　民間被害者支援団体に対する直接支援業務の委託	46	46	46	0	—
(3)　民間被害者支援団体に対する相談業務の委託	120	120	120	0	—
(4)　民間被害者支援団体に対する被害者支援に関する理解の増進等に係る業務の委託	46	46	46	0	—
(5)　民間被害者支援団体に対する性犯罪被害者支援業務の委託	50	50	50	0	—

施策・事業	令和３年度 予算額	令和４年度 当初予算額	令和５年度 予算額	対前年度増 △減額	令和３年度 決算額
19　被害者等からの相談への対応【法務省】					
(1)　被害者支援員の配置	104	64	65	1	59
(2)　被害者ホットラインの設置	2	2	2	0	—
(3)　刑事手続に関するパンフレットの作成・配布等	9	5	5	0	6
20　更生保護官署における支援等のための体制整備【法務省】	71	70	75	5	—
21　人権相談【法務省】	—	—	—	—	—
	（人権擁護関係予算 3,552 の内数	3,552 の内数	3,553 の内数		3,552 の内数）
22　人権侵犯事件の調査・処理等【法務省】	—	—	—	—	—
	（人権擁護関係予算 3,552 の内数	3,552 の内数	3,553 の内数		3,552 の内数）
23　相談及び情報の提供等【法務省】	—	—	—	—	—
	（総合法律支援事業に係る運営費交付金 15,191 の内数	15,664 の内数	16,623 の内数		15,191 の内数）
24　いじめ対策・不登校支援等総合推進事業の一部【文部科学省】	—	—	—	—	—
	（いじめ対策・不登校支援等総合推進事業の一部 206 の内数	206 の内数	286 の内数		149 の内数）
25　スクールソーシャルワーカー活用事業の一部【文部科学省】	—	—	—	—	—
	（いじめ対策・不登校支援等総合推進事業の一部 1,938 の内数	2,132 の内数	2,313 の内数		1,986 の内数）
26　虐待・思春期問題情報研修センター事業費の一部【こども家庭庁】	—	—	—	—	—
	（児童虐待・ＤＶ対策等総合支援事業 41,135 の内数	21,247 の内数	児童虐待防止対策等総合支援事業 20,832 の内数		児童虐待・ＤＶ対策等総合支援事業 21,955 の内数）
27　児童相談所の体制強化等の一部【こども家庭庁】	—	—	—	—	—
	（児童虐待・ＤＶ対策等総合支援事業 41,135 の内数	21,247 の内数	児童虐待防止対策等総合支援事業 20,832 の内数		児童虐待・ＤＶ対策等総合支援事業 21,955 の内数）
28　海外における調査研究【警察庁】	7	1	0	△１	3
29　犯罪被害者等に関する調査【警察庁】	2	2	3	1	0
30　総合的対応窓口の周知促進【警察庁】	1	1	1	0	4
31　性犯罪被害者の聴取技法に関する心理学的研究【警察庁】	2	1	1	0	1
32　犯罪被害の動向及び犯罪被害者に関する総合的研究【法務省】	0	0	40	40	0
5．国民の理解の増進と配慮・協力の確保への取組	150	265	288	23	141
1　犯罪被害者等施策の啓発のための中央・地方大会の開催【警察庁】	11	11	14	3	12
新　2　犯罪被害者等による講演会の実施【警察庁】	0	0	6	6	—
3　女性に対する暴力をなくす運動の広報啓発に係る経費【内閣府】	4	2	4	2	5

基礎資料

	施策・事業	令和３年度 予算額	令和４年度 当初予算額	令和５年度 予算額	対前年度増 △減額	令和３年度 決算額
	4　若年層に対する性暴力の予防啓発相談事業経費【内閣府】	15	11	11	0	21
	5　犯罪被害者等施策に関する広報啓発活動【警察庁】	7	3	3	0	1
	6　人身取引被害申告票の作成、配布【警察庁】	1	1	1	0	1
新	7　人身取引対策に関する広報啓発の業務委託【警察庁】	0	0	11	11	0
	8　人権啓発活動【法務省】	—	—	—	—	—
		人権擁護関係予算				
		3,552 の内数	3,552 の内数	3,553 の内数		3,552 の内数
	9　道徳教育の抜本的改善・充実の一部【文部科学省】	—	—	—	—	—
		311 の内数	257 の内数	266 の内数		198 の内数
	10　人権教育を推進するための指導者の養成を目的とした研修の一部【文部科学省】	—	—	—	—	—
		独立行政法人教職員支援機構運営費交付金				
		1,212 の内数	1,223 の内数	1,263 の内数		1,212 の内数
	11　人権教育開発事業等の一部【文部科学省】	—	—	—	—	—
		35 の内数	33 の内数	31 の内数		27 の内数
	12　児童虐待防止推進フォーラム開催等広報啓発経費の一部【こども家庭庁】	80	205	205	0	74
	13　生命（いのち）の安全教育推進事業【文部科学省】	33	33	33	0	26
６．推進体制		9	9	9	0	5
	1　犯罪被害者等施策推進会議の開催【警察庁】	2	2	2	0	1
	2　犯罪被害者団体等との情報交換の実施【警察庁】	1	1	1	0	1
	3　犯罪被害者等施策年次報告の作成【警察庁】	6	6	6	0	5

（※１）施策・事業のうち、新規に計上したものについては「新」と表示している。
（※２）犯罪被害者等施策関係分の予算額及び決算額が特掲できないものについては、「―」と表示している。内数表示分は、総額に計上していない。
（※３）単位未満の数値は四捨五入により整理してあるので、合計と一致しないものがある。０より大きい計数で、四捨五入により「0」となるものについては、「1」と表示している。
なお、合計は整理前の計数を合計し、対前年度増△減額は表示されている計数の差を表示している。

6．政府・地方公共団体の犯罪被害者等施策担当窓口及び地方公共団体の取組状況

6－1．政府の主たる犯罪被害者等施策担当窓口

政府の犯罪被害者等施策担当窓口一覧	
警　察　庁	長官官房犯罪被害者等施策担当参事官（推進会議、犯罪被害者等基本計画関係）
	長官官房教養厚生課犯罪被害者支援室（警察が行う犯罪被害者支援関係）
内　閣　府	大臣官房企画調整課
こども家庭庁	支援局総務課
総　務　省	大臣官房企画課
法　務　省	大臣官房秘書課企画再犯防止推進室
文部科学省	大臣官房政策課
厚生労働省	政策統括官付政策統括室
国土交通省	総合政策局政策課

6－2．都道府県・政令指定都市犯罪被害者等施策担当窓口部局等並びに条例・計画等の制定・策定及び見舞金・貸付金制度導入の状況

令和５年４月１日現在

地方公共団体名	施策担当窓口部局	総合的対応窓口	条例・計画等の制定・策定の有無			見舞金・貸付金制度の有無	
	部局名	部局名	条例の制定	うち特化条例等	計画等の策定	見舞金	貸付金
北海道	環境生活部くらし安全局道民生活課	北海道被害者相談室（公益社団法人北海道家庭生活総合カウンセリングセンター）	○	○	○	－	－
青森県	環境生活部県民生活文化課	同左	○	○	○	－	－
岩手県	復興防災部消防安全課	復興防災部消防安全課県民安全担当	○	－	○	－	－
宮城県	環境生活部共同参画社会推進課安全・安心まちづくり推進班	同左	○	○	○	－	－
秋田県	生活環境部県民生活課	同左	○	○	○	－	－
山形県	防災くらし安心部消費生活・地域安全課	同左	○	○	○	－	○
福島県	生活環境部男女共生課	同左	○	○	○	□	－
茨城県	県民生活環境部生活文化課安全なまちづくり推進室	同左	○	○	○	－	－
栃木県	生活文化スポーツ部くらし安全安心課	同左	○	○	○	○	－
群馬県	生活こども部生活こども課	同左	○	○	○	－	－
埼玉県	県民生活部防犯・交通安全課	同左	○	○	○	－	－
千葉県	環境生活部くらし安全推進課防犯対策推進室	同左	○	○	○	○	－
東京都	総務局人権部人権施策推進課被害者支援連携担当	公益社団法人被害者支援都民センター	○	○	○	○	－
神奈川県	くらし安全防災局くらし安全部くらし安全交通課	かながわ犯罪被害者サポートステーション	○	○	○	－	○
新潟県	総務部県民生活課	同左	○	○	○	□	－

地方公共団体名	施策担当窓口部局	総合的対応窓口	条例・計画等の制定・策定の有無			見舞金・貸付金制度の有無	
	部局名	部局名	条例の制定	うち特化条例等	計画等の策定	見舞金	貸付金
富山県	生活環境文化部県民生活課	同左	○	○	○	−	−
石川県	生活環境部生活安全課	同左	○	○	○	−	−
福井県	安全環境部県民安全課	同左	○	○	○	○	−
山梨県	県民生活部県民生活安全課 人権・生活安全担当	同左	○	○	○	−	−
長野県	県民文化部人権・男女共同参画課	同左	○	○	○	○	−
岐阜県	環境生活部県民生活課	県民生活相談センター	○	○	○	○	−
静岡県	くらし・環境部県民生活局 くらし交通安全課くらし安全班	同左	○	○	○	−	−
愛知県	防災安全局県民安全課	県民相談・情報センター及び県民相談室	○	○	○	○	−
三重県	環境生活部くらし・交通安全課	同左	○	○	○	○	−
滋賀県	総合企画部県民活動生活課消費生活・安全なまちづくり係	同左	○	○	○	−	−
京都府	文化生活部安心・安全まちづくり推進課	同左	○	○	○	−	−
大阪府	政策企画部危機管理室治安対策課	同左	○	○	○	−	−
兵庫県	県民生活部くらし安全課	同左	○	○	○	−	−
奈良県	文化・教育・くらし創造部人権施策課	同左	○	○	○	−	−
和歌山県	環境生活部県民局県民生活課	同左	○	○	○	−	○
鳥取県	生活環境部くらしの安心局くらしの安心推進課	同左	○	○	○	□	−
島根県	環境生活部環境生活総務課消費とくらしの安全室	同左	○	○	○	○	−
岡山県	県民生活部くらし安全安心課	同左	○	○	○	○	−
広島県	環境県民局県民活動課	環境県民局県民活動課 (相談対応電話:公益社団法人広島被害者支援センター)	○	○	○	−	−
山口県	環境生活部県民生活課	同左	○	○	○	−	−
徳島県	危機管理環境部消費者くらし安全局消費者政策課	同左	○	○	○	○	−
香川県	危機管理総局くらし安全安心課	同左	○	○	○	○	−
愛媛県	県民環境部県民生活局県民生活課	同左	○	○	○	○	−
高知県	文化生活スポーツ部県民生活課	同左	○	○	○	○	−
福岡県	人づくり・県民生活部生活安全課	福岡犯罪被害者総合サポートセンター	○	○	○	○	−
佐賀県	県民環境部くらしの安全安心課	同左	○	○	○	−	−
長崎県	県民生活環境部交通・地域安全課	同左	○	○	○	−	−
熊本県	環境生活部県民生活局くらしの安全推進課	同左	○	○	○	○	−
大分県	生活環境部県民生活・男女共同参画課（消費生活・男女共同参画プラザ）	同左	○	○	○	□	−
宮崎県	総合政策部人権同和対策課	同左	○	○	○	−	−
鹿児島県	総務部男女共同参画局くらし共生協働課	同左	○	○	○	−	−

地方公共団体名	施策担当窓口部局	総合的対応窓口	条例・計画等の制定・策定の有無			見舞金・貸付金制度の有無	
	部局名	部局名	条例の制定	うち特化条例等	計画等の策定	見舞金	貸付金
沖縄県	子ども生活福祉部消費・くらし安全課	同左	○	○	－	－	－
札幌市	市民文化局地域振興部区政課	同左	○	－	○	○	－
仙台市	市民局生活安全安心部市民生活課	同左	－	－	○	－	－
さいたま市	市民局市民生活部市民生活安全課	同左	○	○	○	○	－
千葉市	市民局市民自治推進部地域安全課	同左	－	－	○	－	－
横浜市	市民局人権課	同左	○	○	－	○	－
川崎市	市民文化局市民生活部地域安全推進課	川崎市犯罪被害者等支援相談窓口	○	○	－	○	－
相模原市	市民局交通・地域安全課	同左	○	○	－	○	－
新潟市	市民生活部市民生活課安心・安全推進室	同左	○	○	○	○	○
静岡市	市民局生活安全安心課	同左	○	－	○	－	－
浜松市	市民部市民生活課	市民部市民生活課くらしのセンター	○	○	○	○	－
名古屋市	スポーツ市民局人権施策推進室	名古屋市犯罪被害者等総合支援窓口	○	○	○	○	－
京都市	文化市民局くらし安全推進部くらし安全推進課	公益社団法人京都犯罪被害者支援センター（京都市犯罪被害者総合相談窓口）	○	○	○	○	－
大阪市	市民局ダイバーシティ推進室人権企画課	同左	○	○	－	○	－
堺市	市民人権局市民生活部市民協働課	同左	○	○	－	○	－
神戸市	危機管理室／福祉局人権推進課	福祉局人権推進課	○	○	○	○	－
岡山市	市民生活局市民生活部生活安全課交通安全防犯室	岡山市犯罪被害者等総合相談窓口	○	○	○	○	－
広島市	市民局市民安全推進課	同左	○	○	○	○	－
北九州市	市民文化スポーツ局安全・安心推進部安全・安心推進課	①福岡犯罪被害者総合サポートセンター ②性暴力被害者支援センター・ふくおか	○	－	○	－	－
福岡市	市民局生活安全部防犯・交通安全課	①福岡犯罪被害者総合サポートセンター ②性暴力被害者支援センター・ふくおか	－	－	－	－	－
熊本市	文化市民局市民生活部生活安全課	①同左 ②中央区役所総務企画課 ③東区役所総務企画課 ④西区役所総務企画課 ⑤南区役所総務企画課 ⑥北区役所総務企画課	－	－	－	－	－

※　特化条例等とは、犯罪被害者等支援を目的とした条例等の犯罪被害者等支援のための実効的な事項を盛り込んだ条例をいう。以下同じ。
※　□印は、都道府県において市区町村の見舞金支給に補助を実施している場合を示す。

基礎資料

都道府県・政令指定都市における条例・計画等の制定・策定及び見舞金・貸付金制度導入の実施数

令和５年４月１日現在

地方公共団体（数）	条例の制定数等		計画等の策定数	見舞金制度の導入数	貸付金制度の導入数
		うち特化条例等			
都道府県（47）	47	46	46	16	3
政令指定都市（20）	16	13	13	14	1

6－3．条例・計画等の制定・策定の状況及び見舞金・貸付金制度の導入状況（市区町村）

令和５年４月１日現在

	市区町村数	条例・計画等の制定・策定の状況			見舞金・貸付金制度導入の状況	
		条例の制定数	うち特化条例等	計画等の策定数	見舞金制度導入済み数	貸付金制度導入済み数
北海道	178	177	15	4	6	1
青　森	40	7	7	6	6	0
岩　手	33	0	0	0	0	0
宮　城	34	34	34	1	34	0
秋　田	25	25	25	1	25	0
山　形	35	8	8	0	6	0
福　島	59	17	17	6	21	0
茨　城	44	13	3	1	3	2
栃　木	25	25	25	4	25	0
群　馬	35	9	9	13	9	0
埼　玉	62	34	33	0	29	0
千　葉	53	8	6	0	8	0
東　京	62	5	5	1	1	3
神奈川	30	6	5	0	6	0
新　潟	29	22	12	22	22	0
富　山	15	1	0	1	1	0
石　川	19	17	8	17	19	0
福　井	17	2	1	0	1	0
山　梨	27	10	1	1	1	0
長　野	77	6	6	12	6	0
岐　阜	42	42	42	5	42	1
静　岡	33	25	25	8	25	0
愛　知	53	9	2	2	4	0
三　重	29	24	24	12	26	0
滋　賀	19	19	17	0	19	0
京　都	25	25	25	1	25	0
大　阪	41	9	6	9	12	0
兵　庫	40	40	40	0	40	1
奈　良	39	39	39	0	39	2
和歌山	30	20	20	3	18	0
鳥　取	19	13	13	2	13	0
島　根	19	0	0	15	0	0
岡　山	26	26	26	0	17	0
広　島	22	10	10	2	12	0
山　口	19	11	11	1	6	0
徳　島	24	1	1	4	1	0
香　川	17	0	0	1	0	0
愛　媛	20	0	0	18	20	0
高　知	34	8	2	5	0	0

	市区町村数	条例・計画等の制定・策定の状況			見舞金・貸付金制度導入の状況	
		条例の制定数	うち特化条例等	計画等の策定数	見舞金制度導入済み数	貸付金制度導入済み数
福　岡	58	17	17	0	17	0
佐　賀	20	20	20	0	20	0
長　崎	21	21	21	2	21	0
熊　本	44	3	1	2	1	0
大　分	18	18	18	0	18	0
宮　崎	26	6	5	4	6	0
鹿児島	43	3	1	0	0	0
沖　縄	41	0	0	0	0	0
全国	1,721	835	606	186	631	10

※　市区町村数には、政令指定都市を含まない。
※　区は東京都の 23 区をいう。

7．公益社団法人全国被害者支援ネットワーク加盟団体一覧

（令和５年４月現在　47 都道府県 48 団体）

都道府県	法人	名称	相談電話	相談対応曜日	備考	特記事項
北海道	公	北海道家庭生活総合カウンセリングセンター（北海道被害者相談室）	011-232-8740	月～金	○☆	★性暴力専用ダイヤル（011-211-8286） 弁護士による法律相談（無料、毎週木曜日、初回無料予約制）
	―	北・ほっかいどう総合カウンセリング支援センター （北・ほっかいどう被害者相談室）	0166-24-1900	月・火・木・金		臨床心理士によるカウンセリング（無料）
青　森	公	あおもり被害者支援センター	017-721-0783	月～金	○☆	弁護士による法律相談（２回まで無料） 臨床心理士によるカウンセリング（４回まで無料） ★性暴力被害用相談電話「りんごの花ホットライン」（017-777-8349、月～金）
岩　手	公	いわて被害者支援センター	019-621-3751	月～金	○☆	ウェブサイトからメール相談可
宮　城	公	みやぎ被害者支援センター	022-301-7830	火～金 （月は予約のみ対応）	○☆	弁護士による法律相談（初回のみ無料） 公認心理師・臨床心理士によるカウンセリング（36 回まで無料） ★性暴力被害専用ダイヤル（0120-556-460、月～土）
秋　田	公	秋田被害者支援センター	0120-62-8010	月～金	○☆	一定の犯罪被害者に対する経済的支援（特別支援） ★性暴力被害者相談専用電話（#8891、ＮＴＴひかり電話の方は 0120-8891-77）
山　形	公	やまがた被害者支援センター	山形窓口 023-642-7830	月～金	○☆	弁護士による法律相談（１回無料） 公認心理師・臨床心理士によるカウンセリング（１回無料、性被害の場合は家族を含め３回まで無料） 緊急支援金制度（平成 28 年６月から運用） ★性暴力被害相談専用電話「べにサポやまがた」（023-665-0500、月～金）
			庄内出張所 0234-43-0783	水		
福　島	公	ふくしま被害者支援センター	024-533-9600	月～金	○☆	弁護士による法律相談（無料、60 分） 臨床心理士によるカウンセリング（おおむね５回まで無料）
茨　城	公	いばらき被害者支援センター	029-232-2736	月～金	○☆	弁護士による法律相談（無料、弁護士入室日は要問合せ） 臨床心理士によるカウンセリング（無料） ★性暴力被相談ダイヤル（029-350-2001、月～金）
栃　木	公	被害者支援センターとちぎ	028-643-3940	月～金	○☆	弁護士による法律相談（無料） 臨床心理士によるカウンセリング（無料）
群　馬	公	被害者支援センターすてっぷぐんま	027-253-9991	月～金	○☆	弁護士による法律相談（１回無料） ＤＶ被害者一時保護シェルターの運営 臨床心理士による心理相談（１回無料）
埼　玉	公	埼玉犯罪被害者援助センター	048-865-7830	月～金	○☆	弁護士による法律相談（月２回、１回無料、予約制） 臨床心理士によるカウンセリング（予約制）
千　葉	公	千葉犯罪被害者支援センター	043-225-5450	月～金	○☆	弁護士による法律相談（１回無料、予約制） 公認心理師・臨床心理士によるカウンセリング（無料、予約制） ★性犯罪・性暴力被害専用ダイヤル（043-222-9977）
東　京	公	被害者支援都民センター	03-5287-3336	月～金	○☆	公認心理師等によるカウンセリング（無料）
神奈川	N	神奈川被害者支援センター	045-311-4727	月～土	○☆	★性被害専用（045-328-3725、月～金）
新　潟	公	にいがた被害者支援センター	新潟 025-281-7870	月～金	○☆	弁護士による法律相談（３回まで無料） 臨床心理士によるカウンセリング（３回まで無料）
			長岡 0258-32-7016			
			上越 025-522-3133			

都道府県	法人	名称	相談電話	相談対応曜日	備考	特記事項
富山	公	とやま被害者支援センター	076-413-7830	月～金	○☆	弁護士による法律相談（初回は原則無料）・臨床心理士等によるカウンセリング（初回は原則無料）
石川	公	石川被害者サポートセンター	076-226-7830	月～金	○☆	弁護士による法律相談（初回無料、要予約）臨床心理士等による心理相談（初回無料、要予約）
福井	公	福井被害者支援センター	0120-783-892	月～土	○☆	臨床心理士によるカウンセリング（無料、毎週木曜日午前、要予約）
山梨	公	被害者支援センターやまなし	055-228-8622	月～金	○☆	弁護士による法律相談（無料） 臨床心理士によるカウンセリング（無料）
長野	N	長野犯罪被害者支援センター	長野 026-233-7830	月～金	○☆	弁護士による法律相談（１回無料） 公認心理師・臨床心理士によるカウンセリング（無料）
			中信 0263-73-0783	月・水		
岐阜	公	ぎふ犯罪被害者支援センター	058-268-8700 0120-968-783	月～金	○☆	弁護士による法律相談（無料、予約制） 臨床心理士によるカウンセリング（無料、予約制） ★性暴力被害相談専用ダイヤル（058-215-8349、24時間受付）
静岡	N	静岡犯罪被害者支援センター	054-651-1011	月～金	○☆	弁護士による法律相談（初回無料） 公認心理師等によるカウンセリング
愛知	公	被害者サポートセンターあいち	052-232-7830	月～金	○☆	弁護士による電話法律相談（無料、第２・４水曜日） 弁護士による面接法律相談（１回無料） 臨床心理士によるカウンセリング（原則５回まで無料）
三重	公	みえ犯罪被害者総合支援センター	059-221-7830	月～金	○☆	弁護士による法律相談（１回無料、予約制）臨床心理士による心理相談（５回無料、予約制）
滋賀	公	おうみ犯罪被害者支援センター	077-525-8103 077-521-8341	月～金	○☆	カウンセリング無料 ＯＶＳＣ緊急支援金制度（令和２年４月から運用）
京都	公	京都犯罪被害者支援センター	075-451-7830 0120-60-7830	月～金	○☆	京都市から犯罪被害者総合相談窓口業務を受託（通訳派遣等実施） 弁護士による法律相談（３回まで無料） 臨床心理士によるカウンセリング（10回まで無料）
			ほくぶ相談室 0120-78-3974	月・木		
大阪	N	大阪被害者支援アドボカシーセンター	06-6774-6365	月～金	○☆	弁護士による法律相談（無料、90分） 臨床心理士によるカウンセリング（３回まで無料）
兵庫	公	ひょうご被害者支援センター	078-367-7833	火・水・金・土	○☆	被害者に精通した弁護士による法律相談（１回無料、要予約） 臨床心理士による心理相談（無料、要予約）
奈良	公	なら犯罪被害者支援センター	0742-24-0783	月～金	○☆	弁護士による法律相談 臨床心理士によるカウンセリング （センター内部は無料） （外部は１回につき上限5,500円　５回まで補助）
			中南和相談コーナー 0744-23-0783	月・火		
和歌山	公	紀の国被害者支援センター	073-427-1000	月～土	○☆	弁護士・臨床心理士による移動相談（無料、５月・10月）
鳥取	公	とっとり被害者支援センター	0120-43-0874	月～金	○☆	弁護士による法律相談（初回は原則無料） 臨床心理士によるカウンセリング（初回は原則無料）
島根	公	島根被害者サポートセンター	0120-556-491	月～金	○☆	臨床心理士によるカウンセリング（５回まで無料） 弁護士による法律相談（３回まで無料）
岡山	公	被害者サポートセンターおかやま	086-223-5562	月～土	○☆	★性暴力被害者支援センター「おかやま心」専用相談電話（086-206-7511、祝日、年末年始を除く。）
広島	公	広島被害者支援センター	082-544-1110	月～土	○☆	弁護士による法律相談（原則１回無料） 臨床心理士による心理相談（原則１回無料）
山口	公	山口被害者支援センター	083-974-5115	月～金	○☆	臨床心理士によるカウンセリング（３回まで無料）

都道府県	法人	名称	相談電話	相談対応曜日	備考	特記事項
徳　島	公	徳島被害者支援センター	088 678 7830 088-656-8080	月・水～土	○☆	臨床心理士等によるカウンセリング（無料）
香　川	公	かがわ被害者支援センター	087-897-7799	月～金	○☆	弁護士による法律相談（無料） 臨床心理士等によるカウンセリング（無料）
愛　媛	公	被害者支援センターえひめ	089-905-0150	火～土	○☆	弁護士による法律相談（原則１回無料） 臨床心理士によるカウンセリング（原則１回無料）
高　知	N	こうち被害者支援センター	088-854-7867	月～金	○☆	弁護士による法律相談（初回のみ無料） 公認心理師によるカウンセリング（性暴力被害者３回まで無料） ★性暴力被害者サポートセンターこうち専用相談電話（コーラルコール）月～土 080-9833-3500/0120-835-350
福　岡	公	福岡犯罪被害者支援センター	092-409-1356 北九州 093-582-2796 筑後 0942 39 4416 筑豊 0948-28-5759	月～金	○☆	弁護士による法律相談（無料）
佐　賀	N	被害者支援ネットワーク佐賀VOISS	0952-33-2110	月～金	○☆	臨床心理士等によるカウンセリング（無料）
長　崎	公	長崎犯罪被害者支援センター	095-820-4977	月～金	○☆	弁護士による法律相談（初回無料） 臨床心理士によるカウンセリング（初回無料） ★性暴力被害専用ダイヤル「サポートながさき」（095-895-8856、月～金）（夜間・休日はコールセンターへ接続）
熊　本	公	くまもと被害者支援センター	096-386-1033	月～金	○☆	弁護士による法律相談（初回無料） 臨床心理士によるカウンセリング（原則初回無料）
大　分	公	大分被害者支援センター	097-532-7711	月～金	○☆	弁護士による法律相談（無料） 臨床心理士によるカウンセリング（無料）
宮　崎	公	みやざき被害者支援センター	0985-38-7830	月～金	○☆	弁護士による法律相談（初回無料、第２・４火曜日） 精神科医及び臨床心理士によるカウンセリング（無料、第２・４木曜日）
鹿児島	公	かごしま犯罪被害者支援センター	099-226-8341	火～土	○☆	弁護士による法律相談（原則初回無料、第２・４木曜日） 臨床心理士によるカウンセリング（原則初回無料、第１・３土曜日）
沖　縄	公	沖縄被害者支援ゆいセンター	098-866-7830	月～金	○☆	弁護士による法律相談（原則１回無料） 精神科医及び臨床心理士によるカウンセリング（原則１回無料）

注１：「法人」欄について、「N」は認定特定非営利活動法人を、「公」は公益社団法人を、「一」は一般社団法人を、それぞれ示す。
注２：「備考」欄について、「○」は犯罪被害者等早期援助団体として指定されていることを、「☆」は公益社団法人、特定公益増進法人又は認定特定非営利活動法人として認定されており当該法人に対する寄付金について税制上の優遇措置が適用されることを、それぞれ示す。
注３：「特記事項」欄については、「★」は性暴力被害専用ダイヤルを示す。

8．行政が関与する性犯罪・性暴力被害者のためのワンストップ支援センター一覧（提供：内閣府）

性犯罪・性暴力被害者のためのワンストップ支援センター全国共通番号：#8891（はやくワンストップ）

令和5年4月10日現在

		名称	相談受付日時	性暴力被害者のための夜間休日コールセンターによる相談受付日時	相談電話番号・メールアドレス（※） ※メール相談を実施しているセンターのみ	相談				警察に相談しない場合の医療費等公費負担		備考
						電話	面接	メール	SNS	交付金活用	自治体独自制度	
1	北海道・札幌市	性暴力被害者支援センター北海道「SACRACH（さくらこ）」	月～金 10：00～20：00 （祝日、年末年始を除く。）	月～金 20：00～10：00 土・日・祝日 10：00～10：00 年末年始 10：00～10：00	050-3786-0799 メール：sacrach20191101@leaf.ocn.ne.jp	○	○	○	○	○	－	
	函館市	函館・道南SART（サート）	月～金 10：00～17：00 （祝日、年末年始を除く。）		0138-85-8825 メール：dvhelpe@msc.ncv.ne.jp	○	○	○	－		－	
2	青森県	あおもり性暴力被害者支援センター	月～金 9：00～17：00 （土・日・祝日、年末年始を除く。）	月～金 17：00～9：00 土・日・祝日 9：00～9：00 年末年始 9：00～9：00	「りんごの花ホットライン」 017-777-8349	○	○	－	－	○	－	
3	岩手県	はまなすサポート	月～金 9：00～17：00 （祝日、年末年始を除く。）	月～金 17：00～9：00 土・日・祝日 9：00～9：00 年末年始 9：00～9：00	019-601-3026 メール：HP内の相談フォームから送信	○	○	○	－	○	－	
4	宮城県	性暴力被害相談支援センター宮城（けやきホットライン）	月～金 10：00～20：00 土 10：00～16：00 （祝日、年末年始を除く。）	月～金 20：00～10：00 土 16：00～10：00 日、祝日 10：00～10：00 年末年始 10：00～10：00	0120-556-460（こころ フォロー） 宮城県内専用フリーダイヤル メール：https://miyagivsc.jp 内相談フォームから送信	○	○	○	－	○	－	
5	秋田県	あきた性暴力被害者サポートセンター「ほっとハートあきた」	月～金 10：00～19：00 （土・日・祝日、年末年始除く。）	月～金 19：00～10：00 土・日・祝日 10：00～10：00 年末年始 10：00～10：00	#8891 但しNTTひかり電話の場合は 0120-8891-77 メール：県HP内のメールアドレスをコピーして送信	○	○	○	－	○	－	
6	山形県	やまがた性暴力被害者サポートセンター「べにサポ やまがた」	月～金 10：00～19：00 （祝日、年末年始を除く。）	月～金 19：00～10：00 土・日・祝日 10：00～10：00 年末年始 10：00～10：00	023-665-0500 メール：HP内の相談フォームから送信	○	○	○	－	○	－	
7	福島県	性暴力等被害救援協力機関SACRAふくしま	月～金 9：00～17：00 （祝日、年末年始を除く。）	月～金 17：00～9：00 土・日・祝日 9：00～9：00 年末年始 9：00～9：00	024-533-3940	○	○	－	－	○	－	
8	茨城県	性暴力被害者サポートネットワーク茨城	月～金 9：00～17：00 （祝日、年末年始を除く。）	月～金 17：00～9：00 土・日・祝日 9：00～9：00 年末年始 9：00～9：00	029-350-2001 メール：https://www.ivac.or.jp/network/index.html 内相談フォームから送信	○	○	○	－	○	－	
9	栃木県	とちぎ性暴力被害者サポートセンター「とちエール」	月～金 9：00～17：30 土 9：00～12：30 （第2土曜日、祝日、年末年始を除く。）	月～金 17：30～9：00 土 12：30～9：00 第2土曜日、日、祝日 9：00～9：00 年末年始 9：00～9：00	028-678-8200	○	○	－	－	○	－	
10	群馬県	群馬県性暴力被害者サポートセンター「Saveぐんま」	月～金 9：00～17：00 （祝日、年末年始を除く。）	月～金 17：00～9：00 土・日・祝日 9：00～9：00 年末年始 9：00～9：00	027-329-6125 https://savegunma.jp/form.html 内相談フォームから送信	○	○	○	－	○	－	
11	埼玉県	彩の国犯罪被害者ワンストップ支援センター性暴力等犯罪被害専用相談電話「アイリスホットライン」	24時間365日		0120-31-8341 メール：https://www.svsc8080.jp/iris/ 内相談フォームから送信オンライン（Zoom）相談（要予約）	○	○	○	－	○	－	
12	千葉県・千葉市	NPO法人 千葉性暴力被害支援センター ちさと	月～金 9：00～21：00 土 9：00～17：00 （祝日、年末年始を除く。） （緊急支援は24時間365日対応）		ほっとこーる 043-251-8500	○	○	－	－	○	－	
	千葉県	公益社団法人 千葉犯罪被害者支援センター	月～金 10：00～16：00 （祝日、年末年始を除く。）		043-222-9977	○	○	－	－		－	
13	東京都	東京都性犯罪・性暴力被害者ワンストップ支援センター「性暴力救援ダイヤルNaNa」	24時間365日		03-5577-3899	○	○	－	－	○	－	
14	神奈川県	かながわ性犯罪・性暴力被害者ワンストップ支援センター「かならいん」	24時間365日		#8891 または 045-322-7379	○	○	－	－	○	－	
		男性及びLGBTs被害者のための専門相談ダイヤル	火 16：00～20：00 （祝休日、年末年始を除く。）		045-548-5666							
15	新潟県	性暴力被害者支援センターにいがた	月～金 9：00～17：00 （祝日、年末年始を除く）	月～金 17：00～9：00 土・日・祝日 9：00～9：00 年末年始 9：00～9：00	025-281-1020 メール:HP内の相談フォームから送信	○	○	○	－	○	－	
16	富山県	性暴力被害ワンストップ支援センターとやま	24時間365日SNS相談は、 火～土 10：00～16：00 （祝日、年末年始を除く）		076-471-7879 SNS：HP内のLINEアカウント紹介ボタン より相談可能	○	○	－	○	○	－	
17	石川県	いしかわ性暴力被害者支援センター「パープルサポートいしかわ」	月～金 8：30～17：15 （祝日、年末年始を除く。） ※緊急医療などの緊急を要する相談は、24時間365日対応		076-223-8955 メール：HP内の相談フォームから送信	○	○	○	－	○	－	

		名　称	相談受付日時	性暴力被害者のための夜間休日コールセンターによる相談受付日時	相談電話番号・メールアドレス（※） ※メール相談を実施しているセンターのみ	相談				警察に相談しない場合の医療費等公費負担		
						電話	面接	メール	SNS	交付金活用	自治体独自制度	備　考
18	福井県	性暴力救済センター・ふくい 「ひなぎく」	24時間365日面談での相談は、平日8：30～17：00		#8891または0120-8891-77	○	○	－	－	○	－	
19	山梨県	やまなし性暴力被害者 サポートセンター 「かいさぽ　ももこ」	月～金9：00～17：00 (祝日、年末年始を除く。)	月～金　17：00～9：00 土・日・祝日9：00～9：00 年末年始　9：00～9：00	055-222-5562 メール：HP内の相談フォームから送信	○	○	○	－	○	－	
20	長野県	長野県性暴力被害者支援センター 「りんどうハートながの」	24時間365日		026-235-7123 メール：rindou-heart@pref.nagano.lg.jp	○	○	○	－	○	－	
21	岐阜県	ぎふ性暴力被害者支援センター	24時間365日面接相談（予約制）は、月～金10：00～16：00 (祝日、年末年始を除く。)		058-215-8349 メール：HP内の相談フォームから送信 SNS：HP内の二次元コードからLINE友だち登録	○	○	○	○	○	－	
22	静岡県	静岡県性暴力被害者支援センターSORA	月～金9：00～20：00 (祝日、年末年始を除く。) 8/14～15、12/27～28、 1/4～5　9：00～17：00	月～金　20：00～9：00 土・日・祝日9：00～9：00 年末年始　9：00～9：00 8/14～15、12/27～28、 1/4～5　17：00～9：00	054-255-8710 チャット相談： https://sorachat.jp	○	○	－	○	○	－	
23	愛知県	ハートフルステーション・あいち	月～土9：00～20：00 (祝日、年末年始を除く。)		0570-064-810 愛知県内からのみ通話可能	○	○	－	－	○	－	愛知県が交付金を活用して実施
		性暴力救援センター 日赤なごや なごみ	24時間365日		052-835-0753	○	○	－	－	○	－	愛知県が交付金を活用して実施
24	三重県	みえ性暴力被害者支援センター よりこ	月～金9：00～17：00 (祝日、年末年始を除く。)	月～金　17：00～9：00 土・日・祝日9：00～9：00 年末年始　9：00～9：00	059-253-4115 メール：HP内の相談フォームから送信	○	○	○	○	○	－	
25	滋賀県	性暴力被害者総合ケアワンストップびわ湖　SATOCO（サトコ）	24時間365日		090-2599-3105 メール：satoco3105biwako@gmail.com	○	○	○	－	○	－	
26	京都府	京都性暴力被害者ワンストップ相談支援センター　京都SARA（サラ）	年中無休10：00～22：00	月～日、祝日22：00～10：00	075-222-7711	○	○	－	－	○	－	
27	大阪府	性暴力救援センター・大阪SACHICO	24時間365日		072-330-0799	○	○	－	－	○	－	支援センターによる助成有
28	兵庫県	ひょうご性被害ケアセンター 「よりそい」	月～金9：00～17：00 (祝日、年末年始を除く。)	月～金　17：00～9：00 土・日・祝日9：00～9：00 年末年始　9：00～9：00	078-367-7874（ナヤミナシ）	○	○	－	－	○	－	
		特定非営利活動法人　性暴力被害者支援センター・ひょうご	月～金　9：30～16：30 (祝日、年末年始を除く。)		06-6480-1155 メール：hyo-5@1-kobe.com	○	○	○	－	○	－	支援センターによる助成有
29	奈良県	奈良県性暴力被害者サポート センター　NARAハート	24時間365日		0742-81-3118 メール：HP内の相談フォームから送信	○	○	○	－	○	－	
30	和歌山県	性暴力救援センター和歌山 「わかやまmine（マイン）」	毎日9：00～22：00 (年末年始を除く)	月～日、祝日22：00～9：00 年末年始9：00～9：00	073-444-0099	○	○	－	－	○	－	
31	鳥取県	性暴力被害者支援センターとっとり (クローバーとっとり)	電話相談：月・水・金 10：00～20：00 火・木　10：00～18：00 (年末年始を除く)	月　20：00～10：00 火　18：00～10：00 水　20：00～10：00 木　18：00～10：00 金　20：00～10：00 土・日　10：00～10：00 年末年始10：00～10：00	電話相談：0120-946-328 (県内専用フリーダイヤル)	○	○	－	－	○	－	
32	島根県	性暴力被害者支援センターたんぽぽ (島根県女性相談センター内)	月～金8：30～17：15 (祝日、年末年始を除く。)	月～金 17：15～8：30 土・日8：30～8：30年末年始8：30～8：30	0852-25-3010	○	○	－	－	○	－	
		一般社団法人　しまね性暴力被害者支援センターさひめ	火・木・土17：30～21：30 (年末年始を除く)		0852-28-0889 メール：HP内の相談フォームから送信	○	○	○	－	－	－	支援センターによる助成有
33	岡山県	性暴力被害者支援センター 「おかやま心」	月～土9：00～17：00（ 祝日、年末年始を除く。）	月～土　17：00～9：00 日・祝日　9：00～9：00 年末年始　9：00～9：00	086-206-7511	○	○	－	－	○	－	
34	広島県	性被害ワンストップセンターひろしま	24時間365日		082-298-7878	○	○	－	－	○	－	
35	山口県	山口県男女共同参画相談センター 「やまぐち性暴力相談ダイヤル あさがお」	24時間365日		083-902-0889	○	○	－	－	○	－	
36	徳島県	性暴力被害者支援センター よりそいの樹　とくしま （中央・南部・西部）	24時間365日		中央 088-623-5111 南部 0884-23-5111 西部 0883-52-5111	○	○	－	－	○	－	
37	香川県	性暴力被害者支援センター 「オリーブかがわ」	月～金9：00～20：00 土　9：00～16：00 (祝日、年末年始を除く。)	月～金 20：00～9：00 土　16：00～9：00 日・祝日9：00～9：00 年末年始9：00～9：00	087-802-5566 メール：olive-support@ace.ocn.ne.jp（問い合わせのみ）	○	○	○	－	○	－	

		名　称	相談受付日時	性暴力被害者のための夜間休日コールセンターによる相談受付日時	相談電話番号・メールアドレス（※）※メール相談を実施しているセンターのみ	相談				警察に相談しない場合の医療費等公費負担		備　考
						電話	面接	メール	SNS	交付金活用	自治体独自制度	
38	愛媛県	えひめ性暴力被害者支援センター「ひめここ」	24時間365日		089-909-8851	○	○	−	−	○	−	
39	高知県	性暴力被害者サポートセンターこうち	月～土 9：00～17：00 （祝日、年末年始を除く。）	月～土　17：00～9：00 日・祝日 9：00～9：00 年末年始 9：00～9：00	専用電話：080-9833-3500 フリーダイヤル：0120-835-350	○	○	−	−	○	−	
40	福岡県・北九州市・福岡市	性暴力被害者支援センター・ふくおか	24時間365日		092-409-8100	○	○	−	−	○	−	
41	佐賀県	性暴力救援センター・さが「さが mirai」	月～金 9：00～17：00	月～金　　17：00～9：00 土・日・祝日 9：00～9：00 年末年始　　9：00～9：00	0952-26-1750（さが mirai）	○	○	−	−	−	○	
		※佐賀県立男女共同参画センター・佐賀県立生涯学習センター（アバンセ）においても女性のための総合相談を受け付けています。	火～土 9：00～21：00、 日・祝日 9：00～16：30 （アバンセ）		0952-26-0018（アバンセ）							
42	長崎県	性暴力被害者支援「サポートながさき」（公益社団法人長崎犯罪被害者支援センター）	月～金 9：00～17：00 （祝日、年末年始を除く。）	月～金 17：00 ～9：00土・日・祝 9：00～9：00 年末年始 9：00～9：00	095-895-8856 メール：HP 内の相談フォームから送信	○	○	○	−	○	−	
43	熊本県	性暴力被害者のためのサポートセンターゆあさいどくまもと	毎日24時間 （12/28　18：00 ～ 1/4　9：00を除く。）	12月28日 18：00～ 1月4日 9：00	096-386-5555 メール：support@yourside-kumamoto.jp	○	○	○	−	○	−	
44	大分県	おおいた性暴力救援センター「すみれ」	24時間365日		097-532-0330 メール：HP 内の相談フォームから送信	○	○	○	−	○	−	
45	宮崎県	性暴力被害者支援センター「さぽーとねっと宮崎」	月～金 9：00～17：00 （祝日、年末年始を除く。）	月～金　　17：00～9：00 土・日・祝日 9：00～9：00 年末年始　　9：00～9：00	0985-38-8300 メール：HP 内の相談フォームから送信	○	○	○	−	○	−	
46	鹿児島県	性暴力被害者サポートネットワークかごしま「FLOWER」	月～土 9：00～17：00 （祝日、年末年始を除く。）	月～土　17：00～9：00 日・祝日 9：00～9：00 年末年始 9：00～9：00	099-239-8787 メール：HP 内の相談フォームから送信	○	○	○	−	○	−	
47	沖縄県	沖縄県性暴力被害者ワンストップ支援センター「with you おきなわ」	24時間365日		098-975-0166	○	○	−	−	○	−	

・相談受付日時の「年末年始」：12/29～1/3
・性暴力被害者のための夜間休日コールセンターの「年末年始」：12/28 のワンストップ支援センターの相談受付時間終了後もしくは 17 時から 1/4 のワンストップ支援センターの相談受付開始時間まで
・医療費等の公費負担制度：性犯罪・性暴力被害者の緊急避妊、人口妊娠中絶、初診料、診断書料、性感染症の検査費用、カウンセリング費用等に要する経費を公費で負担する制度。
自治体によって制度が異なりますので（制度の有無・公費負担の対象者・対象となる費用等）、詳しくは各センターへお問い合わせください。

9．政府・地方公共団体が関与する犯罪被害者等に関する相談先一覧

令和５年４月現在

所管府省庁	運営主体	名称	相談電話番号・メールアドレス等	相談受付日時	主な相談受付内容	特記事項
警察庁	都道府県警察	性犯罪被害相談電話全国共通番号	＃8103（ハートさん）	24 時間	性犯罪・性暴力被害	通話料無料
	都道府県警察	警察相談専用電話	＃9110	平日8：30~17：15（各都道府県警察で異なる） ※土日・祝日及び時間外は、24時間受付体制の一部の都道府県警察を除き、当直又は音声案内による対応	緊急の対応を必要としない警察への相談全般	
	地方公共団体	総合的対応窓口	地元の都道府県庁・市役所・区役所・役場	都道府県庁・市役所・区役所・役場の開所時間に準ずる	犯罪被害により生じた生活上の困りごと全般	
内閣府	地方公共団体	ＤＶ相談ナビ	＃8008（はれれば）	各機関の相談受付時間による	ＤＶ被害	一般の固定電話にかけたときと同じ通話料
	内閣府	ＤＶ相談プラス	電話相談 0120-279-889 (つなぐ・はやく) メール相談 https://form.soudanplus.jp/mail ＳＮＳ相談 https://form.soudanplus.jp/ja	電話・メール相談 24 時間 ＳＮＳ相談 12：00~22：00	ＤＶ被害	通話料無料 ＳＮＳ相談は、英語や中国語等10言語の外国語にも対応
	地方公共団体	性犯罪・性暴力被害者のためのワンストップ支援センター・全国共通番号	＃8891 (はやくワンストップ)	各機関の相談受付時間による	性犯罪・性暴力被害	通話料無料
こども家庭庁	こども家庭庁	児童相談所虐待対応ダイヤル	189（いちはやく）	24 時間	子育ての悩み、児童虐待の相談等	通話料無料

所管府省庁	運営主体	名称	相談電話番号・メールアドレス等	相談受付日時	主な相談受付内容	特記事項
法務省	日本司法支援センター（法テラス）	犯罪被害者支援ダイヤル	0120-079714（なくことないよ）	平日9：00～21：00 土曜9：00～17：00（祝日、年末年始を除く。）	犯罪被害者支援団体等に関する情報提供、犯罪被害者支援の経験や理解のある弁護士の紹介、DV・ストーカー・児童虐待被害に関する法律相談等	通話料無料
	日本司法支援センター（法テラス）	犯罪被害者支援窓口	全国の法テラス事務所	平日9：00～17：00	犯罪被害者支援団体等に関する情報提供、犯罪被害者支援の経験や理解のある弁護士への相談等	
	地方更生保護委員会	地方更生保護委員会被害者専用電話番号	地方更生保護委員会被害者専用電話番号	各地方更生保護委員会の開所時間に準ずる	意見等聴取制度や仮釈放・仮退院・収容中の特定保護観察処分少年の退院に関する相談	専用電話番号掲載ウェブサイト https://www.moj.go.jp/hogo1/soumu/hogo_victim03.html
	保護観察所	保護観察所被害者専用電話番号	保護観察所被害者専用電話番号	各保護観察所の開所時間に準ずる	犯罪被害により生じた悩みや不安等の相談、更生保護における犯罪被害者等施策に関する相談	専用電話番号掲載ウェブサイト https://www.moj.go.jp/hogo1/soumu/hogo_victim03.html
	人権擁護局	常設人権相談所	法務局	平日8：30～17：15	人権に関する相談全般	
	人権擁護局	みんなの人権110番	0570-003-110	平日8：30～17：15	人権に関する相談全般	
	人権擁護局	こどもの人権110番	0120-007-110	平日8：30～17：15	いじめや虐待等のこどもの人権に関する相談	通話料無料
	人権擁護局	女性の人権ホットライン	0570-070-810	平日8：30～17：15	ハラスメントやDV等の女性の人権に関する相談	
文部科学省	文部科学省、都道府県・政令指定都市教育委員会	24時間子供SOSダイヤル	0120-0-78310（なやみいおう）	24時間	いじめを含めたこどもたちの様々な悩み全般	通話料無料

基礎資料

所管府省庁	運営主体	名称	相談電話番号・メールアドレス等	相談受付日時	主な相談受付内容	特記事項
厚生労働省	市区町村	地域包括支援センター	センターごとに異なる（市区町村の介護保険担当課等に要確認）	各センターの開所時間による	地域の高齢者等の心身の健康の保持と生活の安定のため、介護等に関する総合相談や、虐待防止等の権利擁護等の支援を実施	市区町村ごとに設置
	地方公共団体	医療安全支援センター	「全国の医療安全支援センター」 https://www.anzen-shien.jp/center/	左記ＵＲＬ参照	個人情報の取扱いを含めた医療に関する苦情・相談	
	都道府県	婦人相談所	厚生労働省ウェブサイト掲載の婦人相談所一覧（https://www.mhlw.go.jp/content/000832936.pdf）参照	実態に応じて各婦人相談所が設定	困難を抱える女性の問題全般	
	都道府県・政令指定都市	精神保健福祉センター	地域の精神保健福祉センター	地域によって異なる	心のケア等の精神保健	
国土交通省	国土交通省	運輸支局・自動車検査登録事務所	運輸支局・自動車検査登録事務所の登録窓口電話番号等は、国土交通省「自動車検査・登録ガイド　各運輸支局等のご案内」ウェブサイト（https://www.mlit.go.jp/jidosha/jidosha_fr1_000034.html）に掲載 ※自動音声案内の際に「036」と押すことで、職員につながります。	平日 8：45～11：45 13：00～16：00 （土・日・祝日・12月29日から1月3日までを除く。）	犯罪被害者等が所有者等となっている登録自動車に係る登録事項等証明書の出力制限	運輸支局・自動車検査登録事務所の管轄区域にかかわらず、最寄りの運輸支局・自動車検査登録事務所で受付可能
	国土交通省	公共交通事故被害者支援窓口	03-5253-8969 hqt-k-shien@gxb.mlit.go.jp	電話相談 平日9：30～18：15	鉄道、バス等の公共交通を利用中に事故に遭われた方やその家族等に対し、事故が発生した際の情報提供や、事故発生後から再び平穏な生活を営むことができるようになるまでの中長期にわたる支援を実施	

10．刑法犯　罪種別　認知件数の推移（平成30～令和４年）

罪種別 ＼ 年次	平成30年	令和元年	令和２年	令和３年	令和４年
刑法犯総数	817,338	748,559	614,231	568,104	601,331
凶悪犯総数	4,900	4,706	4,444	4,149	4,437
殺　人	915	950	929	874	853
強　盗	1,787	1,511	1,397	1,138	1,148
放　火	891	840	786	749	781
強制性交等	1,307	1,405	1,332	1,388	1,655
粗暴犯総数	59,139	56,753	51,829	49,717	52,701
凶器準備集合	3	3	5	6	11
暴　行	31,362	30,276	27,637	26,436	27,849
傷　害	22,523	21,188	18,963	18,145	19,514
うち）傷害致死	67	67	71	63	56
脅　迫	3,498	3,657	3,778	3,893	4,037
恐　喝	1,753	1,629	1,446	1,237	1,290
窃盗犯総数	582,141	532,565	417,291	381,769	407,911
侵入盗	62,745	57,808	44,093	37,240	36,588
乗り物盗	207,799	187,101	135,025	119,336	142,530
非侵入盗	311,597	287,656	238,173	225,193	228,793
知能犯総数	42,594	36,031	34,065	36,663	41,308
詐　欺	38,513	32,207	30,468	33,353	37,928
横　領	1,449	1,397	1,388	1,282	1,432
偽　造	2,526	2,323	2,090	1,893	1,790
うち）通貨偽造	546	328	217	311	251
うち）文書偽造	1,447	1,488	1,431	1,337	1,447
うち）支払用カード偽造	420	202	155	25	1
うち）有価証券偽造	67	259	235	165	57
汚　職	46	49	57	72	77
うち）賄賂	24	32	32	47	42
あっせん利得処罰法	0	0	0	0	1
背　任	60	55	62	63	80
風俗犯総数	9,112	8,710	7,723	7,880	8,133
賭　博	124	267	118	116	164
わいせつ	8,988	8,443	7,605	7,764	7,969
うち）強制わいせつ	5,340	4,900	4,154	4,283	4,708
うち）公然わいせつ	2,647	2,569	2,463	2,431	2,387
その他の刑法犯	119,452	109,794	98,879	87,926	86,841
うち）占有離脱物横領	18,522	15,857	14,154	11,746	12,335
うち）公務執行妨害	2,375	2,303	2,118	2,094	2,176
うち）住居侵入	13,048	12,853	11,021	9,780	9,514
うち）逮捕監禁	255	268	265	271	259
うち）略取誘拐・人身売買	304	293	337	389	390
うち）盗品	1,021	889	875	733	722
うち）器物損壊等	78,371	71,695	64,089	56,925	54,750

11. 特定罪種別　死傷別　被害者数（令和４年）

罪種	総数		死者		重傷者[注1)]		軽傷者	
		うち）女性		うち）女性		うち）女性		うち）女性
刑法犯総数（交通業過を除く）	23,117	8,765	598	252	2,611	914	19,908	7,599
殺人罪	745	335	254	145	184	67	307	123
嬰児殺	9	4	8	3	1	1	0	0
自殺関与・同意殺人罪	29	20	27	19	1	1	1	0
強盗殺人罪[注2)]	18	7	5	4	5	0	8	3
強盗傷人罪	554	159	0	0	54	16	500	143
強盗・強制性交等罪	5	5	0	0	0	0	5	5
放火罪	42	18	8	5	8	3	26	10
強制性交等罪	132	130	0	0	6	6	126	124
傷害罪	20,466	7,508	56	20	2,108	717	18,302	6,771
うち）傷害致死罪[注2)]	57	20	56	20	1	0	0	0
汚職罪	10	0	0	0	4	0	6	0
強制わいせつ罪	233	230	0	0	8	8	225	222
危険運転致死傷（交通業過を除く）	0	0	0	0	0	0	0	0
過失傷害罪	310	167	0	0	74	46	236	121
過失致死罪	13	7	13	7	0	0	0	0
業務上等過失致死傷（交通業過を除く）	453	143	190	34	141	47	122	62
失火罪	24	9	13	5	1	0	10	4
激発物破裂・ガス等漏出罪	2	0	0	0	2	0	0	0
堕胎罪	0	0	0	0	0	0	0	0
往来妨害罪	0	0	0	0	0	0	0	0
遺棄罪	26	10	23	9	2	1	1	0
逮捕監禁罪	46	13	1	1	12	1	33	11
建造物等損壊	0	0	0	0	0	0	0	0
決闘罪ニ関スル件	0	0	0	0	0	0	0	0
爆発物取締罰則	0	0	0	0	0	0	0	0
航空危険行為処罰法	0	0	0	0	0	0	0	0

注１：重傷者とは、全治１か月以上の傷害を負った者をいう。
　２：強盗殺人罪及び傷害致死罪で負傷者があるのは、一つの事件で死者と負傷者のある場合の負傷者を計上したものである。

12. 交通事故発生状況の推移（平成30～令和４年）

	平成30年	令和元年	令和２年	令和３年	令和４年
発生件数(件)	430,601	381,237	309,178	305,196	300,839
死亡事故件数(件)	3,449	3,133	2,784	2,583	2,550
死者数(人)	3,532	3,215	2,839	2,636	2,610
負傷者数(人)	525,846	461,775	369,476	362,131	356,601
重傷者数(人)	34,558	32,025	27,775	27,204	26,027
軽傷者数(人)	491,288	429,750	341,701	334,927	330,574
厚生統計の死者数(人)(1年以内)	4,488	4,181	3,626	3,434	

注１：「重傷」とは、交通事故によって負傷し、１箇月（30日）以上の治療を要する場合をいう。
　２：「軽傷」とは、交通事故によって負傷し、１箇月（30日）未満の治療を要する場合をいう。
　３：厚生統計の死者は、厚生労働省統計資料「人口動態統計」による。この場合の交通事故死者数は、当該年に死亡した者のうち原死因が交通事故によるもの（事故発生後１年を超えて死亡した者及び後遺症により死亡した者を除く。）をいう。

13. 交通事故死者数の月別推移（平成30～令和４年）

年次	平成30年				令和元年				令和２年				令和３年				令和４年			
死者	30日以内死者				30日以内死者				30日以内死者				30日以内死者				30日以内死者			
発生月	(人)	比率	24時間死者	30日死者	(人)	比率	24時間死者	30日死者	(人)	比率	24時間死者	30日死者	(人)	比率	24時間死者	30日死者	(人)	比率	24時間死者	30日死者
1月	368	1.16	318	50	331	1.25	265	66	320	1.22	262	58	238	1.2	198	40	241	1.32	183	58
2月	289	1.18	245	44	255	1.21	210	45	299	1.21	247	52	255	1.23	207	48	218	1.24	176	42
3月	321	1.14	282	39	324	1.24	261	63	278	1.16	239	39	249	1.19	210	39	236	1.16	203	33
4月	317	1.17	270	47	319	1.2	266	53	245	1.15	213	32	238	1.2	198	40	232	1.21	191	41
5月	303	1.2	253	50	269	1.28	210	59	237	1.22	194	43	222	1.21	183	39	260	1.21	214	46
6月	270	1.15	235	35	248	1.2	206	42	238	1.18	202	36	240	1.19	202	38	235	1.23	191	44
7月	324	1.16	280	44	286	1.25	229	57	224	1.17	191	33	281	1.22	230	51	263	1.27	207	56
8月	354	1.2	296	58	334	1.2	278	56	240	1.22	197	43	233	1.21	193	40	285	1.24	230	55
9月	333	1.19	279	54	348	1.19	293	55	300	1.23	243	57	246	1.19	207	39	265	1.19	222	43
10月	400	1.18	338	62	372	1.19	313	59	332	1.22	273	59	335	1.23	273	62	323	1.24	261	62
11月	398	1.22	326	72	412	1.26	328	84	343	1.23	280	63	320	1.27	251	69	316	1.25	252	64
12月	489	1.19	410	79	422	1.19	356	66	360	1.21	298	62	348	1.23	284	64	342	1.22	280	62
合計	4,166	1.18	3,532	634	3,920	1.22	3,215	705	3,416	1.2	2,839	577	3,205	1.22	2,636	569	3,216	1.23	2,610	606

注１：「30日以内死者」とは、「24時間死者」と「30日死者」の合計で、交通事故発生から30日以内に死亡した者をいう。
　２：「24時間死者」とは、交通事故発生から24時間以内に交通事故が原因で死亡した者をいう。
　３：「30日死者」とは、交通事故発生から24時間経過後30日以内に交通事故が原因で死亡した者をいう。
　４：比率とは、「30日以内死者数」の「24時間死者数」に対する比率で、「30日以内死者数」を「24時間死者数」で除したものである。
　５：各月の「30日死者数」は、その月に発生した交通事故により24時間経過後30日以内に死亡した者の数である。

索　引

用語等索引

あ

か

さ

た

な

は

ま

や

ら

わ

A－Z

※本書について御意見等ございましたら、「i.hanzaihigaiiken@npa.go.jp」
までお寄せ下さい。

令和５年版　犯罪被害者白書

令和５年８月14日　発　　行

編　集　国家公安委員会・警察庁
〒100-8974
東京都千代田区霞が関２-1-2
電話　03(3581)0141(代表)

発　行　株式会社サンワ
〒102-0072
東京都千代田区飯田橋２-11-8
電話　03(3265)1816

発　売　全国官報販売協同組合
〒100-0013
東京都千代田区霞が関１-4-1
電話　03(5512)7400

ISBN978-4-9909712-9-8